U0736464

全国高等院校健康服务与管理专业规划教材

# 健康运动学

主　编　邵玉萍（湖北中医药大学）
　　　　李荣源（广西中医药大学）

中国中医药出版社

·北　京·

**图书在版编目（CIP）数据**

健康运动学 / 邵玉萍 , 李荣源主编 . -- 北京：
中国中医药出版社 , 2024.7
全国高等院校健康服务与管理专业规划教材
ISBN 978-7-5132-8815-6

Ⅰ . ①健… Ⅱ . ①邵… ②李… Ⅲ . ①健身运动—高
等学校—教材 Ⅳ . ① G883

中国国家版本馆 CIP 数据核字 (2024) 第 110850 号

**融合出版数字化资源服务说明**

全国高等院校健康服务与管理专业规划教材为融合教材，各教材相关数字化资源（电子教材、PPT 课件、视频、复习思考题等）在全国中医药行业教育云平台"医开讲"发布。

**资源访问说明**

扫描右方二维码下载"医开讲 APP"或到"医开讲网站"（网址：www.e-lesson.cn）注册登录，输入封底"序列号"进行账号绑定后即可访问相关数字化资源（注意：序列号只可绑定一个账号，为避免不必要的损失，请您刮开序列号立即进行账号绑定激活）。

**资源下载说明**

本书有配套 PPT 课件，供教师下载使用，请到"医开讲网站"（网址：www.e-lesson.cn）认证教师身份后，搜索书名进入具体图书页面实现下载。

**中国中医药出版社出版**

北京经济技术开发区科创十三街 31 号院二区 8 号楼
邮政编码　100176
传真　010-64405721
北京盛通印刷股份有限公司印刷
各地新华书店经销

开本 850×1168　1/16　印张 12.75　字数 312 千字
2024 年 7 月第 1 版　2024 年 7 月第 1 次印刷
书号　ISBN 978 – 7 – 5132 – 8815 – 6

定价　49.00 元
网址　www.cptcm.com

服 务 热 线　010-64405510　　微信服务号　zgzyycbs
购 书 热 线　010-89535836　　微商城网址　https://kdt.im/LIdUGr
维 权 打 假　010-64405753　　官 方 微 博　http://e.weibo.com/cptcm
天猫旗舰店网址　https://zgzyycbs.tmall.com

如有印装质量问题请与本社出版部联系（010-64405510）

全国高等院校健康服务与管理专业规划教材

# 《健康运动学》编委会

**主　编**

邵玉萍（湖北中医药大学）　　　　　李荣源（广西中医药大学）

**副主编**

潘华峰（广州中医药大学）　　　　　杨朝阳（福建中医药大学）

骆红斌（浙江中医药大学）　　　　　高　林（北京中医药大学）

袁普卫（陕西中医药大学）

**编　委**（按姓氏笔画排序）

于美玲（南京中医药大学）　　　　　王惟钊（广西中医药大学）

冯毅翀（贵州中医药大学）　　　　　朱　东（湖南医药学院）

刘爱峰（天津中医药大学）　　　　　江　毅（湖北中医药大学）

李　涓（成都中医药大学）　　　　　李保龙（黑龙江中医药大学）

何雅丽（山西中医药大学）　　　　　张红星（广东药科大学）

胡庆奎（武汉体育学院）　　　　　　徐春霞（山东中医药大学）

黄彩云（甘肃中医药大学）　　　　　康胜利（江西中医药大学）

魏敏倩（上海市第七人民医院）

**编写秘书**

张瑞琪（湖北中医药大学）

全国高等院校健康服务与管理专业规划教材

# 专家指导委员会

**审定专家**（以姓氏笔画为序）

王　琦（中国工程院院士，国医大师，北京中医药大学教授）

吕文良（中国中医科学院教授，中国中西医结合学会副会长兼秘书长）

刘保延（中国中医科学院首席研究员）

孙光荣（国医大师，北京中医药大学教授）

张伯礼（中国工程院院士，国医大师，天津中医药大学名誉校长）

陈可冀（中国科学院院士，中国中医科学院首席研究员）

陈香美（中国工程院院士，中国人民解放军总医院教授、主任医师，中国中西
　　　　医结合学会会长）

武留信（中国人民解放军空军航空医学研究所研究员）

庞国明（全国名中医，河南省开封市中医院理事长）

侯卫伟（中国中医药出版社有限公司董事长）

郭　姣（广东药科大学教授，中国中西医结合学会副会长）

郭　清（浙江中医药大学教授，中华医学会健康管理专业委员会主任委员）

黄璐琦（中国工程院院士，国家中医药管理局副局长）

曾　光（中国人民解放军总医院教授，国家卫健委高级别专家组成员）

**主任委员（总主编）**

何清湖（湖南医药学院院长，湖南中医药大学教授）

**副主任委员（副总主编）**（以姓氏笔画为序）

李灿东（福建中医药大学校长、教授）

张光霁（浙江中医药大学党委副书记、教授）

赵　杰（大连医科大学校长、教授）

**委　员**（以姓氏笔画为序）

王　磊（南京中医药大学教授）

方　泓（上海中医药大学教授）

田小英（湖南医药学院教授）

史哲新（天津中医药大学教授）

朱燕波（北京中医药大学教授）

安　辉（福州理工学院教授）

孙贵香（湖南中医药大学教授）

阳吉长［谷医堂（湖南）健康科技有限公司董事长］

严小军（江西中医药大学教授）

苏　鑫（长春中医药大学教授）

李荣源（广西中医药大学教授）

李艳玲（天津中医药大学教授）

杨　芳（浙江中医药大学教授）

杨巧菊（河南中医药大学教授）

肖　炜（广东药科大学教授）

何　强（天津中医药大学教授）

沈敬国（广州柔嘉生物科技有限公司董事长）

张丽青（河南中医药大学教授）

张英杰（山东中医药大学教授）

张持晨（南方医科大学教授）

张俊杰（浙江中医药大学教授）

陈志恒（中南大学教授）

邵玉萍（湖北中医药大学教授）

尚　东（大连医科大学教授）

罗铁清（湖南中医药大学副教授）

金荣疆（成都中医药大学教授）

周尚成（广州中医药大学教授）

胡宗仁（湖南医药学院副教授）

饶利兵（湖南医药学院教授）

施洪飞（南京中医药大学教授）

骆　敏（湖南医药学院教授）

郭　清（浙江中医药大学教授）

唐春桥（湖南云医链生物科技有限公司董事长）

唐炳华（北京中医药大学教授）

曹　煜（贵州医科大学教授）

温红娟（长春中医药大学副研究员）

樊　旭（辽宁中医药大学教授）

鞠宝兆（辽宁中医药大学教授）

**学术秘书**

胡宗仁（湖南医药学院中西协同 5G 健康管理研究所副所长、副教授）

# 前 言

2016 年 8 月，习近平总书记在全国卫生与健康大会上指出："没有全民健康，就没有全面小康。要把人民健康放在优先发展的战略地位，以普及健康生活、优化健康服务、完善健康保障、建设健康环境、发展健康产业为重点，加快推进健康中国建设，努力全方位、全周期保障人民健康。"根据习近平总书记的指示精神，中共中央、国务院于 2016 年 10 月 25 日印发并实施的《"健康中国 2030"规划纲要》指出："积极促进健康与养老、旅游、互联网、健身休闲、食品融合，催生健康新产业、新业态、新模式。"应将健康融入人民衣食住行的各个产业，从而全方位、全周期地保障人民健康。

目前，医学模式已经由传统的疾病医学向健康医学转变。健康医学包含诊前、诊中、诊后的线上、线下一体化医疗服务模式。随着国民经济高质量发展，人民对健康的关注程度越来越高。加之人口老龄化加剧，慢性病发病率突增，医疗资源严重不足，目前急需从事健康服务与管理的人才。根据《"健康中国 2030"规划纲要》的要求，到 2030 年我国每千个常住人口会有医师 3 人，但即使是这个医师人数，也远不能满足人民群众对健康服务的需求。在健康医学模式下，未来需要大量的健康管理师来协助临床医师进行健康服务与管理。到 2030 年，我国健康服务业总规模将达 16 万亿元，这势必要求数量众多的具有一定医学专业知识的人才从事健康服务与管理。目前，社会对从事健康服务与管理工作的应用型人才需求急迫。

在此时代背景下，2016 年 2 月 16 日，教育部发布《教育部关于公布 2015 年度普通高等学校本科专业备案和审批结果的通知》，正式批准设立健康服务与管理专业，专业代码为 120410T，学位授予门类是管理学，修业年限为 4 年。这标志着我国健康服务与管理专业正式作为独立设置专业进入本科院校，健康服务与管理专业将成为支撑健康管理产业的核心专业之一。2016—2023 年，教育部已批准全国 147 所本科院校开设健康服务与管理专业。

《"健康中国 2030"规划纲要》指出："到 2030 年，中医药在治未病中的主导作用、在重大疾病治疗中的协同作用、在疾病康复中的核心作用得到充分发挥。""实施中医治未病健康工程，将中医药优势与健康管理结合，探索融健康文化、健康管理、健康保险为一体的中医健康保障模式。鼓励社会力量举办规范的中医养生保健机构，加快养生保健服务发展。"中医药在治未病、养生与慢病调理等方面有独到的优势，国家对中医药在健康管理中的作用高度重视。健康服务与管理一定要与中医药融合，才能更好地为人民的健康服务。2021 年 5 月，习近平总书记在河南南阳考察时发表了重要讲话："中医药学包含着中华民族几千年的健康养生理念及其实践经验，是中华民族的伟大创造和中国古代科学的瑰宝。要做好守正创新、传承发展工作，积极推进中医药科研和创新，注重用现代科学解读中医药学原理，推动传统中医药和现代科学相结合、相促进，推动中西医药相互补充、协调发展，为人民群众提供更加优质的健康服务。"总书记充分肯定了中医健康养生的作用，并强调要中西医协同，为人民群众提供更加优质的健康服务。

目前，对于健康服务与管理专业，还没有贯彻中西医协同理念的规划教材，这不能满足中国健康管理行业以及医疗卫生事业发展的要求。因此，很有必要组织全国各大高校、医院的相关专家学者编写具有中西医结合特色的健康服务与管理专业的规划教材。截至 2022 年，已有 136 所院校被批准设立健康服务与管理专业，未来将会有越来越多的高校开办本专业。因此，本套教材的编写适应时代要求，以推进健康中国建设为使命，将成为全国高等院校健康服务与管理专业规划教材。本套教材将体现医与管协同、中西医协同的思想，在推动我国健康服务与管理专业的发展和学科建设、规范健康服务与管理专业的教学模式、培养新时期健康服务与管理专业人才等方面起到重要作用。

健康服务与管理专业培养具备健康监测、健康评估、健康干预、健康教育、健康管理等技能，能够胜任互联网医院、医疗服务机构、社区卫生服务机构、健康保险机构、社会福利机构、健康体检和管理中心、养生保健中心、康养中心、功能食品和保健产品生产销售等企事业单位工作的复合型专业人才。因此，本专业的教材建设应以健康监测、评估、干预的核心技能为中心，坚持中西医协同理念。在此原则下，要做到科学性、实用性、先进性、系统性与协同性的结合。

本套教材包括《基础医学概论》《临床医学概论》《中医学概论》《中医临床辨治》《健康养生学》《健康管理学》《健康心理学》《健康营养学》《健康运动学》《康复医学》《健康服务与管理技能》《互联网健康服务与管理技术》《老年照护学》《健康药膳学》《社区健康服务与管理》《健康企业管理》《内经选读》《健康教育与健康促进》等 18 本，在国家中医药管理局的指导下进行编纂，由中国中医药出版社负责组织出版，依托中国中西医结合学会教育工作委员会、世界中医药联合会慢病管理专业委员会、中华中医药学会治未病专业委员会等学术团体，邀请湖南医药学院、湖南中医药大学、浙江中医药大学、南方医科大学、北京中医药大学、上海中医药大学、山东中医药大学、广州中医药大学、广东药科大学、广西中医药大学、辽宁中医药大学、大连医科大学、福建中医药大学、南京中医药大学、长春中医药大学、天津中医药大学、河南中医药大学、江西中医药大学、湖北中医药大学、贵州医科大学、成都中医药大学等全国各大高校以及谷医堂（湖南）健康科技有限公司、湖南云医链生物科技集团、广州柔嘉生物科技有限公司等健康管理企业的相关专家学者进行编写。由于时间仓促，本套教材难免有不足之处，请业界同道多提宝贵意见，以便再版时修订完善。

何清湖

2023 年 8 月

# 编写说明

　　健康是人类永恒的话题，是促进人的全面发展的必然要求，也是经济社会发展的基础条件。《"健康中国 2030"规划纲要》中指出，推进健康中国建设，是全面提升中华民族健康素质，实现人民健康与经济社会协调发展的国家战略。2016 年教育部在本科专业目录调整中设立了"健康服务与管理"新专业，为发展我国健康服务与健康产业培养专门人才，提高各院校人才培养质量提供重要支撑。

　　健康运动是健康服务与管理中的重要内容和常见形式。在经济与科技高速发展的今天，随着我国卫生健康政策和举措从"以疾病为中心"转向"以健康为中心"，从"治已病"转向"治未病"的历程中，体育运动作为一种大众化的社会现象，无论对个体身体素质，还是精神素养提升都发挥着重要作用。体育运动是以较低成本取得较高健康绩效的有效策略，是解决当前健康问题的现实途径，是落实"健康中国"战略的重要举措。编写团队聚焦人类健康问题进行深入研究和整体设计，以"大健康观"理念作为引领，挖掘体育运动在健康管理领域的独特价值。

　　本教材向读者传递健康服务与管理领域的基本理念和前沿知识，主要包括专业基础理论和技能应用实践两大模块，通过健康运动学绪论、运动解剖学、运动生理学、运动生物力学、运动营养学、心理与健康等章节建立理论框架；通过运动测量与评定、身体运动功能训练、运动处方、运动损伤与防治、运动康复技术、科学健身与医务监督、中华传统运动养生、老年人健康运动等章节指导学生实操与实践，将理论与实践融会贯通，充分体现"体医融合"特色。本教材重视编写思路顶层设计，强调立德树人融入课程思政；坚持科学性、实用性、先进性、系统性、协同性。本教材适用于健康服务与管理专业、老年服务与管理专业等，为医学与运动相关专业的学生和从业人员提供参考，并为人们享受健康生活提供丰富的健康运动知识和方法。

　　本教材体现了一定的创新性，即内容设计上呈现了视角新和资料新。突出了传统体育与中医药同宗同源的文化基因，凸显了中华传统体育国粹精华在健康运动与健康管理中的积极作用；增加了对儿童青少年、老年人、慢性病患者等特殊人群健康管理的关注，使教材更加适合巩固学生的专业思想，扩大其专业视野，为我国健康管理与健康服务业专门人才的培养加强知识和能力储备。

　　本教材编委会由全国二十所高等中西医药院校、体育院校及医院的 22 位长期从事本专业教学与临床工作的专家组成。编写过程采用集体讨论、副主编修改审定、主编逐章节通审的方法完成。第一章由康胜利编写，第二章由王惟钊编写，第三章由黄彩云编写，第四章由王惟钊、刘爱峰编写，第五章由李涓编写，第六章由徐春霞编写，第七章由于美玲编写，第八章由胡庆奎编写，第九章由李保龙、冯毅翀编写，第十章由朱东编写，第十一章由魏敏情编写，第十二章由张红星编写，第十三章由何雅丽、江毅编写，第十四章由李涓编写。第一、二、十一章由邵玉萍审定，第三、四章由李荣源审定，第五、六章由潘华峰审定，第七、八章由杨朝阳审定，第九、十章由袁普卫审定，第十二、十三章由骆红斌审定，第十四章由高林审定。

由于新专业在各方面还存在诸多问题有待深层次研究，加之时间仓促，编者水平和能力有限，若有不妥之处，敬请广大师生提出宝贵的意见和建议，以便我们及时修订与完善。

《健康运动学》编委会

2024 年 3 月

# 目录

扫一扫，查阅
本书数字资源

# 第一章　健康运动学绪论

## 第一节　健康战略概述

### 一、健康全球战略

**1.《数字健康全球战略（2020—2024）》**

2019 年，世界卫生组织发布《数字健康全球战略（2020—2024）》。该战略有四个主要的战略目标：①促进全球合作并促进数字健康知识的转移；②推进国家数字卫生战略的实施；③在全球和国家层面加强数字医疗治理；④倡导以数字医疗为基础的以人为本的医疗系统。

**2.《妇女、儿童和青少年健康全球战略（2016—2030）：生存、繁荣、变革》**

2015 年，联合国发起《妇女、儿童和青少年健康全球战略（2016—2030）：生存、繁荣、变革》。该战略旨在为所有妇女、儿童和青少年实现可达到的最高健康标准，改变未来，并确保每一个新生儿、母亲和儿童不仅生存下来，而且茁壮成长。在该战略发布不到一年时间里，就已有 60 多个政府在国家元首或部级层面做出了相应的承诺。

**3.《关于身体活动有益健康的全球建议》**

世界卫生组织于 2010 年发布《关于身体活动有益健康的全球建议》。

（1）5 ～ 17 岁年龄组儿童和青少年身体活动建议。主要建议包括：应每天累计进行至少 60 分钟中等到高强度身体活动；大多数日常身体活动应该是有氧活动；每周至少应进行 3 次高强度身体活动，包括强壮肌肉和骨骼的活动等。

（2）18 ～ 64 岁年龄组成年人身体活动建议。主要建议包括：应每周至少完成 150 分钟中等强度有氧身体活动，或每周累计至少完成 75 分钟高强度有氧身体活动；有氧活动应该每次至少持续 10 分钟；每周至少应有 2 天进行大肌群参与的增强肌肉力量的活动等。

（3）65 岁以上年龄组老年人身体活动建议。主要建议包括：应每周完成至少 150 分钟中等强度有氧身体活动，或每周完成至少 75 分钟高强度有氧身体活动；有氧活动应该每次至少持续 10 分钟；每周至少应有 2 天进行大肌群参与的增强肌肉力量的活动。由此可见，该年龄组的建议与 18 ～ 64 岁成人组基本相同。但对于活动能力较差的老年人，每周至少应有 3 天进行增强平衡能力和预防跌倒的活动。

**4.《饮食、身体活动与健康全球战略》**

2004 年，第 57 届世界卫生大会通过了世界卫生组织的《饮食、身体活动与健康全

球战略》。该战略有四项主要目标：①减少不健康饮食和缺乏身体活动造成的非传染病危险因素；②全面认识和理解饮食和身体活动对健康的影响以及预防干预措施的积极作用；③鼓励制订、加强并实施可持续的、综合的全球、区域、国家政策和行动计划；④监测关于饮食和身体活动的科学数据和主要影响，支持一系列广泛相关领域的研究（包括评价干预措施）。

## 二、健康中国战略

2008 年，我国首次提出"健康中国"的概念，又于 2016 年将"健康中国战略"调整为宏观战略政策。

**1.《中华人民共和国基本医疗卫生与健康促进法》**

《中华人民共和国基本医疗卫生与健康促进法》自 2020 年 6 月 1 日起施行，是我国卫生与健康领域第一部基础性、综合性法律。关于健康促进，该法规定建立健康教育制度，提高公民的健康素养；各级人民政府应当将健康理念融入各项政策，组织实施健康促进的规划和行动，推进全民健身。同时，该法规定了如下监测制度：①体质监测；②疾病和健康危险因素监测；③食品、饮用水安全监测；④营养状况监测。

**2.《"健康中国 2030"规划纲要》**

2016 年，中共中央、国务院印发了《"健康中国 2030"规划纲要》。该纲要明确指出，未来 15 年是推进健康中国建设的重要战略机遇期。该纲要指出"共建共享、全民健康"，是建设健康中国的战略主题。到 2030 年，促进全民健康的制度体系更加完善，健康领域发展更加协调，健康生活方式得到普及，健康服务质量和健康保障水平不断提高，健康产业繁荣发展，基本实现健康公平，主要健康指标进入高收入国家行列。到 2050 年，建成与社会主义现代化国家相适应的健康国家。

**3.《健康中国行动（2019—2030 年）》**

《健康中国行动（2019—2030 年）》由健康中国行动推进委员会于 2019 年发布。总体目标是：到 2030 年，全民健康素养水平大幅提升，健康生活方式基本普及，居民主要健康影响因素得到有效控制，因重大慢性病导致的过早死亡率明显降低，人均健康预期寿命得到较大提高，居民主要健康指标水平进入高收入国家行列，健康公平基本实现。

**4.《全民健康生活方式行动方案（2017—2025 年）》**

《全民健康生活方式行动方案（2017—2025 年）》于 2017 年发布。该方案的行动目标是全国开展行动的县（区）覆盖率于 2025 年达到 95%，全国居民健康素养水平于 2025 年达到 25%。要求开展行动的县（区）结合当地情况，深入开展"三减三健"（减盐、减油、减糖、健康口腔、健康体重、健康骨骼）、适量运动、控烟限酒和心理健康等 4 个专项行动。

**5.《体育强国建设纲要》**

《体育强国建设纲要》于 2019 年发布，进一步明确了体育强国建设的目标、任务及措施。该纲要明确，到 2035 年，体育治理体系和治理能力实现现代化，全民健身更亲民、更便利、更普及，经常参加体育锻炼人数达到 45% 以上；到 2050 年，全面建成社会主义现代化体育强国，人民身体素养和健康水平、体育综合实力和国际影响力居于世界前列。

# 第二节　健康运动学概述

## 一、健康运动学相关概念

### 1. 健康的概念

1948 年，世界卫生组织（WHO）首次提出健康的概念，"健康不仅仅是没有疾病或不虚弱，而是一种身体、心理和社会适应均处于完好的状态"。1978 年，WHO 重申，"健康不仅仅是没有疾病和痛苦，而是包括身体、心理和社会功能各方面的完好状态"。1989 年，WHO 又进一步完善了健康的概念，指出健康应是"生理、心理、社会适应和道德方面的良好状态"。

根据健康的定义，世界卫生组织制定了健康的十条标准（表 1–1）。

表 1–1　健康的十条标准

| 序号 | 健康标准的内容 |
| --- | --- |
| 1 | 有充沛的精力，能从容不迫地担负日常生活和繁重的工作，而且不感到紧张、疲劳 |
| 2 | 处事乐观，态度积极，乐于承担责任 |
| 3 | 善于休息，睡眠好 |
| 4 | 应变能力强，能适应外界环境各种变化 |
| 5 | 能够抵抗一般性感冒和传染病 |
| 6 | 体重适当，身体匀称，站立时头、肩、臂位置协调 |
| 7 | 眼睛明亮，反应敏捷，无眼疾 |
| 8 | 牙齿清洁，无龋齿，不疼痛，牙龈颜色正常，无出血现象 |
| 9 | 头发光泽、无头屑 |
| 10 | 肌肉丰满，皮肤有弹性 |

### 2. 健康运动的概念

健康运动是指依据科学的理论与方法进行运动锻炼，进而实现增强体质、促进健康、康复养生、提高生活质量及生命质量的目的。相对于广义的运动而言，健康运动具有主体性、科学性、专门性、发展性等特点。

根据不同的分类依据，健康运动可分为不同的类别。按照身体肌肉活动的能量来自有氧代谢还是无氧代谢，健康运动可分为有氧运动与无氧运动；按照生理功能与运动方式，健康运动可以分为关节柔韧性运动、抗阻力运动与身体平衡和协调性运动等类别。

### 3. 健康运动学的概念

健康运动学是研究运动对人类生活和生命质量影响的科学。

健康运动学是从运动学的角度，应用现代科学的理论和方法研究人类健康和运动关系，以及运动促进健康规律的知识与方法体系的一门学科。具体而言，健康运动学是基于对健康运动的科学认识，以人体科学、体育学和中西医学为基础，研究个体或群体的运动状态、影响因素和健康之间的相互关系及其规律，制订运动处方及干预效果评价，进而保护和增进人群的身心健康和社会生活能力，提高生命质量的一门新兴学科。

## 二、健康运动学学科属性

### 1. 健康运动学是一门新兴交叉学科

健康运动学是应我国健康中国建设、满足健康产业发展和健康服务与管理人才需求而新近形成的一门新兴学科。从学科内容上而言，健康运动学涉及体育学、医学、心理学、行为学、社会学、音乐学等众多学科，是一门典型的交叉学科。这些不同的学科，既为健康运动学提供相应的理论支撑，也从不同的学科视角与健康运动学的研究领域相互交叉、融合、渗透而形成全新的研究领域。

### 2. 健康运动学是一门理论研究与实践应用并重的学科

从人才培养目标和学科研究使命而言，健康运动学一方面要加强理论研究，另一方面加强基于理论的实践应用研究。也就是说，健康运动学要在研究健康运动一般规律的基础之上，研究实践层面的健康运动的内容、方法、策略与技术告示。因此，健康运动学具有应用研究的性质，是兼具理论与应用的研究，属于应用理论研究的范畴。

## 三、健康运动学研究对象

### 1. 健康、运动及其关系

健康运动学，要根据学科发展的目标与基本任务，界定健康与运动的内涵，厘清健康与运动的内在联系，研究运动促进健康的机制与方法。

### 2. 健康运动的理论基础

健康运动本身暗含着运动的科学性、针对性与实效性。这需要包括营养学、解剖学、体育学、医学、心理学、社会学等学科的理论支撑，而这些学科的理论成果也为健康运动学研究提供了必不可少的理论基础与方法参照。

### 3. 健康运动的方法与应用

健康运动学的研究起于理论，落于实践应用。也就是说，健康运动学要系统研究不同人群健康运动的方法，指导人们正确应用相关方法开展科学而有效的运动，如健康人群的日常运动、老年群体的保健运动、特定人群的运动康复及慢性病患者的运动处方等。

### 4. 健康运动的条件保障与评价

健康运动的条件是指健康运动所必需的、对运动成效直接影响的相关因素，如运动场地、营养膳食、运动器械等。健康运动的过程需要适时的医务监督，健康运动的成效需要客观而科学的评价。这些对健康运动的开展意义重大，也是健康运动学的主要研究对象之一。

# 第三节　健康运动促进身心健康的机制

## 一、健康运动促进身体健康的机制

### 1. 健康运动促进心肺功能的机制

（1）健康运动对心血管系统的促进机制　健康运动可有效增强血管壁的弹性，增强血管的收缩与舒张机能，改善血管壁细胞的血氧供应，从而降低运动血管的紧张度，改善心脏的微循环，缓解动脉粥样硬化，并降低心血管疾病的发生率。同时，还可使心肌纤维增粗，心壁增厚，心脏重量与容量都增大，促使心肌肌力增强以及每搏输血量增加等。

（2）健康运动对呼吸系统的促进机制　健康运动可使胸廓活动性增强，增加肺组织的弹性，提高膈肌、肋间肌、腹壁相关肌肉等呼吸肌的肌力与耐力，从而满足运动过程中对大量消耗的氧的需求，并且可加大胸廓的伸缩空间，增加呼吸差与肺活量。同时，健康运动还可提高肺通气与换气的效率、组织对氧的利用率。

### 2. 健康运动促进运动功能的机制

（1）健康运动对骨的促进机制　健康运动可加快人体新陈代谢，增进骨对钙的吸收，使骨小梁的排列整齐，骨密质增厚，预防骨质疏松，促进人体身高增长。健康运动还可强化对骨的刺激，提高骨母细胞的活性，使骨骼更加粗壮与坚固，肌肉附着处骨突增大，提高骨的抗折、抗弯、抗压缩与抗扭转机能。

（2）健康运动对关节的促进机制　健康运动可促进关节膜分泌更多的滑液，更好地润滑关节，增强关节功能，提高关节的负荷量。同时，还可增强关节周围的肌肉，使关节囊与韧带增厚，提高关节的稳定性，进一步增强保护关节的能力。

（3）健康运动对肌肉的促进机制　健康运动可使肌纤维增粗，肌肉体积增大，并减少肌肉脂肪，提高肌力与肌耐力；使肌纤维中线粒体数目增多，为肌肉收缩提供更多能量；使肌肉内物质成分发生变化，使肌糖原、肌球蛋白、肌动蛋白、肌红蛋白与水分等含量增加，提高肌肉力量；使肌肉结缔组织增厚，增强肌肉的强度、密度、硬度与柔韧性，从而提高肌肉抗牵拉的性能。

（4）健康运动对体型的促进机制　健康运动可提高人体能量的消耗量，加速脂肪代谢，消解体内多余的脂肪，改善体内脂肪的比例与分布，使体型更加结实、匀称。同时，还可增强皮肤的血液循环，增强组织细胞活力等。

## 二、健康运动促进心理健康的机制

健康运动促进心理健康的机制，主要有如下几种假说。

### 1. 健康运动促进心理健康的生物学机制

（1）产热假说机制　健康运动可促使体温升高，从而促进脑部及外周神经的活动，缓解肌肉紧张，促进脑毛细血管的生长，增加脑血流量，加强脑代谢，进而改善情绪状态，促进心理健康。

NOTE

（2）单胺假说机制　健康运动可调节脑部去甲肾上腺素、多巴胺、血清素等单胺类神经传导物质的浓度，从而调节情绪，促进心理健康。

（3）内啡肽假说机制　健康运动可刺激脑、脑下垂体与身体其他组织产生更多的内啡肽、脑啡肽等内啡肽类物质，增强这类"愉快素"对积极情绪的激发作用，促进心理健康。

**2. 健康运动促进心理健康的社会心理机制**

（1）社会支持假说机制　健康运动会增加运动者与亲戚、朋友、同事的交往与交流，并结识更多的新朋友，扩大社交面。这会让运动者产生更多的积极心理效应，促进心理健康。

（2）分散注意力假说机制　健康运动会把人们带入新的场所，让人置身于新的场景，远离原工作场所或有潜在压力的环境。这有助于运动者专注于运动，跳出压力圈，并体验运动带来的特有的舒畅与愉悦感，促进心理健康。

（3）自我征服假说机制　健康运动会极大地提升运动者身体的柔韧性、协调性、肌肉力量等健康体能指标，并掌握特定运动项目相关的技能或运动技巧。这有助于运动者获得成就感，提高自信心，提升自我效能，改善情绪，促进心理健康。

## 三、健康运动促进社会适应的机制

衡量社会适应能力的主要指标包括自理能力、沟通能力、社会化与职业胜任力等方面。健康运动能有效改善心肺耐力、肌肉适能、身体成分及柔韧性等，从而提高不同人群的生活自理能力；集体性的运动项目能极大地增进人与人的接触、交往、交流，从而提高沟通能力，促进人的社会化；健康运动可有效培养运动者的竞争意识、抗挫折能力等，从而提升人的职业胜任力。

## 四、健康运动促进道德品质的机制

著名体育教育家马约翰认为："体育是培养健全人格的最好工具。"健康运动不仅能够强身健体，而且能促进道德品质的提升。健康运动的过程，需要人们团结、合作、坚强、奉献和友爱、互助等，这对于人的意志力、自信心、人品人格等都有极大的促进作用；健康运动的过程，需要人勇敢、坚毅、果断、机智等，这可提升人的道德品质、陶冶情操等；健康运动的过程，需要遵守运动场馆规定、爱护环境卫生、服从裁判、礼貌待人、顾全大局等，这可提高人的道德风尚和精神文明风貌。

# 第二章　运动解剖学

## 第一节　运动解剖学概述

### 一、运动解剖学的定义

运动解剖学是一门研究人体形态结构、机能和运动之间关系的学科，它关注在运动过程中形态结构与运动之间的关系和形态结构在运动后的适应性变化，也探讨人体基本活动与运动损伤发生的关系，并揭示生长发育过程中人体形态结构与功能变化的规律。

运动解剖学为科学锻炼提供形态学依据和方法，以达到增强全民体质和改善生活质量的目的。现代运动解剖学研究的热点与发展趋势涉及人体结构对运动的影响、骨骼肌运动原理、动作模式优化、运动损伤防治、运动与儿童生长发育、运动促进体质健康等方面。

### 二、运动解剖学的基本术语

日常生活和体育活动中，人体各部与器官结构的位置关系并不是恒定不变的。为正确描述人体各器官的形态结构和位置，统一规定了人体标准解剖学姿势、解剖学方位术语以及轴和面，包括人体基本轴、基本面和方位术语。

**1. 人体的标准解剖学姿势**

身体直立，两眼平视正前方，两足并拢，足尖向前，双上肢下垂于躯干两侧，掌心向前。

**2. 常用的解剖学方位术语**

对于人体的结构或者运动而言，各部分位置的变化以人体标准解剖学姿势作为基准，有利于确定出一些相关的解剖学方位术语（图2-1）。

（1）上与下　是描述器官或结构距颅顶或足底的相对远近关系的术语。靠近颅（头部）称为上，靠近足部称为下。

（2）前（腹侧）与后（背侧）　是指距身体前、后距离相对远近的术语。距身体腹侧面近者为前，距身体背侧面近者为后。

（3）内侧与外侧　是描述人体各局部或器官、结构与人体正中矢状面相对距离远近而言的术语。靠近身体正中面称为内侧，远离身体正中面称为外侧。

（4）内和外　是描述空腔器官相互位置关系的术语。近内腔者为内，距离内腔远者为外，内、外与内侧和外侧是有区别的。

（5）浅与深　是描述与皮肤表面相对距离关系的术语。距皮肤近者为浅，远离皮肤而距人体内部中心近者为深。

（6）近侧与远侧 对于四肢而言，靠近肢体根部（或靠近躯干）的部分称为近侧；远离肢体根部（或远离躯干）的部分则称为远侧。

（7）桡侧与尺侧 对于前臂而言，其外侧称为桡侧，内侧称为尺侧。

（8）腓侧与胫侧 对于小腿而言，其外侧称为腓侧，内侧称为胫侧。

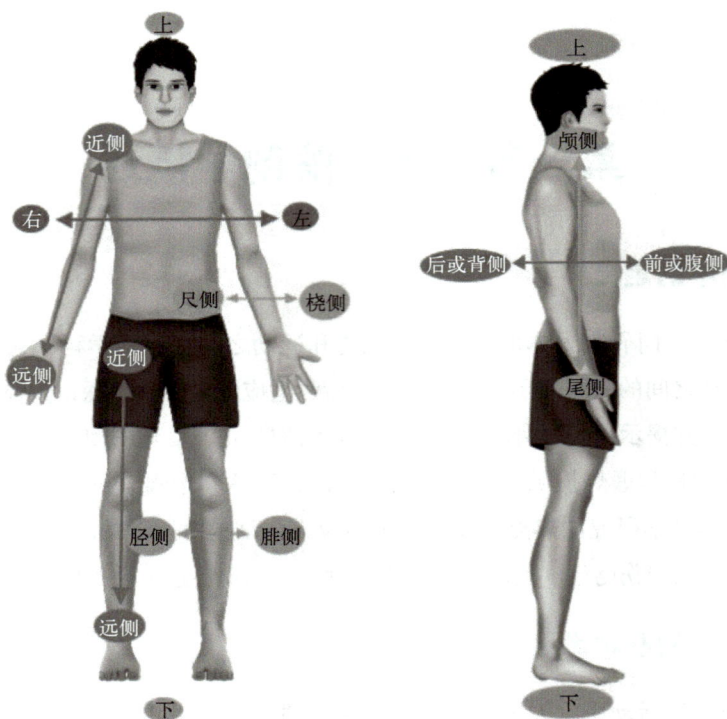

图 2-1　人体解剖学方位

### 3. 人体的基本面和基本轴

在描述关节运动时，可通过面与轴来描述肢体的运动方式。人体基本运动轴有三条，即额状轴、矢状轴和垂直轴，三条基本轴互相垂直。根据上述三条基本轴，规定了三个互相垂直的面，称为基本面，包括额状面、矢状面以及水平面（图 2-2）。

（1）基本轴

①额状轴：为左右方向与水平面平行、垂直通过矢状面的轴，亦称冠状轴。

②矢状轴：为前后方向与水平面平行、垂直通过额状面的轴。

③垂直轴：为上下方向垂直于水平面、与人体长轴平行的轴。

（2）基本面

①额状面：即按左右方向，将人体分成前后两部分的纵切面，亦称冠状面。

②矢状面：即按前后方向，将人体分成左右两部分的纵切面。通过人体正中线的矢状面为正中矢状面，将人体分为左右相等的两半。

③水平面：或称横切面，即横断直立身体，与地面平行，将人体分成上下两部分的切面。

在描述器官切面时，常以器官自身的长轴为标准，与其长轴平行的切面称纵切面，与其长轴垂直的切面为横切面，而不用额状面、矢状面和水平面来描述。

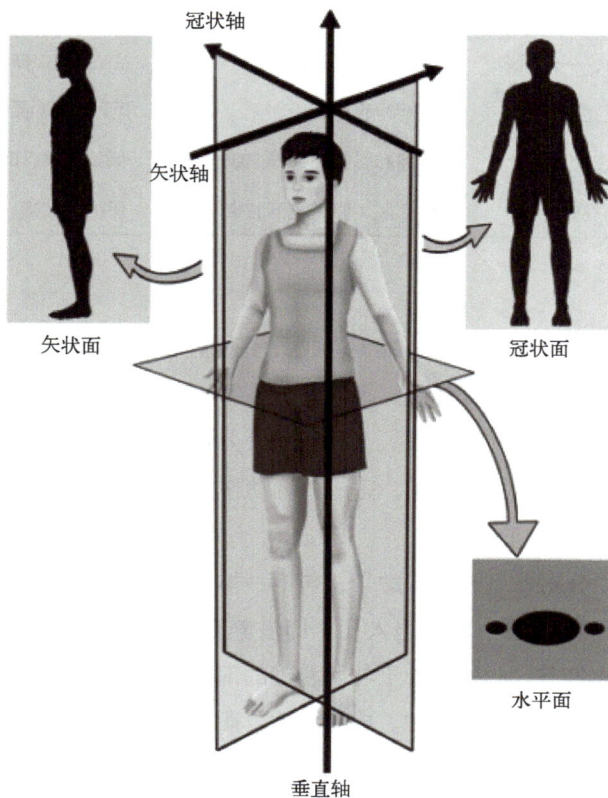

图 2-2　人体的基本轴和基本面

# 第二节　骨与骨连结

骨是身体运动系统不可或缺的组成部分，主要担负着承托重量、保护内脏和伸展等作用。骨作为运动器官，有其自身特有的结构和特性，但不同部位的骨，其外形、结构和作用都存在差别。

从整体上分类，骨系统包括中轴骨和附肢骨：中轴骨主要包括头骨和躯干骨，发挥保护内脏及承托负重等作用；附肢骨则主要承担人体运动杠杆的角色，参与完成各种复杂的运动动作。

活体骨坚硬而有韧性，周围有较多血管、淋巴管及神经，可进行修复、再生和改建。年龄的增长或外伤或疾病，均有可能影响骨的状况。合理的运动将有助于促进发育，避免骨的基本形态发生退化。

骨由骨组织构成，表面包覆着骨膜，内含骨髓。

## 一、骨的结构

### （一）骨的分类

正常成人有 206 块骨，分类方法众多，一般以其部位与形态来划分。按部位划分，分为中轴骨和附肢骨；按形状划分，可分为长骨、短骨、扁骨和不规则骨 4 类（表 2-1）。

表 2-1　骨的形态分类特点

| 分类 | 形态特征 | 分布 | 功能 | 举例 |
| --- | --- | --- | --- | --- |
| 长骨 | 呈长管状，一体两端 | 四肢 | 支持、杠杆 | 肱骨 |
| 短骨 | 近似立方体 | 腕部和跗部 | 承受压力、灵活运动 | 距骨 |
| 扁骨 | 板状 | 颅腔和胸腔的壁、上肢带 | 保护、供肌肉附着 | 额骨 |
| 不规则骨 | 不规则 | 颅底、躯干及下肢带 | 保护、支持、运动 | 椎骨 |

**1. 按部位划分**

（1）中轴骨　包括颅骨和躯干骨。颅骨构成头颅；躯干骨包括椎骨、胸骨、肋骨，分别参与组成脊柱、构成骨性胸廓、组成骨盆，起到保护脏器和支持的作用。

（2）附肢骨　包含上肢骨和下肢骨。上、下肢骨分别由肢带骨和自由肢骨组成，肢带骨连接躯干；自由肢骨起到运动杠杆的作用，完成各种动作。

**2. 按形状划分**

（1）长骨　四肢中分布着呈长管状的骨，包括一体两端。中间部分又称为骨干，较细而内部有骨髓腔，也会存在 1～2 个血管出入孔，即滋养孔。两头较宽，名为骺，有光滑的关节面，且与相邻的骺构成关节。此外，骨干与骺相连的部分称为干骺端，在幼年时有骺软骨，不断分裂繁殖和骨化，令骨长度不断增加。成年之后，骺软骨将骨化，骨干和骺融为一体，留下一个痕迹——骺线。

（2）短骨　多成群分布于手腕部和足跗部，形状近似立方体，通常有许多关节面。它们彼此相连牢固，能够分散压力，又能使局部活动更为灵活。

（3）扁骨　呈板形，面积较大，薄而又牢固，多分布于人体中轴和上肢带。它们组成颅腔和胸部的壁，起到保护脏器和增加肌肉黏附区的作用，如颅骨和肋骨等。

（4）不规则骨　形状不规则，功能多样，多分布于躯干和颅骨处。有些不规则骨内有腔洞，称含气骨，如上颌骨。

此外，从骨的发生角度讲，将位于某些肌腱内，且由肌腱或韧带钙化而成的骨称为籽骨，体积较小，在运动中有减少摩擦和改变肌肉牵引方向和力矩的作用。如人体中最大的籽骨——髌骨，股四头肌腱细，髌骨面宽，髌韧带附于髌骨，通过髌骨与股骨接触，可以增大接触面积，减少某个角度的过度摩擦；同时，髌骨的加入改变了股四头肌的抵止角度，增大了肌力臂。

**（二）骨的构造**

活体的骨由骨膜、骨质、骨髓以及血管、神经等组成（图 2-3）。

**1. 骨膜**

骨膜包括骨外膜和骨内膜。

（1）骨外膜　由致密结缔组织组成，覆盖在关节表面以外的新鲜骨表面，含有大量的神经和血管，对骨骼的营养、再生和感觉起着重要作用。骨外膜分为内、外两层，骨外膜外层致密，内层疏松。内层分布有成骨细胞和破骨细胞，成骨细胞可形成新的骨质，破骨细胞具有破坏原骨的作用。幼年期骨代谢活跃，直接参与骨的生长发育；成年期骨相对静止，但在损伤发生时，如骨裂，骨外膜再次恢复功能，参与骨裂的修复和恢复。骨外膜脱离过多或损伤过大，骨折愈合困难。因此，骨膜在修复骨骼的营养、生长发育和损伤方面起着非常重要的作用。

（2）骨内膜　由薄层结缔组织组成，衬在髓腔内面和骨松质间隙中，还含有成骨细胞和破骨细胞，具有造骨和破骨的功效。

**2. 骨质**

骨质是骨的主要成分，主要由硬骨组织组成，分为骨密质和骨松质。

（1）骨密质　活体条件为白色，材料致密，如象牙，分布在所有骨表面，如长骨、短骨、扁骨及不规则骨。有血管穿梭，骨板绕血管排序。长骨干的骨密度特别厚，导致长骨干的壁厚。

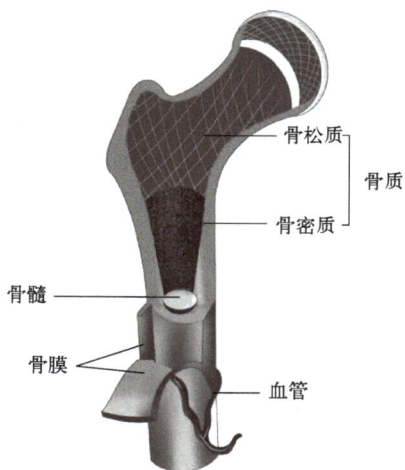

图 2-3　骨的构造示意图

骨密质的上述结构特性使其具有抗压、抗拉、抗弯、抗扭转等力学特性，从而提高了骨密质的支撑和保护功能。

（2）骨松质　呈大间隙蜂窝状结构，由针状或块状骨板（即骨小梁）排列而成，分布在骨内。骨松质之间的间隙称为网眼，里面有红骨髓。

骨小梁的排列与骨承受的压力和张力方向一致，部分骨小梁的排列与压力方向一致，形成压力曲线；另一部分骨小梁与骨张力方向一致，形成张力曲线。骨小梁的配布，使骨以最小的材料达到最大的坚固性。当骨受到压缩负荷时，骨的两端把压力传递出去。

长骨两端骨骺强壮，受力面积大，压力相对缩小；骨干空心，既不减弱负载能力，又能节约材料，使身体轻，减少运动能耗。

当压力（重力）和肌肉拉力方向发生变化时，骨小梁的排列并非一成不变，骨小梁的排列也发生适应性的变化。

**3. 骨髓**

骨髓是填充骨髓腔和骨松质间隙的软组织，分为红骨髓和黄骨髓。

（1）红骨髓　有造血作用，因为它含有不同发育过程的血细胞、血小板和一些白细胞，它们是红色的，被称为红骨髓。胎儿和儿童的骨髓都是红骨髓。

（2）黄骨髓　5 岁以后，除了椎骨、髂骨、肋骨、胸骨、肱骨和股骨近端外，其他长骨干中的红骨髓慢慢被脂肪细胞取代，呈黄色，称为黄骨髓。黄骨髓没有造血能力，然而，当慢性失血或严重贫血时，黄骨髓可转化为红骨髓，以修复造血功能。

**4. 血管、淋巴管和神经**

骨骼的血管滋润骨骼、骨膜、脊髓和骨骺软骨。

骨膜淋巴管非常丰富。研究表明，淋巴管与骨干细胞的相互作用可以促进骨的愈合，对骨折修复具有一定的意义。

内脏运动神经和人体感觉神经是支配骨组织的重要组成部分。内脏运动神经通过滋润血管进入骨骼；人体感觉神经主要分布在骨膜中，骨膜对张力或拉伸刺激敏感。因此，当骨骼受到损伤和刺激时，会引起剧烈疼痛。

### （三）骨的化学成分和物理性质

活体骨的化学成分由有机质和无机质组成。有机质主要是骨胶原纤维束和黏多糖蛋白等，构成骨的支架，赋予骨的形态，使骨具有弹性和韧性。无机质除水分外，主要是碱性磷酸钙、碳酸钙、氟化钙及氯化钙等钙盐，沉积在骨胶原纤维内，使骨坚硬挺实。

在生命进程中，纤维与钙盐的比例会随之变化。在儿童期，胶原蛋白比例较高，长骨拉伸顺应性更好，很少折断。骨折时，充足的胶原蛋白能让骨折很快愈合，却难以正确复位。

相反，老年人的骨由于胶原蛋白磨损减少，因此矿物盐的比例较高，骨像松树底部的枯枝一般易于折断，断裂面穿透骨形成一个整齐的边缘，易于复位但难以愈合。为老年人安排体育锻炼时，应以缓慢轻柔的活动为主，注意场地平整，避免因跌倒所造成的伤害发生。

## 二、人体的主要连结和运动

人体中的骨与骨连结形成关节。尽管不同部位的骨连结在形态、结构与功能方面存在差异，但是全身的骨连结有着共同的结构与功能特征。

根据骨与骨连结的方式及活动情况的不同，骨连结的方式有滑膜关节、纤维连结、软骨连结、骨性结合。其中，滑膜关节又称关节，是人体骨连结的主要形式，人体的许多运动都涉及滑膜关节。

### （一）滑膜关节的结构

滑膜关节由两块或两块以上的骨构成，借结缔组织将骨相连，相对骨面之间有间隙，活动性比较强。因此，滑膜关节的基本结构包括关节面、关节囊和关节腔三个部分（图 2-4）。

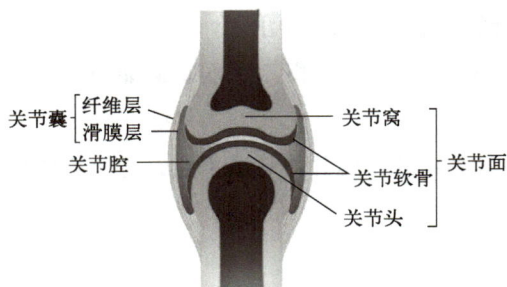

图 2-4　滑膜关节的结构

骨的关节端被致密的关节囊包裹。关节囊可分为两层：纤维层和滑膜层。外层的纤维稳定和保护关节。囊外韧带可限制一些特殊的运动，也给关节提供支持和保护作用。内层的滑膜层覆于关节腔内面并产生滑液，滑液不仅能减少关节面摩擦，还能营养关节软骨。关节囊的滑液是成年后关节软骨获得营养和排出代谢产物的重要途径，关节适当的活动能使滑液中的营养物质进入软骨，又能挤压软骨的代谢产物进入滑液。

### （二）关节的运动

#### 1. 关节的生理运动

能绕关节运动的人体的一部分（如躯干、上肢、下肢）或肢体的一部分（如上臂、大腿）称为运动环节，也称环节。人体的运动是由身体各个运动环节在相应关节处产生的运动所构成。

根据关节运动轴的方位，关节运动的基本形式有以下几种（图 2-5）。

（1）屈和伸　指环节在矢状面内、绕额状轴进行的运动。在标准解剖学姿势下，向前运动为屈，向后运动为伸。但膝关节及其以下关节则相反，即小腿向后为屈，向前为伸；足背向小腿前面靠拢为踝关节的伸，亦称为背屈，足尖下垂为踝关节的屈，亦称跖屈。

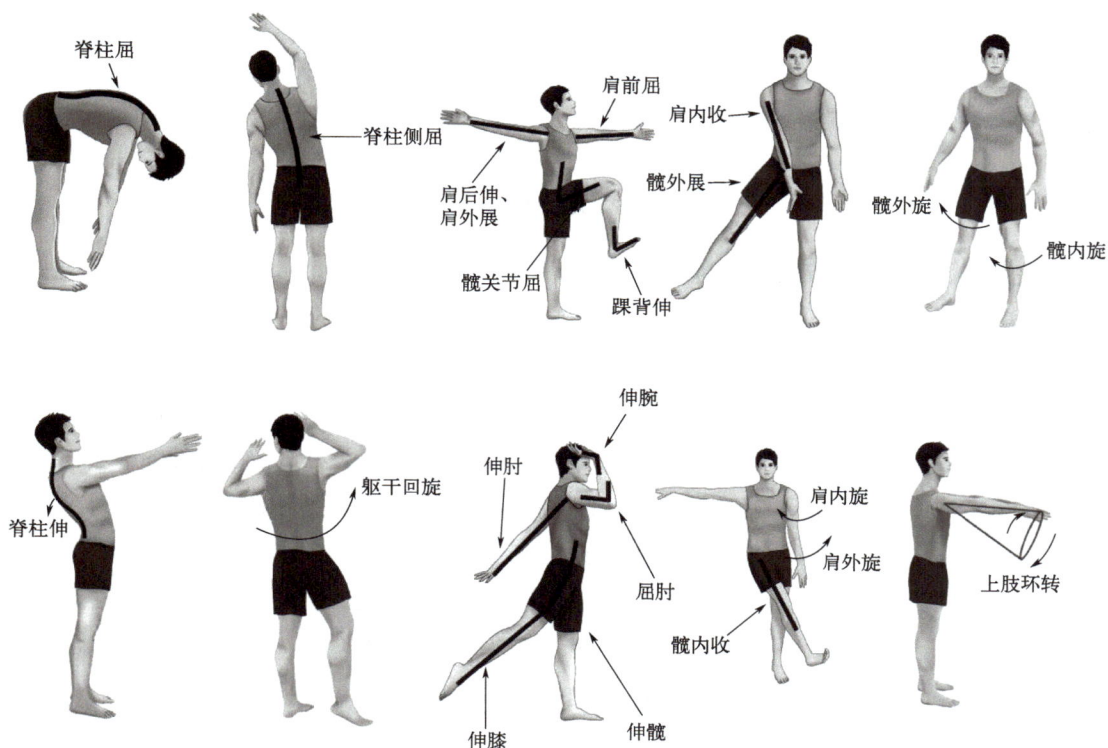

图 2-5 关节的生理运动

（2）外展和内收　环节在额状面内、绕矢状轴的运动。运动时，使环节向正中面靠拢的运动为内收，远离正中面的运动为外展。对于手指和拇指而言，则规定以中指和第二趾为中轴的靠拢为内收、散开为外展的运动。

（3）回旋　环节在水平面内、绕垂直轴，或绕环节自身的长轴进行的旋转。运动时整个环节的运动轨迹呈圆柱形。当环节由前面向内侧旋转称旋内（旋前），而由前面向外侧旋转为旋外（旋后）。头和脊柱等环节则称为左、右回旋。

（4）水平屈与水平伸　上臂在肩关节或大腿在髋关节处外展 90°，绕垂直轴在水平面内向前运动为水平屈，向后运动为水平伸。

（5）环转　环转运动时屈、展、伸和收依次结合的连续动作，凡是具有额状轴和矢状轴的关节均可做环转运动。

**2. 关节的辅助运动**

辅助运动描述的是组成关节的各关节面间的相互运动，良好的生理运动依赖于健全的辅助运动。生理运动中的每一个辅助运动有助于维持关节的最佳位置，并防止关节面间的挤压和接触面积的减少。

关节面的系列点 A 和 B 与对应的另一关节面的系列点 a 和 b（侧面观）接触时，就产生了滚动（图 2-6）。滑动发生于关节面上的一个点与另一关节面对应的系列点接触时（图 2-6）。旋转即一关节面 A 绕着固定的纵轴顺时针或逆时针转动（上面观，图 2-6）。

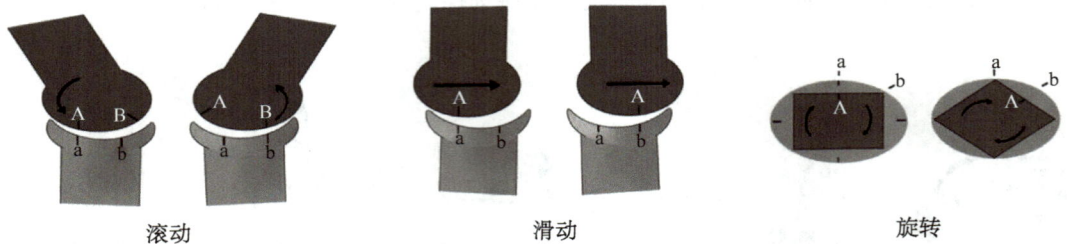

滚动　　　　　　　　滑动　　　　　　　旋转

**图 2-6　关节的辅助运动**

### （三）人体主要关节的形态和运动

#### 1. 脊柱

（1）形态　从脊柱的前面来看，椎骨的宽度从第二颈椎逐渐增加到第一骶椎，这与脊柱承受重力有关；然而，由于重力通过髋骨传递到下肢骨，椎骨没有负荷意义，体积慢慢变小。从后面看脊柱，可以看到所有的脊柱棘突都是连贯的，产生垂直的脊柱，位于背部的中线。颈椎棘突短而分叉，接近水平位置；胸椎棘突细长，向后倾斜，形成叠瓦状排序；腰椎棘突呈板块，水平延伸。

从脊柱的侧面可以看出，成人脊柱有四种生理弯曲，即颈部弯曲、胸部弯曲、腰部弯曲和骶骨弯曲。颈部和腰部向前弯曲，胸部和骶骨向后弯曲。脊柱的生理弯曲对保持身体的重心稳定和缓解震荡具有重要意义。婴儿出生时脊柱弯曲，当婴儿逐渐抬起头时，颈部弯曲逐渐产生，然后坐、爬、站等姿势的掌握会影响脊柱的生理弯曲。

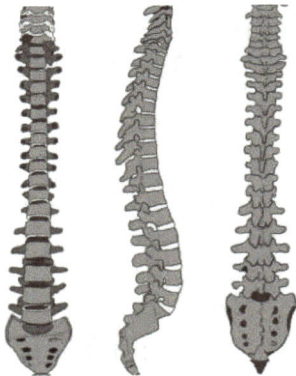

**图 2-7　脊柱的形态**

即使是健康的人，脊柱也有轻微的侧屈。一般惯用右手的人，因右侧肌肉比左侧发达，长期牵引的结果使脊柱上部略凸向右侧，下部代偿性地略凸向左侧。但倘若脊柱侧屈过大，便造成脊柱侧弯畸形，影响身心健康。

（2）运动　整个脊柱可绕额状轴做屈曲和伸展，绕矢状轴做侧屈，绕垂直轴做回旋运动。另外，还可以做环转运动。把脊柱分成各个段来看，颈椎屈伸和回旋的幅度较大；胸椎向各个方向的活动范围均较小；腰椎屈伸活动的范围较大，而回旋的角度很小。

#### 2. 骨盆

（1）形态　盆腔是由两个髋骨、一个骶骨和一个尾骨及其关节、肌腱和软骨组成的骨环状结构。骶骨、髂骨、骶骨和尾骨之间有坚固的韧带，适用于连接和产生关节。一般来说，它们不能移动。怀孕后，在激素的作用下，韧带略有松弛，因此每个关节都略有松弛，有利于分娩。

盆腔近似拱形结构，既坚固又节约材料，还能承受较大的负荷，缓冲震动。站立时，重力通过第五腰椎传递到骶骨，通过骶髂关节分到两侧髋骨，然后通过髋臼传递到股骨，向下到达腿部，形成"立弓"；坐位时，重力从骶髂关节传递到两侧的坐骨结节，称为"坐弓"。此外，盆腔前侧还产生两个约束弓，一个是连接耻骨两侧的约束弓，可以抵抗髋臼和盆腔外壁的挤压趋势；另一个是两侧坐骨支和耻骨支的耻骨弓，可以控制坐骨结节的被迫分离趋势。

在行走、跑步、弹跳等运动中，盆腔不仅能承受身体和上肢的负荷，还能有效地向上或向下传递力和运动，使人体的运动成为一个整体。

（2）运动　盆腔自身的直接连接几乎不会导致运动，但作为一个运动环节，盆腔通过腰骶关节与脊柱、通过髋关节与下肢相连，可以这些关节为支点，进行前倾和后倾、侧倾、回旋和环转运动（图2-8）。

**图 2-8　骨盆的运动**

当以髋关节作为支点进行运动时，绕两侧髋关节共同的额状轴，可做前倾和后倾运动；绕一侧髋关节的矢状轴，可做侧倾运动；绕一侧髋关节的垂直轴，可做回旋运动；武术中的涮腰动作是环转运动。

当以腰骶关节为支点时，绕额状轴可做后倾和前倾运动；绕矢状轴可做侧倾运动；绕垂直轴可做回旋运动；托马斯全旋属于环转运动。

**3. 肩关节**

（1）形态　肩关节是由肱骨头和肩胛骨的关节盂构成。关节盂小而浅，关节面面积之差较大，活动时对关节头的阻挡、限制作用小。关节囊薄而松弛，关节腔较大。因此，肩关节的灵活性好，稳定性在很大程度上取决于关节周围肌肉的收缩。加强对肩关节周围肌群的锻炼，才能保证肩关节的稳定性和灵活性。

（2）运动　肩关节能够绕3个互相垂直的基本轴进行运动，即绕额状轴可做屈和伸，绕矢状轴可做内收和外展，绕垂直轴可做旋内和旋外、水平屈和水平伸，还可以做环转运动。

**4. 肘关节**

（1）形态  肘关节由肱骨的远侧端和桡骨、尺骨的近侧端构成。其中肱骨滑车与尺骨的滑车切迹构成肱尺关节，肱骨小头与桡骨头关节凹构成肱桡关节，桡骨的环状关节面与尺骨的桡切迹构成桡尺近侧关节。肱尺关节、肱桡关节和桡尺近侧关节3个包绕在一个关节囊内，构成一个复关节。

（2）运动  肘关节只能绕两个轴做运动，即绕额状轴做屈和伸，绕垂直轴做旋内运动和旋外运动。

**5. 腕关节**

（1）形态  广义上看，腕关节包括桡腕关节、腕骨间关节和腕掌关节。狭义上的腕关节指桡腕关节，由手的舟骨、月骨和三角骨的近侧面组成关节头，由桡骨的腕关节面和尺骨下方的关节盘的远侧面组成关节窝连结构成。

（2）运动  桡腕关节可绕两个轴运动，绕额状轴可做屈伸运动，绕矢状轴可做内收和外展运动，还可以做环转运动。

**6. 髋关节**

（1）形态  髋关节是由股骨头与髋骨的髋臼构成。关节囊坚韧致密，可约束股骨头向外脱出。与肩关节相比，髋关节是稳定性好而灵活性较差的关节。

（2）运动  髋关节能够绕3个互相垂直的基本轴进行运动，即绕额状轴可做屈和伸，绕矢状轴可做内收和外展，绕垂直轴可做旋内和旋外运动，还可以做环转运动。

**7. 膝关节**

（1）形态  膝关节是由股骨的远侧端、髌骨和胫骨的近侧端构成。股骨的内外侧髁与胫骨的内外侧髁构成胫股关节，股骨的髌面与髌骨的后面构成髌股关节。胫股关节和髌股关节包绕在一个关节囊内，属于复关节，也是人体中最大、最复杂的关节。关节囊薄而松弛，但很坚韧。关节腔较宽大。

由于膝关节关节面形状吻合度较小，而在下肢参与的走、跑、跳等动作中都需要膝关节承受负荷，因此，为预防关节的磨损和急性损伤，需要加强膝关节周围肌群的锻炼。

（2）运动  膝关节以屈伸运动为主，在半屈曲位时，因侧副韧带松弛，大腿和小腿还可绕垂直轴做微小的回旋运动。

**8. 踝关节**

（1）形态  踝关节又称距小腿关节、距上关节，由胫骨的下关节面、内踝关节面和腓骨的外踝关节面共同形成叉状关节窝，由距骨滑车形成关节头。重力会从踝关节下传至足部，所以组成关节的各骨较紧密契合。

（2）运动  足和小腿可以绕踝关节的额状轴做屈伸动作。我们常说的"绷脚背"是踝关节的屈（跖屈），"勾脚背"是踝关节的伸（背屈）。

**9. 足弓**

足弓是由跗骨、跖骨及足底的韧带和肌腱共同组成的一个凸向上方的拱形结构，分为内侧纵弓、外侧纵弓和横弓。足弓形态的维持依靠各骨的连结、足底的韧带和肌腱的牵引。良好的足弓形态对跑跳能力的发展有促进作用。足弓塌陷时称为扁平足。

# 第三节 骨骼肌的结构与运动原理

全身的骨骼肌共有 600 余块，占成年人体重的 35% ～ 40%。每一块肌肉就是一个器官，主要由肌腹、肌腱、血管和神经构成。

体育运动对肌肉的形态和功能影响很大。在运动中常用的肌肉约有 75 对，同时还有许多保持身体姿态的小肌群。肌肉在神经系统的支配下收缩牵动骨骼，从而完成各种动作。

## 一、骨骼肌的结构

### 1. 骨骼肌的大体解剖

肌纤维也称作肌细胞，每个肌纤维包裹在肌内膜内，许多肌纤维聚在一起称作肌束，并由肌束膜包绕。肌外膜包绕多条肌束，形成肌腹，肌外膜最终汇聚成肌腱与骨相连（图 2-9）。大血管和神经包裹在肌外膜内，毛细血管和神经纤维末梢包裹在肌内膜内，并与单个肌纤维相互作用。

肌肉按外形可分为长肌、短肌、扁肌和轮匝肌。长肌呈棱形或带状，主要分布于四肢，收缩时可产生较大幅度的运动。短肌短小，主要分布于躯干部深层，收缩时运动幅度较小。扁肌扁薄宽阔，多分布于胸、腹壁，收缩时除运动躯体外，还有保护和支持体腔内器官等作用。轮匝肌呈环形，分布于孔、裂的周围，收缩时可关闭孔裂。

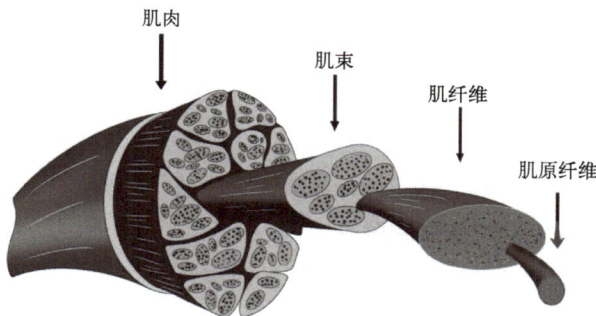

图 2-9 骨骼肌模型

### 2. 骨骼肌纤维的类型

肌纤维的类型与收缩速度息息相关。人体中常见的有慢肌纤维、快肌纤维和中间肌纤维。

慢肌纤维含有大量毛细血管和肌红蛋白，呈红色，也称红肌纤维。因其依赖有氧产能，所以有氧能力强，在强度小、时间长的耐力性项目中被使用，如走路和慢跑。维持姿势的肌肉必须长时间保持收缩状态，也主要由慢肌纤维组成。

快肌纤维厚而白，也称白肌纤维，直径比慢肌纤维大。这类肌纤维应用无氧的产能方式，因而可快速供能，产生快速、有力收缩，适合于短距离、高强度的运动项目，如短跑、举重。

中间肌纤维兼有慢肌纤维和快肌纤维的特征。有研究发现，中间肌纤维能适应机体需要，如在长跑训练时，中间肌纤维像慢肌纤维一样需氧产能；而短跑训练时，中间肌纤维像快肌纤维一样无氧产能。

慢肌纤维、快肌纤维和中间肌纤维间杂分布，个体之间每种肌纤维的占比由遗传决定，因此个体差异较大。适合跑马拉松的人，肌中含有高度集中的慢肌纤维，他们的肌肉较长且脂肪少，使其能进行长时间活动；短跑运动员和健身者的肌中含有大量快肌纤维，肌肉常常大且厚。

## 二、人体主要运动的肌群

### 1. 运动脊柱的肌群

腹直肌、腹外斜肌、腹内斜肌、胸锁乳突肌和髂腰肌等，这些肌肉的长轴均从脊柱额状轴的前方跨过，可以使脊柱做屈的动作。

竖脊肌、斜方肌、臀大肌等肌肉的长轴均从脊柱额状轴的后方跨过，可使脊柱伸。

肩胛提肌、腰方肌、髂腰肌等肌肉的长轴均从脊柱矢状轴的侧方跨过，可使脊柱侧屈。

肌肉的长轴从脊柱垂直轴的侧方跨过时，可使脊柱回旋，如同侧的腹内斜肌和对侧的腹外斜肌在下固定时协同收缩，可使脊柱做回旋动作。

### 2. 运动肩关节的肌群

使肩关节屈的肌群包括胸大肌、三角肌前部肌纤维、肱二头肌长头和喙肱肌。

使肩关节伸的肌群包括三角肌后部肌纤维、肱三头肌长头、背阔肌、冈下肌、小圆肌和大圆肌。

使肩关节外展的肌群包括三角肌和冈上肌。

使肩关节内收的肌群包括肩胛下肌、胸大肌、背阔肌、冈下肌、小圆肌、大圆肌和喙肱肌。

使肩关节旋外的肌群包括三角肌后部、冈下肌和小圆肌。

使肩关节旋内的肌群包括三角肌前束、胸大肌、背阔肌、肩胛下肌和大圆肌。

### 3. 运动肘关节的肌群

使肘关节屈的肌群包括肱肌、肱二头肌、肱桡肌和旋前圆肌。

使肘关节伸的肌群包括肱三头肌和肘肌。

使肘关节旋外的肌群包括旋后肌、肱二头肌和肱桡肌。

使肘关节旋内的肌群包括旋前圆肌、旋前方肌和肱桡肌。

### 4. 运动腕关节的肌群

使腕关节屈的肌群包括桡侧腕屈肌、掌长肌、尺侧腕屈肌、指浅屈肌和指深屈肌。

使腕关节伸的肌群包括桡侧腕长伸肌、桡侧腕短伸肌、尺侧腕伸肌、指伸肌和示指伸肌。

使腕关节外展的肌群包括桡侧腕屈肌、桡侧腕长伸肌、桡侧腕短伸肌和示指伸肌。

使腕关节内收的肌群包括尺侧腕屈肌和尺侧腕伸肌。

### 5. 运动髋关节的肌群

使髋关节屈的肌群包括髂腰肌、股直肌、缝匠肌、阔筋膜张肌和耻骨肌。

使髋关节伸的肌群包括臀大肌、股二头肌、半腱肌、半膜肌和大收肌。

使髋关节外展的肌群包括臀中肌、臀小肌、阔筋膜张肌、臀大肌上部和梨状肌。

使髋关节内收的肌群包括大收肌、长收肌、短收肌、臀大肌下部、股薄肌和耻骨肌。

使髋关节旋外的肌群包括髂腰肌、臀大肌、梨状肌、臀中肌后部、臀下肌后部和缝匠肌。

使髋关节旋内的肌群包括臀中肌前部、臀小肌前部和阔筋膜张肌。

**6. 运动膝关节的肌群**

使膝关节屈的肌群包括股二头肌、半腱肌、半膜肌、缝匠肌、股薄肌和腓肠肌。

使膝关节伸的肌群包括股四头肌。

**7. 运动踝关节的肌群**

使踝关节屈的肌群包括小腿三头肌、蹞长屈肌、趾长屈肌、胫骨后肌、腓骨长肌和腓骨短肌。

使踝关节伸的肌群包括胫骨前肌、蹞长伸肌和趾长伸肌。

使踝关节外翻的肌群包括腓骨长肌、腓骨短肌和第三腓骨肌。

使踝关节内翻的肌群包括蹞长屈肌、趾长屈肌、胫骨前肌和胫骨后肌。

## 三、骨骼肌的运动原理

**1. 肌肉的工作条件（图 2-10）**

（1）近固定和远固定　在四肢肌肉收缩时，肌肉的近端附着点相对固定的工作条件称近固定，而在肌肉的远侧端附着点相对固定的工作条件称远固定。

（2）上固定和下固定　在躯干和头颈收缩时，肌肉的上端附着点相对固定的工作条件称上固定，而肌肉的下端附着点相对固定的工作条件称下固定。

（3）无固定　在躯干和头颈肌肉收缩时，肌肉两端的附着点都不固定的工作条件称无固定。

上固定　　下固定　　无固定

**图 2-10　肌肉附着点的上固定、下固定、无固定**

**2. 肌的协作关系**

人类能做的，即便是一个很简单的动作，也往往是由多块肌肉协同配合完成的。根据肌肉在同一动作中的不同作用，可以将参与完成动作的肌群分为原动肌、对抗肌（拮抗肌）、固定肌和中和肌。

（1）原动肌　是指在运动中主动收缩发力，直接参与完成动作的肌肉或肌群。原动肌中起主要作用的为主动肌；起次要作用的肌肉为次动肌或副动肌。如前臂弯举动作，肱肌、肱二头肌、肱桡肌与旋前圆肌是屈肘关节的原动肌。肱肌、肱二头肌是屈肘的主动肌，肱桡肌和旋前圆肌是屈肘的次动肌。

（2）对抗肌　对抗肌（拮抗肌）是指位于原动肌相对的一侧，与原动肌作用相反的肌群。例如，在向前踢腿动作中，使大腿屈的髂腰肌是原动肌，位于它的对侧的伸肌，臀大肌、腘绳肌等就是对抗肌。

原动肌和拮抗肌的关系对人体保持平衡姿势，以及减速和控制运动至关重要，在一个动作的开始和结束阶段，二者的配合可以使关节保持在一个良好的位置上。如使肩关节旋内的胸大肌和使肩关节旋外的冈下肌，彼此通过相反的运动保持肩关节的相对位置。

（3）固定肌　是指固定原动肌定点附着骨或环节的肌群。固定肌的协调参与，可以防止原动肌附着的骨或环节产生相向运动，出现多余的、错误的动作。如弯举动作中，肩关节周围的肌群固定肱骨，防止肱二头肌在牵拉前臂屈的同时，出现上臂在肩关节屈的多余动作。这时肩关节周围的肌群所做的工作就是固定工作。

（4）中和肌　是指为了保证原动肌能按照动作的要求，有效地发挥与动作有关的功能，参与抵消原动肌其他（与动作无关）功能的工作肌群。比如，髂腰肌在近固定收缩时可使大腿屈和旋外，在做踢腿时，不需要出现大腿旋外的动作，就需要具有使大腿内旋功能的肌肉收缩发力，如臀中肌、臀小肌前部肌束收缩，来抵消髂腰肌收缩时可能出现的旋外动作，这时臀中肌和臀小肌就起中和肌的作用。

# 第四节　体育技术动作解剖学分析

## 一、动作分析的内容与目的

人体运动是由姿势组成的，姿势是运动的基础，是人体运动的基本表达，可以说，没有姿势就没有运动可谈。

由于运动特点和姿势目的的不同，各种运动的动作也有自己的特点。健身运动需要科学的指导，运动需要有目的的分析。对运动进行解剖分析的核心通常是分析身体各部位运动阶段之间的机械运动规律，即骨骼、关节和肌肉之间相互影响的运动规律。目的是掌握运动的实际运动阶段、关节和肌肉，掌握关键关节的运动模式和肌肉的工作规律，掌握姿势的关键点和关键特征，为区分合理的姿势提供解剖基础，提高训练方法。

## 二、动作分析的步骤

### 1. 划分动作范围

划分动作范围，需要找到动作变化的临界点。根据完成动作过程的时间序列，来确定动作的开始与结束瞬间。如立定跳远的起跳动作，起跳脚着地瞬间是起跳动作的开始，起跳脚离地瞬间是起跳动作的结束。

### 2. 划分动作阶段

确定动作范围后，继续将动作拆分，依旧是按时间序列细化成动作的各个阶段。如立定跳远的起跳动作，膝关节屈曲的动作过程称起跳动作的缓冲阶段，膝关节伸展的动作过程称为起跳动作的蹬伸阶段。

### 3. 对具体动作进行分析

划分动作阶段后，对某一阶段的动作进行分析，具体包括以下步骤。

（1）明确各运动环节在相应关节处的运动。即能指出某一运动环节应在哪一关节处产生哪个方向的运动。如立定跳远的蹬伸阶段，大腿绕着膝关节做伸。

（2）明确环节运动方向与外力作用方向是相同的，还是相反的，确定原动肌。如立定跳远的蹬伸阶段，大腿向上运动，对抗的外力是自身的重力，重力向下，因此大腿与重力的作用方向是相反的，原动肌是股四头肌。

（3）确定原动肌工作时的固定条件。如立定跳远的蹬伸阶段，大腿为远固定，绕膝关节转动。

（4）分析原动肌的收缩类型。如立定跳远的蹬伸阶段，股四头肌做向心收缩。

对动作进行解剖学分析，在形式上主要是剖析动作结构，确定原动肌的固定条件和收缩类型，为综合评价动作打下基础。动作评价包括动作的合理性、影响动作质量的因素、动作的练习效果、改变练习难度的途径、教学和练习方法等。

## 三、确定肌肉功能的方法

### 1. 观察法

直接观察做动作时哪些肌肉在收缩，或观察肌或肌组织瘫痪的患者，可以间接获得有关肌肉功能的资料。

### 2. 肌电图法

将肌电极埋入肌肉或放置于体表，当肌肉收缩和舒张时，肌纤维的电位会发生变化，从而收集到肌电图。肌电仪可以同时记录数块肌肉的活动，埋入式的肌电仪可以确切了解特定肌肉的工作特点。

### 3. 扪触法

受试者在承受一定重量时，扪触其各肌的收缩情况。此法的缺点是不能了解深层肌群的作用，也不能确定每一块肌肉的作用时相。

### 4. 环节受力法

人体关节的运动通常都是转动，而运动环节的转动总是沿着作用于其上的合力矩的方向进行，这个合力矩是由肌拉力矩、作用在该环节上的外力（如重力、器械的重量）的力矩所合成的。公式可表示为

$$M_{肌}+M_{外}=J\beta$$

其中 $M_{肌}$ 为肌拉力矩；$M_{外}$ 为外力矩；$J$ 为环节绕某一关节的转动惯量，在运动过程中的某一瞬间近似为常量；$\beta$ 为环节的角加速度，可表示环节的运动方向以及转动速度的变化。

多数情况下，环节运动的方向、转动速度的变化和外力矩的方向通过观察或测量可以获得，这是已知的，只有肌拉力矩方向是未知的。一个方程式可以解一个未知数，因此根据环节运动方向、转动速度的变化和外力矩方向之间的关系可推断出肌拉力矩的方向，再结合解剖学中关于肌肉位置和功能的基本知识，就能确定出完成这个动作的原动肌。

# 第三章　运动生理学

## 第一节　运动生理学概述

### 一、运动生理学概念与研究任务

生理学（physiology）是生命科学中的一个分支，是研究生物体的各种生命现象、机体各组成部分的功能以及实现该功能内在机制的一门基础科学。根据研究对象可将生理学分为植物生理学、动物生理学、人体生理学等。

人体生理学（human physiology）是一门研究人体生命活动现象和规律的科学。主要研究人体在正常状态下各细胞、器官和系统的功能，以及在整体情况下，各器官、系统和身体间的相互协调，从而达到人体适应外界环境变化的过程、规律和机理。

运动生理学（exercise physiology）是人体生理学的一门分支科学，主要研究在运动过程中，人体各细胞、器官、系统的机能活动变化规律、相互协同工作的能力与机理。同时，研究运动引起机体产生适应的机理，其本质就是研究机体对运动产生应激反应后，经适宜恢复使机体产生适应现象，并重新建立和维持细胞内环境稳态的过程。

运动生理学的任务：在初步了解人体生命活动规律的基础上，探究运动对人体生理机能的影响规律及其机理；阐明在运动训练、体育教学和运动健身过程中的生理学原理；研究不同年龄、性别和训练水平的人群进行体育运动时的生理学特点。学习运动生理学知识，有助于科学指导体育锻炼或运动训练，提高竞技者的运动水平，改善国民体质健康水平，从而提高工作效率和生活质量。

### 二、运动生理学研究方法

实验研究法是运动生理学的基本方法，通过实验测定获取人体各种生理功能的发展变化和规律。但是，有时为深入研究某一特定条件下运动引起的生理变化，同时又为避免对人体造成的创伤，常以动物替代人体。因此，运动生理学中将实验研究分为动物实验法和人体实验法。

#### 1. 动物实验法

动物实验分为急性实验和慢性实验。急性实验分为在体实验和离体实验，在体实验指在完整的动物身上完成实验，常选择在麻醉或清醒状态下进行。离体实验是指从活的或者刚被处死的动物中摘取所要研究的器官、组织或细胞等，置于人工控制的实验环境中进行观察研究。

例如，牛蛙坐骨神经－腓肠肌标本的制作。慢性实验是指将实验动物在清醒状态下，长时间对其生理参数和反应等进行实验和观测，例如离体蛙心灌流实验。与慢性实验相比，急性实验的实验条件易控制、观察直接、影响因素少，结果易于分析且实验效果也较为准确。

### 2. 人体实验法

运动生理学中常用的方法是人体实验法，分为运动现场实验和实验室实验。运动现场实验指在现场直接对运动员运动前、运动中和运动后恢复期的相关生理指标进行监测，以了解某些生理机能变化。该方法测试的结果符合运动现场生理和心理实际状况，但易受环境、测试条件的限制。实验室实验是指按照预先设计的实验方案，让受试者在实验室（跑台、功率自行车、各类功能训练仪等）进行训练，监测不同的运动强度或方式对人体生理指标的影响。其优点是实验条件可控制、可调节，结果也严格准确。

## 三、运动生理学研究水平

人体是复杂的机体，由不同细胞、器官和系统组成，其中细胞是构成身体的最基本单位。根据研究任务和实验对象的不同，将其研究分为三个水平，即整体水平、器官和系统水平、细胞核分子水平。特别强调的是，这三个水平的研究是互相联系、互相补充的，而不是孤立的。运动生理学中为得出较为全面的结论，通常在阐明某一生理功能的机制时，从细胞和分子、器官和系统以及整体水平进行综合判断与分析。

# 第二节　运动与人体生理功能

运动是人类生存的基础，是人类基本的生活要素，同时也是常见的生理性功能刺激。从运动生理学角度，本节主要介绍人体各个系统对运动的反应与适应性变化。

## 一、运动对心血管系统的影响

### 1. 心率的变化

人在运动时，心率明显加快。运动强度不同，心率变化幅度也会不同。运动时心率的变化情况可作为评定运动强度的生理指标，也可作为评定运动者机能状态的客观生理指标。

### 2. 每搏输出量和心输出量的变化

运动可明显提高每搏输出量和心输出量。对于未经训练的普通人来说，在运动初始阶段，心率、每搏输出量和心输出量均增加。当运动强度超过 40%～60% 最大强度后，每搏输出量仅有小幅增长或出现平台期，之后心输出量的增多更多地依赖心率的增加。而对于高水平运动员，在较大强度运动时心输出量的增加更多依赖于每搏输出量的增加。

### 3. 动脉血压的变化

运动会导致收缩压显著增高，特别是当进行剧烈运动时，收缩压增高更为显著，可高达 190mmHg 甚至更高。不同的运动形式导致动脉血压舒张压的变化不同（表 3-1）。特别强调的是，中老年人由于血管硬化程度增加，弹性下降，脆性增加，因此在运动过程中应尽量少进行大强度静力性运动，避免因外周阻力过大造成小血管的破裂。

**表 3-1    不同运动形式对动脉血压的影响**

| 运动形式 | 收缩压（SBP） | 舒张压（DBP） | 脉压差 |
|---|---|---|---|
| 动力性运动 | ↑↑ | ↑或↓或- | ↑ |
| 静力性运动 | ↑ | ↑↑ | ↓ |

注：↑为上升，↓为下降，↑↑为显著上升，-为变化不明显。

## 二、运动对呼吸系统的影响

呼吸的功能在于给机体组织细胞提供代谢所需要的氧气并排出二氧化碳。运动时，随着运动强度的增加，耗氧量和二氧化碳产出量随之增多，呼吸机能也发生相应的变化以适应运动时机体代谢增加的需要，其主要表现为肺通气机能和肺换气机能的改变。

**1. 运动对肺通气功能的影响**

运动时机体代谢旺盛，呼吸频率加快，肺通气量增加。运动强度较低时，肺通气量的增加主要是由于潮气量的增加。在进行中等强度的运动时，肺通气量随呼吸深度的增加而增加。而在剧烈运动时，肺通气量随呼吸频率的增加而增加。呼吸深度和呼吸频率的增加，使得用于肺通气的氧耗也增加。据研究，用于肺通气的耗氧量在人体安静状态时只占总耗氧量的 1%～2%，而在剧烈运动中则可达到 8%～10%。运动对肺通气量的影响具有时相性，即运动开始前，肺通气量略有升高；运动开始后，肺通气量先快速升高，随后缓慢上升；运动结束后，肺通气量先骤降后缓慢下降并逐渐恢复到运动前水平。此外，肺容量与肺通气功能紧密相关，有训练者的肺容量均比无训练者大，提示这是对运动产生良好适应的结果。

**2. 运动对肺换气功能的影响**

运动时肺换气的具体变化：①人体运动时，各组织器官的代谢增强，耗氧量增加，使流向肺部的静脉血中 $PO_2$ 降低，引起呼吸膜两侧的 $PO_2$ 差增大，$O_2$ 在肺部的扩散速率也增大；②运动时血液中儿茶酚胺的含量增多，引起呼吸细支气管扩张，通气肺泡的数量增多；③肺泡毛细血管前括约肌扩张，开放的肺毛细血管增多，组织血流量增大，呼吸膜的表面积增大；④运动时右心室泵血量增加，肺血流量增多，使通气/血流比值仍维持在 0.84 左右。运动可以提高肌肉中 $O_2$ 的利用率，不经常参加体育锻炼的人，20 岁以后肺换气功能将逐渐下降；经常参加体育锻炼的人，肺换气功能降低的趋势将延缓。

## 三、运动对肾脏功能的影响

运动可引起肾脏功能的改变，适宜运动可提高肾脏各方面的功能，达到健肾的目的。尿量和尿成分变化是评价运动对肾脏功能影响的常用指标。

**1. 尿量**

人体尿量主要取决于每日的摄水量和排水量，摄水量多尿量也就多。运动后尿量主要取决于运动强度、运动持续时间、气温、排汗及饮水量等因素。短时间运动后尿量一般不会发生较为明显的变化，但在进行强度较大、持续时间较长的运动（特别是夏季）后，由于大量排汗，肾小球血流量明显减少，故尿量减少。因此，在进行"尿检"前，通常要求运动员饮用一定的水或常规的等渗液。

**2. 运动性蛋白尿**

正常人在运动后出现的一过性蛋白尿称为运动性蛋白尿。正常人安静时尿中只有极微量的蛋白质（约 2mg），用一般检查尿蛋白的方法不易测出，为阴性。运动所导致的尿中蛋白质含量升高则可通过常规检测方法检出。运动性蛋白尿可作为评价运动负荷、运动强度及运动员身体机能状态的常用指标。运动强度大、持续时间较长的以无氧供能为主的运动，运动性蛋白尿可在运动后 15～30 分钟取尿测定，尿蛋白排出量相应较多，运动次日晨起的测定则可用来观察机体恢复情况，但其结果存在个体差异。

与病理性蛋白尿不同，运动性蛋白尿是生理性的，常经过一段时间休息后会自行消失，一般不需要治疗。运动性蛋白尿与运动强度、负荷量、运动训练水平、运动负荷的适应能力以及运动项目等有关。

**3. 运动性血尿**

运动性血尿是指正常人在运动后出现的一过性血尿，肉眼或显微镜下可见。运动性血尿的出现可能是由于运动时儿茶酚胺分泌增加，引起肾血管收缩，肾血量减少，出现暂时性肾脏缺血、缺氧和血管壁的营养障碍，从而使肾的通透性增加，红细胞通过滤过膜溢出入尿，形成运动性血尿。另外，患有慢性隐匿性肾疾病患者运动时也容易出现血尿。运动性血尿还与运动项目、运动强度和负荷量、身体适应能力及环境等因素有关。

**4. 尿十项检测**

尿十项检测是采用半自动化或全自动化尿液分析仪及相应试纸条进行尿液常规检查的一种方法，能够比较全面、客观地反映运动负荷对泌尿系统的刺激以及机体供能物质的代谢情况。

### 四、运动对内分泌系统的影响

内分泌系统是机体重要的调节系统，通过激素的分泌调节机体功能。运动能够引起内分泌系统发生明显的变化，激素对运动的应激反应表现为升高、降低和不确定性变化。大多数激素表现为升高，如生长激素、促甲状腺激素、儿茶酚胺、甲状腺、孕激素、睾酮等。研究发现，运动一般会导致胰岛素下降，但黄体生长素、卵泡刺激素等的变化表现为不确定。此外，运动伴随激素的变化会导致激素受体的亲和力与数量发生变化，出现受体上调或下降，必然会影响激素受体的生物效应，例如，通过运动可以提高胰岛素受体的敏感性。

### 五、运动对免疫系统的影响

运动对免疫系统的影响与运动的性质有关，不同运动强度、运动持续时间、运动负荷和运动量对免疫系统功能的影响不一样。研究表明，适度运动可降低机体的感染率；长期的有规律的运动可提高非特异性免疫功能，但对获得性免疫功能影响不大；剧烈运动可降低运动员免疫功能，导致对疾病的抵抗力减弱，上呼吸道感染的风险增大，这可能与机体防御系统的改变有关。

### 六、运动对血液的影响

长时间从事耐力运动，储存在肝、肺、腹腔静脉等处的血量被动员，人体循环血容量增加。这种血流量的增加主要包括血浆容量和红细胞容量的增加，血浆容量的增加较红细胞容量更加显著，故红细胞压积减少，单位容积中的红细胞数目和血红蛋白含量也减少，血液相对稀释。运动使红细胞的更新速度加快，降低红细胞膜的脆性，增加其弹性。红细胞变形能力增加和血液稀释使红细胞压积减少，这两个因素可使得血液的黏度下降，从而改善血液流变性。此外，运动还有抗血栓形成的功效。

# 第三节  运动与身体素质

身体素质是人体在肌肉活动中所表现出来的机能能力的统称，包括力量、速度、耐力、灵敏及柔韧等。

身体素质是人体各器官、系统功能在肌肉活动中的综合反映，是在先天遗传的基础上，于后天生活、工作和运动中逐渐形成的肌肉活动。身体素质不仅取决于骨骼、肌肉本身的形态结构和功能特点，而且与其能量代谢、内脏器官的功能及神经系统的调节能力等因素有关。良好的身体素质是衡量机体健康状况的重要标志，也是学习和掌握运动技能、促进身体康复的基础。本章主要介绍身体素质的生理学基础，为提高身体素质、促进身体健康、科学健身锻炼等提供理论基础。

## 一、力量素质

力量素质是指人体肌肉工作时克服或对抗内外阻力的能力。人体一切随意性躯体运动都是在神经系统支配下完成的。力量是速度、耐力、灵敏、柔韧等素质的基础，也是提高身体运动能力、维持和提高身体稳定性、降低和防止运动损伤的重要基础。影响肌肉力量的生理学因素主要包括以下方面。

### 1. 肌肉生理横断面积

肌肉生理横断面积是指横切某块肌肉所获得的所有肌纤维横断面的面积之和，通常以 $cm^2$ 为单位。其大小取决于肌纤维的数量、直径和排列方向等因素。生理横断面积越大，产生的力量也就越大。

### 2. 肌纤维类型

快肌和慢肌两类肌纤维收缩力量的差异与其形态、机能及代谢水平有关。快肌纤维直径较粗，因此，快肌纤维收缩速度快，产生的力量也大。目前研究认为，力量训练对两种肌纤维的横断面积和收缩力量均可产生一定的影响。

### 3. 肌纤维收缩时的初长度

肌纤维的初长度也是影响肌肉力量的因素之一。肌肉收缩力量的大小取决于活化的横桥数目的数量。研究发现，在一定范围内，肌肉力量随肌肉的初长度的增加而逐渐增大。当肌肉处于最适初长度时，粗肌丝的肌球蛋白横桥与细肌丝肌动蛋白结合的数目最多，即参与收缩的横桥数目达到最大值，因而肌纤维产生最大收缩力量。反之，肌肉初长度过长或过短都会使参与收缩横桥的数目减少，引起肌肉收缩力量下降。

### 4. 中枢神经系统状态与激活水平

中枢激活是指中枢神经系统动员肌纤维参加收缩的能力。其主要通过两种方式影响肌肉力量：一是改变参与工作的运动单位数量及其同步化程度；二是改变支配骨骼肌的运动神经元的放电频率。

人体在进行最大随意收缩时，并不是所有的肌纤维同时参与收缩。研究表明，对于缺乏训练的人，只能动员肌肉中 60% 的肌纤维参加收缩；对于训练水平良好的人，肌纤维动员可高达 90% 以上。可见力量训练可以提高中枢激活水平。

中枢激活能力、神经对肌肉活动的协调和控制能力与中枢神经系统兴奋性密切相关。人在极度激动或危急情况下发挥超大力量的现象已众所周知。生理学家认为，这种现象可能是当情绪在极度兴奋时，肾上腺素大量分泌，使肌肉的应激性大大提高，同时中枢发放强而集中的神经冲动，迅速动员"贮备力量"，继而使运动单位成倍地同步动员并投入工作。研究也已证实，当人体克服相当于最大力量的 20% ～ 80% 进行肌肉收缩时，肌肉力量的增加主要靠神经系统不断募集更多的运动单位来实现，但当阻力负荷超过最大力量的 80% 时，则主要依靠提高神经中枢发放冲动的频率来实现。

**5. 中枢神经对肌肉活动的协调和控制能力**

人体完成的任何动作，即使是最简单的动作也需要多块肌肉（主动肌、协同肌、拮抗肌、固定肌）协调配合来实现。不同的肌肉群接受不同神经中枢的支配，神经中枢间良好的配合能力可以提高肌肉群间的协调能力，使其发挥更大的收缩力量。例如手持哑铃做屈肘动作时，肱二头肌强烈收缩，肱三头肌必须适当放松，若肱三头肌不能及时放松，势必会增加肱二头肌收缩的阻力，进而降低肌肉收缩的能力，从而影响肌肉力量。此外，运动训练可以提高中枢神经对肌肉活动的协调和控制能力。因此，动作是否娴熟及支配各肌群中枢间良好的协调能力对于提高力量素质至关重要。

**6. 其他因素**

肌肉力量具有显著的年龄和性别特征，在 10 岁之前，男女生的肌肉力量随着生长发育缓慢而平稳地增长且无显著性的性别差异；进入青春期后，由于雄性激素分泌的增多，使男孩力量明显大于女孩。女性约在 20 岁，男性在 20 ～ 30 岁肌肉力量达到最大，以后随年龄的增长肌肉力量逐渐下降。研究表明，当身体发育成熟后，如果持续进行超负荷训练，可使力量显著增大，甚至超过刚成年时的力量水平，但是，如果只进行较小负荷的肌肉力量训练，力量则会随着年龄的增加而持续下降，到 65 岁时力量约下降 20%。

一般来说，体重大绝对力量大，体重轻可能具有较大的相对力量。比如体操运动员往往身材较小，其相对力量较大；而对于克服外部阻力的项目（摔跤、举重等），运动员身材一般都较大，绝对力量也较大。此外，肌糖原、肌红蛋白含量和毛细血管分布密度也会影响肌肉力量。

## 二、速度素质

速度素质是指人体进行快速运动的能力或在最短时间内完成某种运动的能力。根据在运动中的表现分为反应速度、动作速度和周期性位移速度。

### （一）反应速度

人体对各种刺激产生反应的快慢称为反应速度，如短跑运动员从听到发令到启动的时间的快慢。反应速度主要受以下因素的影响。

### 1. 反应时

反应时是指从感受器接受刺激产生兴奋并沿反射弧传递开始，到引起效应器发生反应所需要的时间。反应速度主要取决于兴奋通过反射弧的时间，反射弧由五个环节构成，其中传入神经和传出神经的传导速度基本是固定的，反应时的长短主要取决于感受器的敏感程度、中枢神经系统的功能状态和效应器的兴奋性。如短跑运动员反复进行发令起跑训练就是为了提高听觉感受器的敏感性从而缩短起跑时间。

### 2. 中枢神经系统的机能水平

中枢神经系统是反射弧的中枢部分，是感受器和效应器之间联系的枢纽。当中枢神经系统处于良好的兴奋状态时，可提高机体对刺激的反应速度。例如，当运动员处于良好的赛前状态时，反应时会缩短（表3-2）；反之，反应时将明显延长。

表3-2  赛前状态时不同运动项目运动员光潜伏期的变化（单位：ms）

| 项目 | 安静时 | 良好赛前状态时 |
| --- | --- | --- |
| 田径 | 300 | 246 |
| 游泳 | 313 | 181 |
| 射击 | 313 | 211 |
| 击剑 | 313 | 227 |

### 3. 运动条件反射的巩固程度

运动条件反射越巩固，运动技能越熟练，反应时越短，反应速度也越快。研究发现，训练可以缩短反应速度11%～25%。

### （二）动作速度

完成单个动作时间的长短称为动作速度。影响动作速度的因素主要取决于以下几方面。

### 1. 肌纤维类型

肌肉中快肌纤维的百分比越大、直径越粗，肌肉收缩速度越快。研究表明，长期系统的速度训练可引起快肌纤维产生选择性肥大。

### 2. 肌肉力量

力量是速度的基础，肌肉收缩力量越大，肌肉克服内外阻力的能力越强，完成动作的速度也就越快。可见，凡能影响肌肉力量的因素也必会影响动作速度。

### 3. 神经和肌肉组织的功能状态

在运动过程中，神经和肌肉组织保持良好的功能状态，能够在短时间内动员更多的运动单位参与收缩，同时，肌肉组织的兴奋性越高，所需的刺激强度就越小，作用时间也越短，继而完成动作的速度也就越快。

### 4. 运动条件反射的巩固程度

同一动作练习的次数越多，运动技能越熟练，动作速度越快。研究发现，动作速度与神经系统对主动肌、协同肌和对抗肌之间的调节能力有关，还与肌肉的无氧代谢能力有关。

### （三）位移速度

位移速度是指人体在周期性运动（跑步、划船和游泳等）中通过一段距离所需要的时间。影响位移速度的因素较多且较复杂，以跑步为例，位移速度主要取决于步长和步频两个变量，步长主要受肌力大小、下肢长度及髋关节的灵活性等因素的影响，步频主要受大脑皮质运动中枢的灵活性、各中枢间的协调性、快肌纤维的百分比及其肥大程度等因素的影响。

## 三、耐力素质

耐力是指人体进行长时间肌肉工作的能力，又称抗疲劳能力，常用肌肉克服固定负荷的最多次数或最长时间来表示。耐力素质的分类繁多且命名复杂，运动生理学更多是从能量供应的角度划分，分为有氧耐力和无氧耐力。

### （一）有氧耐力的生理学基础

有氧耐力是指人体长时间进行以有氧代谢（糖和脂肪等有氧氧化）供能为主的运动能力。肌肉要进行持久的工作，必须有充足的能量供应，因此充足的氧供应及糖和脂肪的有氧氧化能力是影响有氧耐力的关键因素。

**1. 氧运输系统功能**

氧运输系统是指人体呼吸系统和心血管系统共同完成氧气的摄取和运输功能的统称，是有氧耐力素质重要的生理学基础之一。心脏的泵血功能与肺的通气和换气功能影响人体的吸氧能力。研究表明，优秀耐力专项运动员肺的通气功能、气体扩散能力和心脏的泵血功能均高于一般人。此外，血液中红细胞的数量及血红蛋白的总量也与有氧耐力密切相关。研究证实，若运动员血红蛋白含量下降10%，就会引起运动成绩下降。

**2. 肌肉组织有氧代谢能力**

肌纤维类型及其代谢特点是影响肌肉组织有氧代谢能力的主要因素之一，慢肌纤维的百分组成与最大摄氧量密切相关。研究发现，对于优秀的耐力专项运动员，其慢肌纤维百分比越高，机体摄氧和利用氧的能力增加，故有氧耐力成绩也好。

**3. 中枢神经系统调节机能**

中枢神经系统是影响有氧耐力的重要因素。在进行长时间肌肉活动过程中，神经系统长时间地处于兴奋与抑制有节律地转换，这是人体进行长时间工作的前提条件。研究发现，长期进行系统的耐力训练，可以提高大脑皮层神经细胞对刺激的耐受力和神经过程的稳定性，改善各中枢间的协调关系，提高内脏器官与肌肉活动的适应性，从而保持长时间的肌肉活动。

**4. 能量供应特点**

在有氧条件下，糖和脂肪能保持长时间供能的能力也是影响有氧耐力的重要因素。耐力性运动项目由于运动持续时间长、强度较小等特点，其能量主要依靠有氧氧化供能。可见，耐力素质与有氧代谢能力密切相关。系统的有氧耐力训练，可以提高肌肉有氧供能的效率、能源物质的储备、各种氧化酶的活性及机体动员脂肪供能的能力。

### （二）无氧耐力的生理学基础

无氧耐力是指机体在无氧代谢（糖无氧酵解）的情况下能够进行较长时间肌肉活动的能力。机体在进行激烈运动时，能量主要来源于糖无氧酵解供能。无氧耐力水平的高低，取决于糖无氧酵解供能能力、机体缓冲乳酸的能力、肌纤维类型及脑细胞耐酸能力。

**1. 糖无氧酵解供能能力**

糖酵解系统是无氧耐力的主要能量来源，有研究发现，无氧酵解供能的能力主要取决于肌糖原的含量及无氧酵解酶的含量和活性。肌肉中糖原含量、糖酵解酶的含量和活性越高，无氧耐力素质就越好。有研究发现，中短距离跑运动员腿部乳酸脱氢酶活性明显高于长跑运动员（表3-3）。

**表3-3    不同竞赛运动员肌纤维组成及酶的活性比较**

| 项目 | 人数 | ST% | 乳酸脱氢酶活性 / ( μEq · g · min ) | 磷酸化酶活性 / ( μEq · g · min ) |
|------|------|------|------|------|
| 男短跑 | 2 | 24.0 | 1287 | 15.3 |
| 女短跑 | 2 | 27.4 | 1350 | 20.0 |
| 男中跑 | 7 | 51.9 | 868 | 8.4 |
| 女中跑 | 7 | 60.0 | 744 | 12.6 |
| 男长跑 | 5 | 69.4 | 764 | 8.1 |

**2. 机体缓冲乳酸的能力**

在酵解过程中，肌肉产生的乳酸进入血液后，引起血液中pH值下降，但血液中的酸碱度不会发生太大的变化，这与血液缓冲系统的缓冲作用有关。机体缓冲乳酸的能力取决于碳酸氢钠（碱储备）含量和碳酸酐酶（促进碳酸分解的酶）活性。研究发现，经常参加无氧训练的运动员，碱储备比一般人高约10%，且其血液中的碳酸酐酶活性也明显提高，可见，长期进行无氧训练可显著提高机体消除乳酸的能力。

**3. 肌纤维类型**

快肌纤维百分比组成占优势的人，无氧耐力强。

**4. 脑细胞耐酸能力**

当肌肉生成的乳酸过多，超过血液的缓冲能力时，血乳酸堆积引起血液的pH值不断下降，从而造成代谢产物的堆积，进而影响脑细胞的工作能力，出现疲劳症状。研究发现，长期进行无氧耐力训练，可以提高脑细胞对血液中代谢产物堆积的耐受性。例如，短跑运动员对静脉血中$CO_2$含量增多的耐受性比长跑运动员强，这是对无氧训练产生适应性的结果。

## 四、灵敏素质

灵敏素质是指运动者迅速改变体位、转换动作和随机应变的能力。其具有明显的运动项目特点，如体操运动员的灵敏素质主要表现为对身体姿势的控制和转换动作的能力；球类运动员的灵敏素质主要表现为对外界环境变化能及时而准确地转换动作以做出反应的能力。灵敏素质的生理学基础包括以下几方面。

**1. 大脑皮质的功能状态**

大脑皮质是接受、分析来自人体各类感觉信息的中枢。神经灵活性越好，兴奋与抑制转换就越快，在内外环境条件发生变化时，机体才能迅速地做出判断和反应，并能够及时做出调整或修正动作，尤其在对抗性项目中，如球类、击剑、摔跤等。可见，只有大脑处于良好的功能状态下，才能迅速对突发状况做出准确的判断和分析，并调控人体机能完成相应的动作。

**2. 各感觉器官的功能状态**

运动过程中，良好的感觉机能表现为动作准确、变换迅速及准确的定时定向能力。因此，感觉器官如视、听、位和本体感觉等器官的敏感性是影响灵敏素质的重要因素。例如，优秀的散打运动员敏锐的视觉是其敏捷反应的基础。此外，运动前充分的准备活动，也可以提高人体的灵敏性。

### 3. 运动技能掌握程度

灵敏是多种运动技能和身体素质在运动中的综合表现。对运动技能掌握的越熟练、越牢固，动作才会更协调、更稳定、更灵敏。灵敏素质还与其他身体素质（力量、速度、耐力及柔韧）密切相关。

此外，灵敏还受年龄、性别、体重和整个人体功能状态的影响。研究发现，从儿童开始到成熟期，灵敏性逐步提高；男性的灵敏性优于女性；当身体疲劳时，爆发力、动作速度、反应速度及协调性等都下降，灵敏素质也会显著下降。此外，灵敏性也受体重的影响，体重大的人，灵敏性相对较差。

## 五、柔韧素质

在运动过程中，人体完成大幅度运动技能的能力称为柔韧素质。一般情况下，柔韧性越好，动作就越协调、舒展和优美，并可降低运动损伤的发生；柔韧性不足可直接影响动作的学习质量和高难度运动技能的掌握。影响柔韧素质的因素主要包括以下几方面。

### 1. 关节的构造及其周围组织的伸展性

关节的结构决定关节活动的方向和幅度，由遗传因素决定，但训练可使关节软骨增厚。关节周围体积过大，如皮下脂肪含量或结缔组织过多都将影响临近关节的活动幅度，使柔韧性降低。肌肉及韧带组织的伸展性取决于年龄和性别等因素，并与肌肉温度有关。研究表明，适宜的准备活动可提高肌肉的温度，提高肌肉的伸展性，降低肌肉的黏滞性，从而提高肌肉的柔韧性。

### 2. 中枢神经的协调能力

关节活动幅度常因对抗肌群不能充分放松而受到限制，因此，改善原动肌和对抗肌的协调性，提高肌肉收缩与放松的调节能力，对提高身体柔韧性具有重要意义。

# 第四节　运动与能量代谢

人体生命活动最基本的特征是新陈代谢，包括物质代谢和能量代谢。生理学通常将生物体内物质代谢过程中所伴随的能量储存、释放、转移和利用，称为能量代谢（energy metabolism）。人体单位时间内所消耗的能量称为能量代谢率。

## 一、人体能量的供给

生命过程是一个消耗能量的过程，人体活动的直接能量来源于 ATP 的分解。但体内 ATP 的贮量有限，在消耗它的同时，必须重新再合成 ATP。ATP 再合成所需的能量来源于磷酸原供能系统、糖酵解供能系统和有氧氧化供能系统的供给。

### 1. 磷酸原供能系统

磷酸原供能系统又称 ATP-CP 系统。ATP 和 CP 都是储存在骨骼肌细胞中的高能化合物。肌肉在运动中 ATP 直接分解供能，肌细胞内磷酸原贮备有限，仅能维持最大强度运动 6～8

秒。为维持 ATP 水平，在肌酸激酶作用下 CP 需不断再合成 ATP，从而保持能量的连续性供应。

磷酸原是极量运动的能量来源，如短跑、跳跃、投掷、举重等项目，它也与速度、爆发力关系密切。因此，一切高功率运动需加强磷酸原供能能力的训练。

**2. 糖酵解供能系统**

运动中肌糖原或葡萄糖在无氧条件下酵解，生成乳酸并释放能量的过程称为糖酵解，又称为乳酸能系统。由于该过程不需要氧的参与，因此又称为糖的无氧代谢。由于 ATP-CP 系统供能有限，当运动持续时间在 10 秒以上且强度很大时，能量主要由糖酵解来提供。研究发现，糖酵解供能速率在全力运动 30 ～ 60 秒时达最大，其输出功率为每千克干肌每秒 1mmol ATP。随后，由于终产物乳酸的堆积，糖酵解代谢过程受到抑制，故糖酵解供能系统的维持时间为 2 ～ 3 分钟，是 30 秒至 2 分钟最大强度运动的主要供能系统。

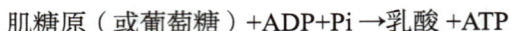

$$肌糖原（或葡萄糖）+ADP+Pi \rightarrow 乳酸 +ATP$$

糖酵解供能系统在运动实践中具有特殊的意义。在氧供不足时，该系统仍能维持较长时间的快速供能，以应对身体急需。如在 100m 游泳、400m 跑或 800m 跑等速度耐力项目中，该供能系统发挥着至关重要的作用。对于一些非周期运动项目，如篮球、足球等在加速、冲刺时的能量也由磷酸原和糖酵解供能系统提供。

在代谢过程中，磷酸原和糖酵解供能系统都不需要氧的参与，因此，这两个供能系统又称为无氧供能系统。

**3. 有氧氧化供能系统**

有氧氧化供能系统指糖、脂肪和蛋白质在氧供充足时氧化分解生成 $CO_2$ 和 $H_2O$，同时释放能量的过程。由于蛋白质是人体重要的组成成分，在体内主要起维持和修复组织作用，满足机体生长的需要，较少参与供能，所以有氧氧化系统的主要供能物质是糖和脂肪。

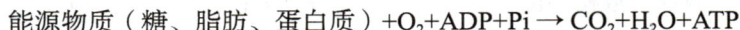

$$能源物质（糖、脂肪、蛋白质）+O_2+ADP+Pi \rightarrow CO_2+H_2O+ATP$$

糖和脂肪在人体内的贮量较大，故有氧氧化系统能够持续长时间供能，是进行长时间耐力运动的物质基础。有氧氧化供能系统的特点是，ATP 生成总量很大，供能速率较低，需要氧气，但不产生乳酸类副产物。

## 二、能量代谢的测定

能量代谢的测定有两种方式——直接和间接测定法，主要以后者为主。维持生理功能所需的能量均来源于营养物质的氧化分解，而不同营养物质在氧化分解时所消耗的氧气量、产生的二氧化碳量及释放出的热量间呈一定的比例关系。因此，在一定时间内测定人体的耗氧量和二氧化碳的产量，即可推算出整个机体的能量代谢率。

**1. 食物热价与氧热价**

1g 食物完全氧化分解所释放出的热量称为食物热价，分为生物热价和物理热价。三大能源物质食物热价见表 3-4。

氧热价是食物氧化时每消耗 1L 氧所产生的热量。某种物质氧化时耗氧量和产热量间的关系常用氧热价来反映，即某种食物的产热量 = 该食物的氧热价 × 该食物的消耗氧量。

表 3-4 糖、脂肪和蛋白质氧化时的比较表

| 能源物质 | 物理热价（kJ/g） | 生物热价（kJ/g） | 耗氧量（L/g） | 二氧化碳产量（L/g） | 氧热价（kJ/L） | 呼吸商（RQ） |
|---|---|---|---|---|---|---|
| 糖 | 17.15 | 17.15 | 0.83 | 0.83 | 20.66 | 1.0 |
| 脂肪 | 39.75 | 39.75 | 2.03 | 1.43 | 19.58 | 0.71 |
| 蛋白质 | 23.43 | 17.99 | 0.95 | 0.76 | 18.93 | 0.80 |

**2. 呼吸商**

呼吸商是指各种物质在体内氧化时 $CO_2$ 的生成量与 $O_2$ 的消耗量的容积比。糖、脂肪、蛋白质被氧化时，$CO_2$ 生成量与耗氧量不相同，故呼吸商也不同，三种主要营养物质的呼吸商见表 3-4。日常生活中，人类摄取的食物是混合膳食，呼吸商为 0.85 左右。

**3. 代谢当量**

运动时的耗氧量与安静时耗氧量的比值称为代谢当量。该指标是以安静时的能量消耗为基础，以此比较各类活动时的相对能量代谢水平，常用来评估心肺功能。目前，已广泛地应用于日常生活的体力活动及各类运动项目中。

## 三、影响能量代谢的因素

**1. 肌肉活动**

肌肉活动的强度与机体耗氧量的增加成正比。研究表明，任何轻微的活动均可提高代谢率，与安静时相比，剧烈运动时其耗氧量可高达 10～20 倍。肌肉活动的强度又称肌肉工作的强度或劳动强度，通常用单位时间内机体的产热量来表示，也就是说，可以把机体的能量代谢率作为评估肌肉活动强度的指标。机体不同状态下的能量代谢变化情况见表 3-5。

表 3-5 不同状态下的能量消耗（体重 70kg）

| 活动形式 | 能耗（kcal/h） | 活动形式 | 能耗（kcal/h） |
|---|---|---|---|
| 睡眠 | 65 | 散步 | 200 |
| 清醒、静卧 | 77 | 骑自行车 | 304 |
| 静立 | 100 | 游泳 | 500 |
| 穿衣 | 118 | 划船（20 周/分） | 828 |
| 打字 | 140 | 步行上楼 | 1100 |

**2. 精神和情绪活动**

大脑重量只占人体体重的 2%，但其代谢水平却很高。据测定，人在安静状态时，脑组织的耗氧量约是肌肉组织耗氧量的 20 倍，但在精神活动或睡眠状态时，脑中葡萄糖的代谢率微乎其微。当人处于平静状态时，能量代谢略有增加，产热量也一般不会超过 4%，但精神处于紧张状态（激动、焦虑、恐惧等）时，产热量显著增加。因此，受试者在测定基础代谢率时必须摒除精神紧张的影响。

**3. 食物的特殊动力效应**

安静状态下，在摄入食物后的一段时间内，人体释放的热量比摄入的食物本身氧化后所产生的热量要多。能使机体产生"额外"热量的现象称为食物的特殊动力效应。这种"额外"

增加的热量不能用于机体做功，仅能维持人体体温的恒定。研究发现，糖类或脂肪的食物特殊动力效应为其产热量的 4%～6%，而混合食物的产热量大约增加 10%。因此，机体必须多摄入一些食物来补充体内额外热量的消耗。

### 4. 环境温度

在安静状态下，人体处于 20～30℃ 的环境中能量消耗最为稳定。环境温度过低（低于10℃）可使肌肉紧张性增强，能量代谢增高。环境温度过高，可使体内物质代谢加强，能量代谢也会增高，可见，环境温度过高或过低均会使机体能量代谢率升高。

### 5. 其他因素

能量代谢还易受种族、年龄、性别、身体成分等的影响。此外，居住环境、许多药物也会影响其能量代谢水平。

## 四、人体运动时的能量代谢

人体运动时，能量供应来自三个（磷酸原、糖酵解和有氧氧化）供能系统。由于不同运动方式的运动强度和时间不同，能量供应的速率、时间和总量也不同，所以三个供能系统发挥的作用大小也不相同。

### 1. 急性运动时的能量代谢

急性运动刚开始能量的供应主要来源于 ATP、CP 的分解。如果持续进行大强度运动时，糖酵解被启用，机体随后产生大量乳酸，导致运动性疲劳的产生；如果运动强度较低且持续时间较长时，机体将以三大物质的氧化分解供能为主。需要强调的是，在进行大强度运动时，机体的能量代谢系统对能量供应的参与并非按照顺序出现，而是相互整合、协调，共同满足肌肉对能量的需求。

### 2. 能量代谢对慢性（长期）运动的适应

能量代谢的能力还与能量代谢的调节能力、运动后恢复过程的代谢能力密切相关。一般来说，长期运动可提高主要能量供能系统相关酶的活性，使急性运动对人体神经和激素的调节更加敏感，促使各器官系统的功能更加协调，同时有助于加速能源物质及各代谢调节系统的恢复，并有利于疲劳的消除。此外，长期运动还可使能量利用节省化，即完成同样负荷的运动消耗的能量减少，从而提高运动能力。例如优秀长跑运动员，长期的运动训练，可使其最大摄氧量维持在稳定状态，其运动节省化程度与有氧运动能力密切相关。

# 第四章  运动生物力学

## 第一节  运动生物力学概述

运动生物力学是一门研究人体运动中身体和运动器械的机械运动规律的课程，它以经典力学的理论和方法为基本工具，研究人体运动中的各种力学现象。

运动生物力学主要研究人体在体育运动中如何运动和产生各种运动的原因，同时研究影响人体运动的外部条件，如各种训练和比赛设施与运动技术的关系。因此，运动生物力学研究是以体育动作为核心，结合运动解剖学、运动生理学、力学的理论与方法，研究人体运动器官的生物力学特性和人体运动动作规律，并根据人体结构和功能的特点，结合体育场馆和设备的改进，研究最有效的运动技术，以期达到最佳的锻炼效果。

运动生物力学是一门理论性和应用性都很强的学科。理论研究是以揭示人体运动动作规律为主要目标，为应用研究提供理论依据。应用研究主要解决运动实践中的生物力学问题，为提高运动效率服务。生物力学的研究任务包括：揭示人体结构和功能的力学特征，揭示运动动作的力学原理，探索合理的动作技术方案，探索预防运动创伤和康复手段的力学依据，为设计和改进运动器械提供力学依据，为运动处方提供依据。

对运动生物力学的研究最早可追溯到公元前。古希腊的哲学家、科学家、教育学家亚里士多德（公元前384—公元前322）注意到了日常生活中生物体的力学问题。15世纪末，意大利伟大的科学家列奥纳尔德·达·芬奇（1452—1519）用人的尸体研究解剖学和力学之间的关系，提出人体的运动必须服从于力学定律的观点。17世纪的意大利人伽利略（1564—1642）完成了史上第一部运动生物力学著作——《论动物的运动》。19世纪初，骨的生物力学方面有了重大突破，其中最著名的是德国医学博士Wolff发表的《骨转化定律》一文，该法则一直沿用至今。1895年，马勒研制出气压式测力台，并结合高速摄影影片，对人体步行时的下肢运动学数据进行分析研究，这是现代步态分析方法的雏形。20世纪30年代，著名的英国生理学家希尔取青蛙的离体缝匠肌进行实验，得出著名的希尔方程，并因此获得了诺贝尔奖。至20世纪60年代，微型计算机的诞生为科学研究带来了革命性的变化，运动生物力学也真正成为一门独立的学科。20世纪后期，运动生物力学的发展日趋加快，国际学术交流日益频繁，在竞技体育、全民健康、临床医疗、养生康复等领域均做出了巨大贡献。

# 第二节  人体运动力学基础

## 一、人体运动中的运动学

人体运动的运动学研究以传统的牛顿力学理论为核心。在研究人体运动时，为了突出基本矛盾，可以把人体和器械近似看作质点。质点即具有质量，但可以忽略其大小、形状和内部结构而视为几何点的物体，是由实际物体抽象出来的力学简化模型。

人体运动的形式多种多样。假如将身体简化为质点，根据质点运动的轨迹可分为直线运动和曲线运动。

### 1. 直线运动

如果质点总是在直线上移动，或者质点的轨迹是直线，那么质点就是直线运动。直线运动分为匀速直线运动和变速直线运动。

匀速直线运动是指质点始终以相同的速度在一条直线上运动。这在人体运动动作中并不常见。变速直线运动在运动动作中更为常见，如自由落体运动和竖直上抛运动。许多运动中的垂直纵向跳跃动作属于竖直上抛运动。垂直纵跳可以在一定程度上反映腿部肌肉群的力量、爆发力、协调等能力素质，从受试者起跳离地的速度和重心的上升高度，可以在一定程度上显示训练的效果。

**例题：**

受试者纵跳起跳前先要下蹲，下蹲到最低点时的重心高度，到蹬地结束刚要离地时的重心高度之间的距离叫蹬伸距离（图4-1）。受试者通过这段距离所花去的时间叫蹬伸时间，脚尖将要离开地面的速度叫起跳速度。

假设受试者蹬伸时身体重心是匀加速升高，蹬伸距离为0.45m，蹬伸时间为0.2m，求起跳速度和重心上升高度（$g=10m/s^2$）。

**图4-1  纵跳过程**

**解：**蹬伸期间可以认为是匀加速过程

已知：$X=0.45m$，$t=0.2$秒

根据 $X=V_0t+\frac{1}{2}at^2$，$0.45m=\frac{1}{2}a(0.2)^2$ 得出：$a=22.5m/s^2$

$VT=at=22.5\times0.2=4.5m/s$，蹬伸的末速度可以看作腾起的初速度。

根据公式：$H=V^2/2g$，$H=1.02m$

答：人体腾起的初速度为4.5m/s，重心上升的高度为1.02m。

### 2. 曲线运动

质点的运动轨迹是一条曲线的运动，称为曲线运动。曲线运动的特点是运动方向总是在变化。人体运动中常用的曲线运动包括圆周运动、平抛运动和斜抛运动。

当质点的运动轨迹是一个圆时称为圆周运动，圆周运动是曲线运动的一种特殊形式。

物体以一定的初速度沿水平方向抛出，如果物体仅受重力作用，这样的运动叫作平抛运动。平抛运动的时间仅与抛出点的竖直高度有关；物体落地的水平位移与时间（竖直高度）及水平初速度有关，其速度变化的方向始终是竖直向下的。

当质点的运动轨迹是一条抛物线时，这种运动被称为斜抛运动。在体育活动中，斜抛运动非常广泛。跳跃起来的动作、抛掷器械和球的运动可视为斜抛运动。因此，研究斜抛运动的规律对健康运动中的功能训练动作设计和改进运动技术具有重要意义。

## 二、人体运动中的静力学

静力学是研究物体或物体系在外力作用下处于平衡状态的性质和行为的力学分支。把静力性动作称为平衡动作，物体相对于惯性参照系处于静止或做匀速直线运动的状态，即加速度为零的状态称为平衡，平衡是物体机械运动的特殊形式。

体育运动中人体运动的静力学主要讨论人体如何完成静力性动作及其力学因素，即处于相对静止姿势时的受力情况以及获得平衡和维持平衡的力学条件。静力性动作分为静态平衡动作和动态平衡动作，在一定时间内保持相对静止的姿势叫作静态平衡动作。如起跑动作的预备势；太极拳中的定势，如手挥琵琶；体操中的造型动作，都属于静态平衡动作。动态平衡动作是指在外界条件影响下，身体原有的平衡被打破后，通过不断调整，以维持新的平衡的一系列动作，如花样滑冰中的造型动作，是在运动中保持一定的身体姿势。

### （一）平衡的力学条件

当物体保持平衡时，作用在物体上的一切外力相互平衡，也就是物体所受合外力为零，同时所受合外力矩为零。对于人体来说，这些条件同样适用。人体和器械受到力的作用，一般运动状态会发生改变。但在有些情况下，人体或器械在受到外力时仍可以保持原来的状态不变，即人体或器械处于平衡状态。

### （二）影响稳定性的因素

稳定性，是指人体或物体抵抗各种干扰作用保持平衡的能力，又称稳定程度或稳定度。人体的稳定性涵盖两个主要方面：一是在静止状态下，人体能够抵御外界干扰的能力，这被称作静态稳定性；二是在受到干扰后，人体重心即使发生偏移，也能在干扰消除后自动回到原来的平衡状态，这种能力被称为动态稳定性。在大众锻炼中，动作稳定性与运动损伤的风险具有一定相关性。如踢球时，摆动腿离地后，支撑腿的静态稳定可以避免摔倒；太极运动中，下肢的动态稳定可以使动作圆活连贯。

平衡稳定性反映了物体维持原有平衡状态和抵抗倾倒的能力。在实际的运动动作中，人体平衡姿势稳定性的大小，对完成各种动作具有直接影响。另外，从快速运动状态突然变为静止状态，如球类对抗中的急停转向技术，其稳定性的好坏与运动损伤风险高度相关，所以提高此类动作的稳定性是十分重要的。平衡稳定性可以用下面一些参量进行判断。

### 1. 支撑面积

支撑面积是由各支撑部位的表面及它们之间所围的面积组成。在下支撑物体的平衡中，都有一定的支撑面。支撑面积越大，物体平衡的稳定性也越大。当具有多个支撑部位时，它们之间的距离越大，支撑面积也越大，因而稳定性也越大。因此，两脚开立比两脚并立的稳定性大；两脚站立比单脚站立稳定性大；单手俯卧撑比双手俯卧撑难度大。这对设计训练动作的难易程度有一定的指导意义。

**2. 重心的高低**

一般来说，重心越低，稳定性就越大；重心位置高，稳定性越小。如婴儿学步时，感觉不稳的时候会蹲下；相同的前踢腿动作，仰卧位比站立位要更好完成。

**3. 稳定角**

稳定角是重心垂直投影线和重心至支撑面边缘相应点的连线间的夹角（图4-2）。稳定角越大，物体的稳定程度越大。当单侧负重时，为了不使身体重心向负重侧移动，往往通过对侧手臂向侧展开，或上躯干倾向对侧，或整个身体倾向对侧等方法继续保持重心落在支撑面中心上。在体育运动中，有时也需要快速失去平衡，如球类运动中接球前屈髋屈膝、上身前倾的预备动作（图4-2）及短跑的起跑等，这些都是为了使身体重心尽量接近支撑面边缘。

图 4-2　上身前倾的预备动作

---

**知识链接：**

**人体重心的位置**

人体的重心位置一般位于身体正中线上，在第三骶椎上缘前方7cm处，具体位置会因性别、年龄、体型等因素而略有不同。心脏跳动、呼吸、进食和体液变化等都会影响重心位置。在相对静止的状态下，人体重心位置的变化范围通常在1.5～2cm。

重心是分析运动动作的一个很重要的基本参数。在研究人体运动时，需要把整个人体或人体的部分简化成一个点或一组点。最能代表人体或各个部分的点，就是重心。评价一个运动动作的完成质量，分析其生物力学特征，改进动作技术时，都需要从运动时人体重心的变化规律去分析。

---

### （三）人体平衡的特点

人体的平衡受高级神经活动的控制，因此，人体不仅能够维持平衡，还能在平衡遭到破坏时恢复平衡。考虑平衡和稳定性时，需要考虑以下生物学因素。

**1. 人体不能处于绝对静止的状态**

人体在维持平衡的过程中无法保持绝对静止。如在练习站桩时，人体不可能做到纹丝不动（绝对静止），会不断地小范围地调整身体姿势以达到相对静态平衡的状态。当维持一个动作时间较长，肌肉出现疲劳时，身体的晃动会逐渐明显。

**2. 人体内力可以维持人体平衡**

内力是指运动系统产生的力，它虽然不能改变人体整体的运动状态，但可以通过对外界环境的干预，使人体受到反作用力，从而影响平衡。例如，在做单脚平衡站立时，心跳和呼吸会影响重心的位置，因此需要肌肉不断调整张力来维持稳定。

**3. 人体具有自我控制、调节和恢复平衡的能力**

人体具备自我控制、调节和恢复平衡的能力。通过视觉和本体感觉，大脑皮质控制和调节肌肉收缩，从而恢复和维持平衡。这种平衡能力可以通过训练来加强，如五禽戏中的"鸟飞"一式，经过训练后人体可以更加从容稳定。

**4. 人体平衡会受心理因素的影响**

平衡不仅受生理因素的影响，还受心理因素的影响。例如，在平地上能自如直线行走，但在独木桥上就容易失去平衡。这种现象通常是心理因素造成的，可以通过让自己的眼睛集中在固定物体上，避免看到刺激性的东西来改善这种情况。

**5. 人体平衡动作消耗肌肉的生理能**

从力学角度来看，静止状态不会产生机械功，因为力的作用没有引起任何位移。但平衡运动需要肌肉收缩，人体维持平衡的时间越长，肌肉收缩时间越长，肌肉会因长时间收缩产生疲劳，从而导致人体控制平衡的能力下降。

## 三、人体运动中的动力学

运动学只描述物体的运动，不考虑导致运动的原因。动力学研究的就是造成运动变化的各种因素。人体运动的动力学依然是以牛顿力学为基础，在研究时，通常把人体简化成质点或刚体，但在面对实际情况时要将人体自身特点考虑在内。

### （一）牛顿定律及其应用

**1. 牛顿第一定律及其应用**

牛顿第一定律是指物体在不受外力作用时，将保持原来匀速直线运动状态或静止状态。物体所显示出的维持原来状态不变的这种性质，称为惯性，惯性是物体的固有属性。因此，牛顿第一定律又称为惯性定律。

在体育运动中，合理地应用惯性定律可以提高人体的运动效率，减少体能消耗，提高运动能力。如壶铃摇摆、杠铃高翻等动作，要注意动作的连贯性，利用惯性使器械到达相应的位置。在长距离的运动项目中，如长跑、划船或自行车等，选择最适合自己的速度匀速完成，可以充分利用人体或器械的惯性，既节省了能量，又能达到良好的运动效果；同理，若需要使机体得到更多的刺激和消耗，可以采用变速运动的方式增加生物能的消耗。

**2. 牛顿第二定律及其应用**

牛顿第二定律指出，当一个物体受到的合外力不为零时，物体运动的加速度与合外力成正比，与其质量成反比，且加速度的方向与合外力的方向一致。

在人体运动中，各种动力性的动作都具有加速度，有加速度就说明其受到一定力的作用。如物体在做圆周运动时，速度方向沿着圆周的切向不断变化，由牛顿第二定律得知，此时物体必然受到外力的作用，且方向始终指向圆心，这就是向心力。运动员在进行弯道途中跑时，将运动员简化成为一个质点然后进行受力分析，发现当身体倾斜之后，提供向心力的是摩擦力和支持力沿水平方向的合力，比只有摩擦力提供向心力更安全。因此，运动员在转弯时身体适度向圆心倾斜，以便平稳通过弯道而避免摔倒。同理，骑自行车在转弯时也需要稍向内倾斜，以确保安全顺利转弯。

**3. 牛顿第三定律及其应用**

牛顿第三定律是指相互作用的两个物体间的作用力和反作用力总是大小相等，方向相反，作用在同一条直线上。

在走、跑、跳等动作中，人体所获得的动力是人在蹬地过程中，地面给人体的反作用力。因此若要获得较大的反作用力，必须加大蹬地力以作为人体运动的动力。为了获得更大的对人体作用的地面反作用力，可以从人体和场地器械方面考虑，一方面可以训练人体对地面蹬地的能力，另一方面还可以选择坚硬的场地。

### （二）动量定理及其应用

#### 1. 动量

任何运动着的物体，从跑步的人到滚地的球，都具有一定的质量和速度，二者的乘积就是物体所具有的动量。

一般来说，在体育运动中，只有当一个物体与其他物体碰撞时，才有必要考虑物体的动量。碰撞的结果在很大程度上取决于碰撞后物体的动量，即物体的动量越大，它对处于运动路线上的其他物体的作用就越大。物体运动速度的不同，也会造成动量不同。例如，羽毛球运动中，运动员通过控制球拍的速度来控制球拍触球时的动量：打后场球时快速挥拍，以便增大球拍与球之间的动量，使球飞得更远；反之，打前场球时，就要减小挥拍的速度。

#### 2. 冲量

在力学中，将作用于物体上的外力与外力的作用时间的乘积，定义为力的冲量。牛顿第二定律反映物体受力作用和运动状态变化的瞬时关系，这种瞬时关系不能说明物体在受到外力作用的一般过程中运动状态变化的情况。在实际研究中，外力的作用会持续一段时间，这时候就要研究力在一定时间间隔内的累积效应，即外力使物体动量发生变化的大小，由力和力的作用时间所决定。

在各种运动的落地动作中，为了减小接触面对人体的冲击力，就要延长力的作用时间，可以通过技术动作和场地器械来实现。例如，在跳跃动作落地时适时的屈曲下肢和落在海绵垫子上，都是延长落地时间来减小地面反作用力的方式。

#### 3. 动量定理及其应用

动量定理指的是物体在一个过程始末的动力变化量等于它在这个过程中所受力的冲量。

在投掷动作中，为了增加器械的出手速度，即增加器械的出手动量，应增加在最后用力阶段施加在器械上的冲量，即在保证发挥肌肉最大力量的同时，通过延长力的作用距离来延长作用时间，以获得更大的作用效果。

#### 4. 动量守恒定律及其应用

动量守恒定律是指任何物体系在某一方向上合外力为零时，它在该方向上的总动量保持不变。

该定律在避免运动损伤中也有重要意义。例如球拍击球的动作，是使动量由近侧关节转移到远侧关节，即通过肩带肌群带动肘和腕的小肌群，借助近侧关节的制动，加大远侧关节的速度，最后动量传递到球拍上，将球击打出去。初学者往往由于动作不熟练，忽略肩带肌群的动作，只用肘关节发力，久而久之，肘关节处易产生劳损，导致"网球肘（肱骨外上髁炎）"或"高尔夫球肘（肱骨内上髁炎）"。

## 四、人体运动中的转动力学

### （一）转动力学参数

当研究对象不能当作质点处理的时候，可应用刚体模型来进行研究。刚体也是一种理想模型，即在外力作用下，物体的形状和大小均保持不变，并且内部各部分相对位置也保持恒定。

在力学中，刚体的运动形式通常分为平动、转动和复合运动。

人体转动的条件是，作用在人体上的外力对某一转轴的力矩矢量和不为零。

在平动运动学中，常用的物理量有时间、位移、速度和加速度；在转动运动学中，与之对应的物理量有时间、角位移、加速度和角加速度。

在二维平面上的物体运动中，惯性是用来描述物体保持原有运动状态的能力大小的物理量。而在三维空间中的转动运动中，转动惯量则是用来描述物体转动惯性大小的物理量。对于一个刚体，它的转动惯量是指它对于某个转动轴的转动惯性大小，可以通过各质点的质量与它们到该轴的垂直距离的平方的乘积之和来计算。因此，物体的转动惯量大小不仅与物体的质量有关，还与物体质量分布离转轴的距离有关，即离转轴越远的质量分布越大，转动惯量也越大。转动惯量可以用来描述物体保持原有转动状态的能力，转动惯量大的物体的转动状态较难被改变，而转动惯量小的物体的转动状态则相对容易改变。

### （二）人体转动惯量的特点

人体在标准解剖姿势下，存在额状轴、矢状轴和垂直轴三个不同方向的轴。由于人体的形态结构不同，绕每个轴的转动惯量是不同的。虽然身体并没有改变形状，但是绕矢状轴的转动惯量是最大的，而绕垂直轴的转动惯量是最小的（图4-3）。

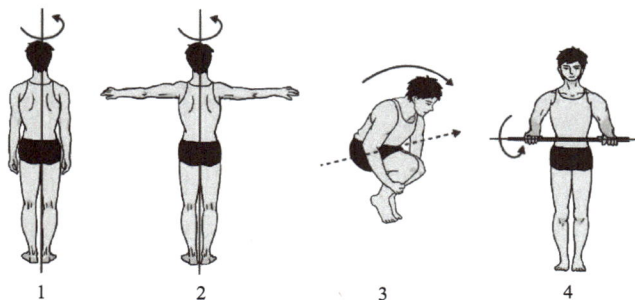

**图4-3　人体以不同姿势绕不同轴转动示意图**
1、2.人体绕垂直轴转动；3、4.人体绕额状轴转动

在人体运动过程中，为了完成某个动作而改变身体姿势，可以通过人体质量对转轴分布状态的改变，使其远离或者向转轴集中，从而达到不同的动作目的。

在球类运动中，难免会遇到摔倒的情况。人在倒地的一瞬间，速度很快，触地时所受到的冲撞会很厉害。如果用手指、手掌或胳膊等处来硬撑，这些部位是人体较脆弱的地方，加上受力面积小，在受到强大的冲击力时易引起脱臼、骨折等损伤。为了避免受伤，倒地时应主动将身体蜷缩成团，使转动惯量变小，转动速度变大，从而减弱地面对人体的冲击，能够快速起身。

### （三）转动在体育运动中的应用

体育运动中，人体的转动是极为常见的。它包括了人体整体的转动，以及人体局部肢体绕关节、固定轴的各种转动形式。充分利用人体的转动，不仅可以提高动作的完成质量，还能达到预防运动损伤的目的。

**1.利用助跑时身体某点的制动提高动作完成质量**

助跑时，人体获得了与行进方向一致的速度，当人体在支撑点处突然制动，就会产生通

NOTE

过支撑点的轴转动。制动时，制动点的速度为零，人体非制动点的其他部分由于惯性作用继续保持原来的运动状态，从而形成了人体整体绕制动点的转动。转动时，各点的角速度相同，但线速度不同，离制动点越远，则线速度越大。

田径运动会中常设的跳高和投掷项目，在起跳瞬间或是出手瞬间表现出助跑—制动—绕制动点转动的运动形式。因此，这些项目往往强调助跑时的速度。一般情况下，助跑速度越大，制动越彻底，所获得的制动角速度越大。

### 2. 加大偏心力的作用

在腾空状态下，偏心力的作用可使物体进行既有平动又有转动的复合运动。如果要在腾空后完成身体的转动动作，人体在起跳时必须获得一个偏心力的作用（图4-4）。因此，在完成类似的技术动作时，应尽量加大偏心力的作用，使转动动作完成得更好。

图4-4　人体起跳时的偏心力

随着冰雪运动和跑酷运动的普及，花样滑冰、滑雪、滑板也逐渐成为群众体育项目。这些运动技术动作中下肢支撑起跳时，支撑反作用力的作用线不通过人体重心，从而产生偏心力，并完成空中转动动作。

### 3. 利用动量矩的转移

支撑状态下，人体可通过外力使得整体或局部均获得动量矩的作用，此时，人体的动量矩随冲量矩的增减而增减。在运动中，身体各环节对于同一转轴的动量矩是不同的，因此环节除了绕基本轴进行转动外，还可以绕着关节轴转动。人体可以通过关节的相互作用，将身体一部分环节的动量矩传递给其他环节，根据动作技术的需要，将动量矩传递到需要的环节，从而增大转动效果。

羽毛球的扣球动作和足球的"开大脚"动作（图4-5），都是大关节先运动，大关节带动小关节，依次制动和加速，从而使得末端环节具有较大的速度。

### 4. 增加肌肉对骨杠杆的拉力矩

人体的各种运动都是以骨杠杆的转动为基础的，由骨骼肌形成的肌力矩牵拉骨骼绕关节完成转动。如想增大肌力矩，可以通过增大肌肉力量来实现，也可通过增大肌力臂来完成。此外，在肢体转动过程中，由于关节所处的角度不同，肌肉拉力线的方向也随之改变，从而引起肌力臂的变化。

因此在设计力量训练方案的时候，可以根据骨杠杆的原理来设计进阶和退阶的动作。

**5. 减小肢体的转动惯量**

因为人类的肌肉力量有限，所以对于某个轴的肌肉力所产生的力矩也是有限的。因此，当肌肉力矩不变时，可通过减小肢体的转动惯量来增加转动的角速度。转动惯量受肢体质量及其分布的影响。因此，当肢体转动时，如果肢体各部分的质量分布更加接近转轴，就可以减小肢体对轴的转动惯量，从而增加转动速度。比如在跑步的过程中，为了增加摆臂摆腿的角速度，可以屈肘摆臂并折叠小腿（图 4-6），减小下肢绕髋关节的转动惯量。

图 4-5　足球的"开大脚"动作　　　　图 4-6　折叠小腿减少转动惯量

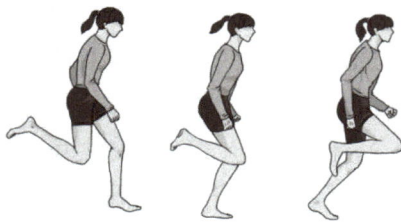

## 五、人体运动中的流体力学

流体是指没有固定形状且易于流动的物体。自然界中几乎所有的运动都是在空气和水中进行的，而这两者是常见的流体。目前流体力学的研究成果在健康运动中发挥着越来越大的作用。因此，有必要对流体力学的基本原理有所了解，认识流体对人体或器械运动的影响因素及规律。

### （一）流体的浮力

浮力是指浸在液体或气体里的物体受到液体或气体竖直上托的力。浮力的方向与重力方向相反，竖直向上。物体在液体中所受到的浮力与物体排开液体的体积相关。

人体可以漂浮在水中，主要是因为人体 70% 的成分是水，使人体平均密度在 0.96～1.05，并且随着人的呼吸而略有变化。一个成年人，上半身因比重小而趋于上浮，下半身因比重大而趋于下沉。当头浮出水面，浮力与重力相等时，人体就能在水中平稳地漂浮。所以当我们不慎落水时，不要慌张，闭气等待头部浮出水面，即可保持整体不下沉，以延长救援时间。

### （二）伯努利定律

在一个流体系统，比如气流、水流中，流体的流速越慢，流体产生的压强就越大；反之，流速越快，流体产生的压强就越小（图 4-7）。伯努利定律在水力学和应用流体力学中有着广泛的应用，该定律由"流体力学之父"——丹尼尔·伯努利在 1738 年发现。

生活中有很多现象都可以用伯努利定律来解释，如地铁或火车站要求人们站在黄线外以免被高速行驶的列车吸入。

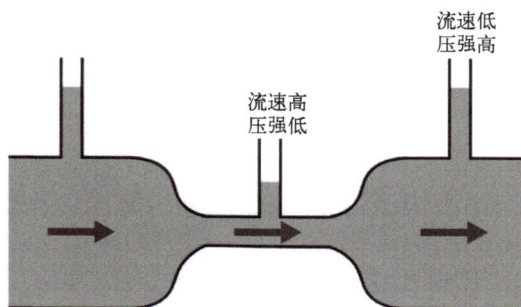

流速低
压强高

流速高
压强低

每秒流经管内各处横截面的流体体积相等

伯努利管

图 4-7　伯努利定律

### （三）马格努斯效应

马格努斯效应是德国科学家 H.G. 马格努斯于 1852 年发现总结的。该效应是指当一个旋转物体的旋转角速度与其飞行方向不一致时，会在垂直于旋转角速度和飞行速度所构成的平面方向上产生一个横向力。这种横向力会导致物体的飞行轨迹发生偏转。旋转物体之所以能在横向产生力的作用，是由于物体旋转可以带动周围流体旋转，使得物体一侧的流体速度增加，另一侧流体速度减小。根据伯努利定律，流体的速度增加会导致压强降低，而流体速度减小时则会导致压强升高。这种速度和压强之间的关系在旋转物体中会产生横向的压力差异，从而形成横向力。同时由于横向力与物体运动方向相垂直，所以这个力主要改变飞行速度方向，即形成物体运动中的向心力，从而导致物体飞行方向的改变。马格努斯效应在体育运动中有广泛的运用，足球中的"香蕉球"、乒乓球中的旋转球、篮球的后旋投篮等都是运用了马格努斯效应。

### （四）层流与湍流

当流体流速小时，流体各层之间相互作用小，各层平行运动，称为层流。流体流速大，流体各层之间相互作用和扰动，流体质点的轨迹失去层状的性质，称为湍流。

当黏滞性流体加速流过障碍物时，即使速度不大，片流也可能被破坏，变为涡动，随后在物体后面裂成单个的涡旋。

体育运动中，将人体或器械变成流线型可避免湍流的出现，有效减少运动中的阻力。如自行车的水滴状头盔，让高速前进中的涡流效应最小化。另外，长跑比赛中的跟跑战术，跟跑的选手如果待在领跑选手背后的涡流里，空气阻力就会明显减小，跟跑选手削弱了涡流效应，领跑选手所承受的压差阻力也会因此减小。

# 第三节    人体基本运动原理

## 一、人体的基本运动形式

从运动生物力学角度来看，人体是由上肢、头、躯干及下肢组成的多环节链状系统。人体的运动形式千变万化、复杂多样，为了清楚地描述人体的运动，通常把人体的运动进行归类，分为上肢的基本运动形式、下肢的基本运动形式及全身的基本运动形式（表 4-1）。

表 4-1    人体运动基本形式

| 上肢的基本运动形式 | 下肢的基本运动形式 | 全身的基本运动形式 |
| --- | --- | --- |
| 推 | 缓冲动作 | 肢体的摆动动作 |
| 拉 | 蹬伸动作 | 躯干的扭转动作 |
| 鞭打动作 | 鞭打动作 | 相向动作 |

### （一）上肢的基本运动形式

**1. 推**

当上肢克服阻力时，从屈曲状态到伸展状态的动作称为上肢的推。例如卧推、臂屈伸、篮球胸前传球等。

**2. 拉**

当上肢克服阻力时，从伸展状态到屈曲状态的动作称为上肢的拉。例如划船、游泳划臂、拔河等。

**3. 鞭打动作**

当上肢克服阻力或自身位移时，从近端环节到远端环节依次加速和制动，使末端环节产生极大运动速度的动作称为上肢的鞭打动作。例如羽毛球中的"扣杀球"技术。

### （二）下肢的基本运动形式

**1. 缓冲动作**

在抵抗外力作用的过程中，从伸展状态转为屈曲状态的动作称为下肢的缓冲动作。例如跑步、跳跃落地的支撑腿动作。

**2. 蹬伸动作**

在克服阻力的过程中，从屈曲状态积极伸展的动作称为下肢的蹬伸动作。例如起跳时下肢蹬地的动作。

**3. 鞭打动作**

当下肢是游离肢体时，从大关节到小关节依次加速和制动，使末端环节产生极大速度的动作称为下肢的鞭打动作。例如跆拳道中的鞭腿、自由泳的两腿打水动作。

### （三）全身的基本运动形式

**1. 肢体的摆动动作**

当身体的某一部分（如支撑腿）完成"主要"动作（如起跳动作、跑步的支撑动作）时，身体的其他部分（如两臂及摆动腿）配合"主要"动作进行加速摆动的运动形式称为肢体的摆动运动（图 4-8）。

**图 4-8 跳远过程中肢体摆动示意图**

**2. 躯干的扭转动作**

在身体各部分完成动作时，躯干上端的双侧肩关节形成的肩轴与躯干下端的双侧髋关节形成的髋轴同时绕躯干纵轴向相反方向转动的运动形式称躯干的扭转运动（图 4-9）。几乎所有的全身运动动作形式中都有躯干的扭转动作。

**3. 相向运动**

当人体处于无支撑的腾空状态下完成动作时，由于人体两端均无约束，此时当身体某一部分向某一方向活动（转动），身体的另一部分会同时产生与之相反方向的活动（转动）。因此，把身体两部分相互接近（或远离）的运动形式称为相向运动（图 4-10）。

图 4-9　躯干的扭转运动

图 4-10　相向运动

## 二、人体的基本运动原理

### （一）杠杆原理

#### 1. 杠杆的构成

在力的作用下，一个直的或弯曲的刚体可以在支撑点或固定轴（支点）周围旋转，并克服阻力，这种刚体被称为杠杆。在生物力学和解剖学中形成杠杆的物体可能有相当复杂的形态。构成人体运动系统的三个部分——骨骼、关节和肌肉也可以被视为杠杆系统。硬骨相当于硬棒。在肌肉张力（动力）的影响下，它可以绕过关节轴（支点），克服阻力。因为它的功能与杠杆相同，所以它被称为骨杠杆。人体运动应以骨为杆，以关节为支点，以肌肉收缩为动力。

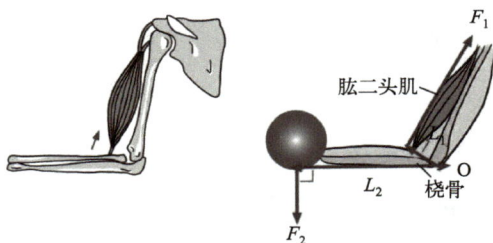

图 4-11　肘关节和机械杠杆示意图

动力在骨杠杆上的作用点称为力点，运动肌群在骨上的附着点就是力点。从支点到动力线的垂直距离为力臂（图 4-11）。骨杠杆的力臂又被称为肌力臂，是从关节中心到肌拉线的垂直距离。需要注意的是，在肌肉收缩过程中，肌肉的拉力方向也在随时变化，因此骨杠杆中肌力臂的值不固定，并随运动而变化。

骨杠杆的阻力通常包括运动环节的重力、其他物体的阻力、抵抗肌肉的张力、肌腱和筋膜的张力等。骨杠杆的阻力点是这些力在骨杠杆上的协同作用点。从支点到阻力作用线的垂直距离为阻力臂，骨杠杆的阻力臂是从关节中心到阻力作用线的垂直距离。

肌拉力与肌力臂的乘积称为肌力矩（动力矩），取决于肌力对骨杠杆的旋转作用。阻力与阻力臂的乘积称为阻力矩，取决于阻力对骨杠杆的旋转作用。

#### 2. 骨杠杆的类型

根据杠杆上支点、力点和阻力点的位置关系，可将杠杆分为以下三种类型（图 4-12）。

（1）平衡杠杆　支点位于力点和阻力点之间。人体中这类杠杆较少，例如颅骨与脊柱的连结，当头在寰枕关节处做屈伸运动时，支点位于寰枕关节的额状轴上，力点（斜方肌和项肌在枕骨上的附着点）在支点的后方，阻力点（头的重心）在支点的前方（图 4-12）。

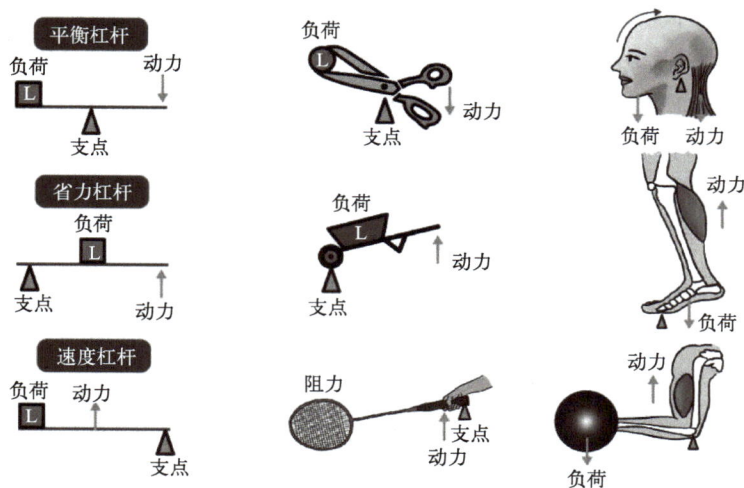

图 4-12 人体中的三类杠杆

平衡杠杆的作用是平衡力，由于支点可以靠近力点，也可以靠近阻力点，故除有平衡作用外，若支点靠近力点，还具有增大速度和幅度作用；若支点靠近阻力点，则具有省力的作用。这在日常生活中极为常见，例如在提起重物时，越让重物靠近身体，使阻力臂减少，则越省力。又如在举重提杠铃时，技术的关键是应让杠铃尽可能贴近身体，这样就使阻力臂减小而省力。如果以不规范的姿态发力，如圆肩驼背、脊柱侧弯等，重力作用线远离关节中心，使阻力臂变长，肌肉较费力，此时更易感到疲劳。

（2）省力杠杆 阻力点位于力点和支点之间。这类杠杆在人体上也较少见，例如提踵时，是以位于前方的跖趾关节为支点，位于后方的小腿三头肌在跟骨上的附着点为力点，而人体的重力通过距骨向下，位于支点和力点之间。

省力杠杆的作用是节省肌力，因为阻力点在中间，阻力臂始终小于力臂，因此用较小的动力就能克服较大的阻力。

（3）速度杠杆 力点位于阻力点和支点之间。这类杠杆在人体上较为普遍，例如肱二头肌屈前臂的动作，支点在肘关节中心，位于杠杆的后方，前臂的重心或手上的重物是阻力点，位于杠杆的前方，而肱二头肌在桡骨粗隆上的止点是力点，位于支点和阻力点之间。

这类杠杆因为力点在中间，肌力臂始终小于阻力臂，因此一定要用较大的肌力才能克服较小的阻力，因此此类杠杆为费力杠杆，但此类杠杆可使阻力点移动的速度和幅度增大而获得速度，所以也被称为速度杠杆。

当肌力矩大于阻力矩时，相对于主动收缩的肌群来说为向心收缩；当肌力矩等于阻力矩时，相对于主动收缩的肌群来说为等长收缩；当肌力矩小于阻力矩时，相对于主动收缩的肌群来说为离心收缩。

### （二）骨杠杆平衡原理

要使一根杠杆对支点保持平衡，则必须使动力矩等于阻力矩，即合外力矩等于零。这就是杠杆平衡原理，该原理应用到骨杠杆上，即为肌力矩等于阻力矩。

### （三）大关节首先产生活动原理

人体四肢自近往远，各关节的肌肉渐弱，即肌肉横截面逐一降低。这与运动时各关节所受的阻力矩大小一致，由近往远逐渐减小。当需要克服较大阻力或表现较快速运动时，运动链

NOTE

中各关节肌肉均需协同努力，但大关节总是先动，并根据关节大小表现出一定的先后顺序，即大关节优先活动原则。在完成运动技能时，积极加强大关节的力量，充分发挥大关节的潜力，有助于技能的完成。例如，若踝关节的能量为膝关节能量的80%，则在跳远和跳跃时，踝关节产生蹬伸活动的时间必须晚于膝关节，在膝关节蹬伸后踝关节再做跖屈的动作。

### （四）力量素质训练的生物力学原理

力量是人体在工作时所有参与工作的运动肌群的最终表现。身体各项基本素质相互联系、相互作用，但力量素质是其他身体素质的基础，即速度、耐力、柔韧、灵敏的基础是力量素质。

**1. 肌肉力量的生物力学分类**

（1）根据肌肉工作的性质分类

① 动力性力量：机体在动态时表现出的肌肉力量。如太极运动中的前进步，需要屈髋、膝、踝降低重心，同时还要前后移动重心。

② 静力性力量：机体在静态时表现出的肌肉力量。如太极中的蹬腿动作，需要腿在一定高度上停留一段时间。

（2）根据机体克服的阻力大小分类

① 最大力量：机体克服极限负荷的能力。如举重比赛是比拼运动员能举起的最大杠铃重量。

② 快速力量：机体在短时间内快速发挥力量的能力。如田径中的短跑项目，可以通过出发到加速段的时间评价运动员下肢的快速力量。

③ 力量耐力：机体在静态或动态工作时长时间保持肌肉张力而不降低工作效果的能力。如一个人原来背着50kg的重物只能行走100m，通过训练之后，可以背着50kg的重物行走1000m了，说明这个人的力量耐力素质提高了。

（3）根据肌肉收缩的方式分类

① 向心收缩力量：机体的肌肉在向心收缩时产生的力量。如哑铃弯举中屈肘关节的过程，肱二头肌的收缩方式是向心收缩，此时肱二头肌产生的力量是向心收缩力量。

② 离心收缩力量：机体的肌肉在被外力拉伸过程中表现出的力量。如哑铃弯举伸肘关节的过程，肱二头肌的收缩方式是离心收缩，此时肱二头肌产生的力量是离心收缩力量。

③ 等长收缩力量：机体的肌肉在长度不发生改变时表现出的力量。如哑铃弯举过程中，肘关节停留在某个角度10秒，这10秒内肱二头肌在做等长收缩，此时肱二头肌产生的力量是等长收缩力量。

④ 超等长收缩力量：机体的肌肉在拉长—缩短过程中表现出的力量。如在连续跳跃时，股四头肌在落地缓冲时做离心收缩，紧接着做向心收缩以伸直膝关节向上跳跃，此时股四头肌产生的力量是超等长收缩力量。

**2. 力量训练的生物力学方法**

（1）等长训练　当肌肉力矩与外力矩相等时，肌肉进行等长收缩。等长训练可以有效地提高某些特定关节角度的力量。体育运动中要求的身体稳定性与等长力量关系密切。

良好的身体稳定性可以有效地降低和防止运动所带来的伤害，特别是在身体接触性运动项目中。身体稳定性是指人体核心肌群对重心的控制能力，涉及脊柱、腰腹、骨盆和髋关节等关键区域。这些肌肉群协同工作，不仅维持身体中立的姿势，还确保动作的流畅和完整执行，是运动表现的基础，也是所有体育活动中至关重要的组成部分。如维持躯干直立肌群中，身体前方的肌群等长收缩，使躯干不会向后伸；身体后方的肌群等长收缩，使躯干不会向前屈。在难度更大的运动中，为了维持身体的姿势，需要的等长力量就越大，因此身体的整体等长力量与身体稳定性呈正相关性。

（2）等张训练　当肌肉力矩大于外力矩时，肌肉向心收缩；当外力矩大于肌肉力矩时，肌肉进行离心收缩。等张力量训练是动态完成的，肌肉收缩放松交替进行，关节运动的过程中，没有停留在某个角度保持一段时间，因此又称动力性训练。

采用等张训练时，为了达到不同的训练效果，往往要考虑关节角度的因素。如哑铃弯举这个动作，肘关节从伸直到屈曲到最大角度的过程中，虽然哑铃的重量不变，但是随着肘关节角度的变化，外力臂也随之变化，肌力臂近似不变，因此所需肌力也在变化。当屈肘 90° 时，所需肌力最大，因此在屈肘 90° 附近小幅度振动训练时可以训练肱二头肌的最大力量。做肘关节大范围动作时，更侧重于肌肉群协调性的训练。

超等长力量训练：肌肉利用弹性组织中的弹性势能，在离心收缩后紧接着向心收缩，产生的力量比单纯肌肉收缩更大，是发展弹跳力的有效方法。

等动力量训练：等动力量训练需借助专门的训练器材，使整个关节运动范围都产生相同的肌张力，属于特殊状态下的动力性训练。这种训练方法对肌肉力量的增长效果显著，在竞技运动和康复训练中常作为增加肌力的训练方法。

### （五）动作技术的生物力学原理

动作技术是指人们从事体育活动的方法。动作技术的生物力学原理是由身体活动的要素体现出来的，各要素及其意义如下。

**1. 身体姿势和关节角度**

关节角度影响身体姿势，从而影响各关节产生的肌肉力矩。如原地纵跳时，不同的屈髋屈膝角度对蹬地的作用方向与效果不同。

**2. 身体和肢体位移的物理量**

衡量动作技术质量的好坏，通常以身体和肢体位移的大小、时间的长短及速度大小为依据。如摆臂动作对起跳效果的影响。

**3. 肌肉用力的效率**

人体位移的大小、运动速度变化的快慢取决于用力大小，而用力大小又取决于力的变化速率。用力的路线是否合理，也对动作质量有重要影响。如直拳的动作轨迹，是从肩部出击，轨迹呈直线。

**4. 身体各环节的相互配合**

运动时身体各环节的相互配合可提高动作技术的完成和效果。如立定跳远时，双下肢蹬地称为工作环节，双臂摆动称为配合环节，双臂摆动可增加重心高度和起跳力。

**5. 增大动力利用率**

合理的动作技术可以最大限度地增加动力利用率。如起跳环节时，下蹲停顿的时间要在一定范围内，时间过短则募集到的肌纤维不够多，时间过长则发生了肌肉松弛现象，这都会降低跳起的高度。

# 第五章　运动营养学

## 第一节　运动营养学基础

食物中能够被机体消化和吸收，有生理功效，且为机体正常代谢所必需的营养成分，称为营养素。人体所需的营养素有几十种，可以概括为六大类：糖、脂肪、蛋白质、维生素、矿物质和水。各类营养素有各自独特的作用和功效，但在体内代谢过程中又密切联系。人体运动所需要的能量也来自以上物质。运动时人体内需要的能量大大增加，尤其是骨骼肌需要消耗大量能量维持运动。骨骼肌能直接利用的能源物质是三磷酸腺苷（ATP）。糖、脂肪和蛋白质通过相应的分解代谢将储存在分子内的化学能逐渐释放出来，转移、储存至ATP内，以保证ATP供能的连续性。运动强度和运动持续时间不同，机体调动、利用的能源物质也不同。

### 一、运动的三大供能系统

#### 1. 磷酸原系统

磷酸原系统由ATP和磷酸肌酸（CP）构成，又称ATP–CP系统。ATP和CP都是储存在肌细胞内的高能磷酸化物，当肌肉收缩时，ATP迅速分解，释放一个高能磷酸键，生成二磷酸腺苷（ADP）。与此同时，CP分解释放能量，使ADP再合成ATP。但该供能系统提供能量较少，骨骼肌几秒钟的收缩即可将此系统提供的能量消耗完。

#### 2. 糖酵解系统

当高强度运动时，机体供氧系统不能满足需氧量时，糖酵解过程被激活。糖酵解系统是第二个无氧能量系统，这是人体进行20秒到2分钟持续高强度活动时的主要供能系统。糖酵解系统的主要能源来自血糖和糖原存储的分解。在糖酵解系统供能的初始阶段，大部分ATP供应来自糖原的快速糖酵解；当活动时间接近2分钟时，ATP供应主要来自慢速糖酵解。

#### 3. 有氧氧化系统

有氧供能是指在氧供应充分的条件下，体内的糖（葡萄糖及肌糖原）和脂肪被氧气氧化成二氧化碳和水，并放出大量的能量，该能量供ADP再合成ATP。

### 二、运动与糖

#### 1. 糖的概念

糖又称碳水化合物，是由碳、氢和氧三种元素组成。糖是自然界分布最广泛的有机物，是生物体内的重要成分之一，也是生物体的重要能源物质。人体内糖的含量不超过人体体重的

2%。糖以游离态和化合态两种形式广泛分布于人体内各组织器官中，游离态的糖主要是葡萄糖，是糖的运输形式，如血糖；而化合态的糖，如肌糖原和肝糖原，是糖在体内的贮存形式。

### 2. 运动与糖代谢

糖是人体的基本供能物质，正常生理活动中 60% ～ 70% 的能量来自糖氧化的过程。糖是体内唯一能进行无氧和有氧氧化分解代谢，为肌肉在不同运动状态下提供能量的物质。有氧条件下，糖在细胞液和线粒体中彻底氧化分解成二氧化碳和水，释放出大量的能量，如 1 分子葡萄糖彻底氧化可提供 38 分子 ATP，是长时间持续运动能量的主要来源。无氧条件下，葡萄糖在细胞液中进行酵解，1 分子葡萄糖酵解提供 2 分子 ATP，是速度耐力运动项目所需能量的主要来源。糖酵解所释放的能量虽然很少，但在人体处于缺氧时极为重要，因为这是人体内能源物质唯一不需要氧的供能途径。如人在进行剧烈运动时，骨骼肌处于相对缺氧状态，就主要依靠糖酵解来供能。此外，红细胞由于缺乏糖有氧氧化的酶系，在正常情况下也主要通过糖酵解来供能。

## 三、运动与脂肪

### 1. 脂肪的概念

脂肪，俗称油脂，由碳、氢和氧三种元素组成。它既是人体组织的重要构成部分，又是提供热量的主要物质之一。食物中的脂肪在肠胃中消化吸收后，大部分又再度转变为脂肪。它主要分布在人体皮下组织、大网膜、肠系膜和肾脏周围等处。体内脂肪的含量常随营养状况、能量消耗等因素而变动。

### 2. 运动与脂肪代谢

脂肪是长时间运动的主要能源，但必须在氧供充足的情况下，一般是在运动强度小于最大耗氧量 55% 时，脂肪酸才能氧化供能。脂肪供能耗氧较多，在氧供不充足时代谢不完全，不仅不能被充分利用，而且中间代谢产物——酮体增加，使体内酸性增加，对身体机能和运动能力有不良的影响。有氧运动可使体内甘油三酯和低密度脂蛋白胆固醇减少，而高密度脂蛋白胆固醇增加，这对防治动脉硬化及冠心病有良好的作用。此外，有氧运动能促使脂肪组织中的脂肪酸游离出来参与供能，以及运动造成的热量负平衡，都促使体内脂肪消耗，有助于减少体内脂肪。

## 四、运动与蛋白质

### 1. 蛋白质的概念

蛋白质是组成人体组织、细胞的重要成分。机体所有重要的组成部分都需要有蛋白质的参与。蛋白质是生命的物质基础，是有机大分子，是构成细胞的基本有机物，是生命活动的主要承担者。氨基酸是蛋白质的基本组成单位。人体内蛋白质的种类很多，性质、功能各异，但都是由 20 多种氨基酸按不同比例组合而成的，并在体内不断进行代谢与更新。

### 2. 运动与蛋白质代谢

蛋白质与人体运动能力有密切关系，如肌肉的收缩、氧的运输与贮存、各种生理机能的调节等。此外，氨基酸可为人体运动时肌肉耗能提供 5% ～ 15% 的热量（在肌糖原充足时，蛋白质提供的热量仅占总热量的 5%；而当肌糖原耗竭时，蛋白质提供的热量可上升到 15%）。由于蛋白质的代谢产物为酸性，所以蛋白质代谢过多时会增加体液的酸度，降低人体运动能力，引起疲劳和水的需求量增加等。

体育运动使体内蛋白质代谢发生变化，但不同性质运动的作用有所差异。耐力型运动使蛋白质分解加强，合成速度减慢，机体氮排出量增加；力量型运动在使蛋白质分解加强的同时，活动肌群蛋白质的合成也增加并大于分解的速度，因而肌肉壮大。若蛋白质摄入量不足，不仅影响运动训练效果，而且会促使运动性贫血的发生；相反，摄入量过多，不但对肌肉壮大和提高肌肉功能没有良好的作用，而且对正常代谢有不良的影响。

# 第二节　运动、营养与健康

运动与营养是促进健康的两大基本要素，而运动与营养又是相互促进、相互影响、密切相关的。科学的运动加上合理的营养可以更有效地促进身体的生长发育和提高健康水平。

## 一、运动与健康的关系

"生命在于运动"，运动通过活动身体保持机体旺盛的生命力，并且促进机体各系统器官功能的良好发展。人不活动时，体内新陈代谢减弱，呼吸变浅，血流减慢，与外界进行气体和物质交换的速率降低。长期缺乏运动引起各系统器官机能衰退，功能退化，导致疾病发生。

### 1. 运动对心血管系统的作用

适当的运动是心脏健康的必由之路，有规律的运动锻炼可以使人体在安静状态下的心率减慢，心肌收缩力量增加，提高心脏功能，使心脏工作效率提升。由于长期运动使得大量毛细血管开放，冠状动脉血流畅通，可以更好地为心肌供给所需要的营养，降低心脏病的发生率。

### 2. 运动对骨骼、关节及肌肉的作用

规律运动可使肌肉保持正常的张力，并通过肌肉活动刺激骨组织，促进钙质在骨骼中的沉积，增加骨密度，预防骨质疏松。运动可使关节更加灵活，韧带弹性增加，增强运动系统的准确性和协调性。

### 3. 运动对人体新陈代谢的作用

运动能促进机体组织细胞对糖的摄取和利用，改善机体对糖代谢的调节能力。对于人体中含量较多的能量物质脂肪来说，长期坚持体育锻炼能提高机体对脂肪的动用能力，为人体从事各项活动提供更多的能量来源，并降低脂肪在人体中的含量。

### 4. 运动对中枢神经系统的作用

体育锻炼能改善神经系统的调节功能，提高神经系统对人体在错综复杂的活动时各种变化的判断能力，并及时做出协调、准确和迅速的反应。

### 5. 运动对心理健康的作用

运动对心理健康的发展有巨大的推动作用，如增强信心、建立人与人之间良好的相处环境、培养稳定的情绪、培养独立性等。

## 二、营养与健康的关系

人体所需要的热量和各种营养素都来源于日常饮食。人体通过摄取、消化、吸收、利用

食物中的营养物质，以满足机体生理需要的过程即是营养。合理的营养不仅能够满足人体的正常生理需要，而且能够促进生长发育，增强机体免疫功能，达到健康长寿的目的。

**1. 维持生理功能**

人体在生命活动过程中不断从外界环境中摄取食物，从中获得人体必需的营养物质，其中包括蛋白质、脂类和碳水化合物。这三大营养物质经消化转变成可吸收的小分子营养物质进入血液循环。这些被吸收的小分子营养物质在细胞内合成代谢构成机体组成成分，同时经过分解代谢形成代谢产物并释放出能量以供生命活动过程使用。各种组织和器官正常功能有赖于营养素通过神经系统、激素、酶来调节，特别是脑功能、心血管功能、肝肾功能、免疫功能尤为重要。

**2. 预防疾病**

营养的缺乏或过量都会引发疾病。营养素缺乏可引起各种不适的症状，还可能诱发其他合并症，如维生素 A 缺乏可导致夜盲症、缺钙可导致佝偻病和骨质疏松症等。肥胖是营养过剩的普遍表现，而肥胖又会增加糖尿病、高血压等慢性病的发生率。

# 第三节　运动与营养补给

运动时机体需要消耗一定的营养物质以生成能量，被消耗的物质必须得以恢复，才能继续进行运动，如果被消耗的物质得不到恢复，将导致疲劳的积累而发生过度疲劳，影响运动能力。

## 一、合理营养补给是保证健康和运动的基础

营养与运动关系密切，对锻炼效果有着很大的影响。运动锻炼引起的消耗，需要在运动结束后得到营养补给。如果缺乏合理的营养膳食，消耗后得不到及时补充，机体处于一种亏损状态，长期缺乏会使运动者生理功能及运动能力下降，出现乏力、疲劳，甚至疾病状态。

**1. 与运动能力下降有关的营养因素**

（1）能源物质耗竭　运动中消耗最直接和迅速的能源物质是 ATP，但人体内 ATP 的储存量极少，维持时间仅几秒钟。ATP 消耗后，需要体内不断合成。人体内脂肪的储存量虽然很多，但脂肪不容易动用，因此需要有充足的糖原储备，当体内糖原耗竭时，ATP 合成的速度延缓，运动能力下降，并容易发生外伤。

（2）脱水　运动中大量出汗，如不能及时补充水分和适量的无机盐，会引起体液量，尤其是血浆容量减少，而增加心脏和肾脏的负担，同时还会引起体温调节障碍，使体温升高。

（3）酸性代谢产物堆积　酸性代谢产物会使体液偏酸性，抑制磷酸果糖激酶活性，同时使肌质网结合更多的钙离子，影响肌力，并使肌肉输出功率下降，发生疲劳。此外，当血液 pH 值下降时，会降低骨骼肌对乙酰胆碱的反应，影响神经传导，肌肉对等长收缩刺激的紧张性增加，血液缓冲能力下降。

（4）电解质随汗液丢失　电解质丢失会影响体内离子平衡和细胞膜内外的电位。

（5）维生素和微量元素的缺失　维生素和微量元素有调节代谢的功能，缺乏或不足可使人

体的内环境稳定性破坏。合理营养有助于维持体内环境稳定，从而提高运动能力。

### 2. 运动合理膳食营养的作用

（1）提供适宜的能源，并使能源物质利用良好，例如运动前和运动中合理补液补糖。

（2）运动前和运动中合理补液，可预防运动中脱水和体温增高。

（3）适当使用营养补充物有利于提高运动能力。

## 二、运动所需的营养补给

运动能力恢复的关键在于恢复身体的能量供应及其储备（包括肌肉和肝脏的糖原）、代谢能力（包括有关酶的浓度，如维生素和微量元素）、体液（保证体内的血容量和循环体液量）、元素平衡及细胞膜的完整性（如铁、锌、钠、钾、镁等）。剧烈运动后及时、合理的营养措施可加快恢复速度。通常情况下，完全恢复需要几小时甚至数日，但及时地补糖、补液及其他一些必需的营养物质，则可获得最大程度和最快的恢复。

### 1. 适当的热能物质比

运动员膳食中摄入的蛋白质、脂肪和糖的比例影响机体代谢状况，热能物质比例适当，有利于机体代谢稳定，更好地发挥机体能力。

蛋白质是构成机体的主要成分，机体运动时糖原首先供给机体能量，待糖原耗竭时，氨基酸继续供给机体能量，可为肌肉提供 10% ～ 15% 的热量，因此，蛋白质对机体运动具有重要的作用。然而，蛋白质摄入也应适当，因为蛋白质的代谢产物呈酸性，摄入过多会使体内酸度增加，造成肌肉疲劳，影响肌肉工作效率。

脂肪是在糖原和蛋白质代谢耗尽时，机体长时间运动所需热量的主要能源，脂肪供能必须在氧供充足的情况下才能被高效利用。在机体缺氧情况下，脂肪代谢的产物酮体会增加，造成机体内环境酸度增加，影响机体运动能力。

不同性质的运动项目需要的热能物质不同，根据运动性质的差异，可适当调整营养物质的比例，如爆发力项目需要提高膳食中糖的摄入；力量型项目需要提高膳食中蛋白质的比例；耐力型项目需要提高膳食中脂肪的比例。

### 2. 充足的维生素

维生素作为人体重要的营养素，应注意运动训练前后的及时补充。运动员对维生素的需要量较多：一方面体内有充足的维生素储备，可改善机体工作能力，提高运动成绩；另一方面是由于运动时体内代谢加强，激素分泌与酶的活性增强，使体内维生素消耗增加。同时，运动后出汗使得水溶性维生素流失更加严重，尤其是维生素 C 丢失较多。运动员对维生素的需求量较多，由于本身运动项目、运动强度、运动类型、训练、比赛等的特殊需要，对维生素的需求量尤其明显。体内必须有充足的维生素储备，这样可改善机体工作能力，提高运动能力。运动员在摄入维生素不足时，会导致运动能力下降，产生疲劳，抗病能力降低，容易发生损伤，且运动损伤后的康复较慢。

### 3. 充足的无机盐和微量元素

钾、钠、钙、镁等无机盐对维持机体的内环境（如渗透压、酸碱平衡等）稳定、神经肌肉的正常兴奋性和增加体内碱储备有重要的意义。无机盐和微量元素对促进运动能力的提高具有重要的作用。由于运动时代谢加强，无机盐与微量元素的消耗增加，同时还从汗中丢失，以及运动负荷使机体的吸收能力降低。因此，无机盐和微量元素供给必须很充足，才能满足机体运动的需要。

**4. 水分的补充**

剧烈运动时体温升高，环境温度、湿度高等都会使排汗增加，如不及时补充体液，不仅容易发生脱水现象，还会增加心血管负担，引起循环功能障碍。

# 第四节　各类人群的营养策略

处于不同时期阶段的人群对于营养的需求不同。如儿童青少年身体正处于迅速发育时期，新陈代谢旺盛，是体格和智力发展的关键时期，这一时期所获得的营养不仅是要维持生命活动和生活劳动，而且还要满足其快速生长发育的需要。在整个发育期间，由于机体的物质代谢是合成代谢大于分解代谢，所以儿童青少年需要的能量和各种营养素的量比成年人高。而老年人群由于基础代谢下降、体力活动减少，因此，老年人群对于营养物质的需求量相对减少。

## 一、儿童青少年的营养策略

**1. 能量**

能量是儿童青少年生长发育的基础。适宜的能量摄入是儿童青少年身心正常发育的必要条件。儿童青少年身体正处在生长发育旺盛的阶段，需要能量较多，摄入的能量应高于消耗的能量以供生长发育。儿童青少年对营养素与能量的需求随年龄增长而渐增，后期随生长加速而增加显著。

**2. 蛋白质**

儿童青少年发育期间新的细胞增生、组织合成及器官发育都需要蛋白质，蛋白质作为机体器官和组织不断新生和修复的原料，是其他任何物质所不能取代的。膳食中蛋白质摄入不足，影响儿童青少年正常的生长发育。儿童青少年摄入的蛋白质要高于被分解的蛋白质，对蛋白质和各种氨基酸的需求量比成人高，而且应摄入较多的优质蛋白质。

**3. 脂肪**

脂类为人体提供和储存能量，提供必需脂肪酸，可以促进脂溶性维生素的吸收，维持体温。适宜的脂类摄入量对于维持儿童青少年的发育与健康必不可少。膳食脂肪摄入过多会增加超重肥胖、高血压、血脂异常等的风险；脂肪摄入过低，会导致必需脂肪酸的缺乏，影响儿童青少年正常的生长发育。

**4. 碳水化合物**

碳水化合物是人类主要和较经济的能量来源。儿童青少年应摄入营养素密度高的食物，限制纯能量食物的摄入，减少含糖饮料、甜点等的摄入，后者与超重肥胖、龋齿发生关系密切。

**5. 矿物质**

儿童青少年为骨骼发育的高峰阶段，由于骨骼和循环血量的快速增长，对矿物质尤其是钙、磷、铁的需求量很大。

**6. 维生素**

维生素是一类维持正常生长发育所必需的有机化合物，虽然需要量少，但不可缺少。青少年比较容易缺乏的维生素包括维生素 A、维生素 C、维生素 D 等。

## 二、老年人的营养策略

中国已经进入了老龄化社会，老年人的健康成为一项重要的社会问题。如何加强老年人的健康保健意识，延缓机体的衰老，预防各种疾病的发生和发展，提高老年人的营养状态等已经成为全社会共同关注的问题。

**1. 能量**

由于基础代谢下降、体力活动减少和体内脂肪组织的比例增加，老年人对能量的需要量相对减少，每日膳食能量的需要量也应适当降低，以免引起肥胖。

**2. 蛋白质**

老年人由于分解代谢大于合成代谢，蛋白质的合成能力差，摄入的蛋白质利用率亦降低，易出现负氮平衡，表现为人血清白蛋白含量降低，肌肉萎缩。因此，老年人应摄入足量、优质易消化的蛋白质。

**3. 脂肪**

由于老年人胆汁分泌减少，脂酶活性降低，对脂肪的消化功能下降，因此脂肪的摄入不宜过多。

**4. 碳水化合物**

由于老年人糖耐量降低，胰岛素分泌减少且对血糖的调节作用减弱，因而其血糖易增高。因此，老年人应当控制碳水化合物摄入的总量。此外，老年人还应多吃蔬菜增加膳食纤维的摄入，以利于增强肠蠕动，防止便秘。

**5. 矿物质**

老年人对钙的吸收能力下降，由于胃肠功能降低，胃酸分泌减少，同时肾功能降低以致形成 1,25- 二羟维生素 D 的功能下降，户外活动的减少和缺乏日照又使皮下 7- 脱氢胆固醇转变为维生素 D 的数量减少。钙的摄入不足易使老年人出现钙的负平衡，体力活动的减少又会降低钙在骨骼中的沉积，以致骨质疏松症及股骨颈骨折比较多见。同时，老年人对铁的吸收利用能力下降，造血功能减退，血红蛋白含量减少，易出现缺铁性贫血。因此，钙、铁等矿物质的摄入亦需满足老年人的机体需要。

**6. 维生素**

老年人因户外活动减少，由皮肤形成的维生素 D 含量降低，从而导致钙缺乏并影响骨骼正常钙化，造成腰腿疼及骨质疏松。维生素 C 可促进组织胶原蛋白的合成，保持毛细血管的弹性，防止老年人血管硬化，并可扩张冠状动脉、降低血浆胆固醇和增强机体免疫功能。同时维生素 C 又具有抗氧化作用，可防止自由基损害。因此，老年人膳食中应充分补充各类维生素。

# 第六章　心理与健康

## 第一节　心理与体育健康促进

### 一、心理与体育健康促进概述

人是作为个体而存在于自然界的，个人所具有的心理现象称为个体心理。健康是指一个人生理、心理和社会适应方面的完美状态。

体育健康促进是借助体育手段来优化人们的行为和生活方式的过程。人们对体育健康促进的正确认知，有利于个体形成符合健康要求的体育意识，从而树立正确的体育价值观。在浓厚的体育锻炼氛围下，通过对运动不足的行为和不良生活方式的有效干预，科学选择和开展针对不同人群特点的体育活动，再结合人们的生活、工作和学习习惯，将体育锻炼融入生活细节中，达到增进健康、控制疾病发病率的目的。

体育运动是一种让人体会到自由和快乐的身体行为，它可以提高人的身体形态、身体机能和各项运动素质，进而促进身体健康；它还可以愉悦身心，缓解焦虑和抑郁情绪，增强自尊和自信，提高人际交往能力，从而改善心理健康。

### 二、运动对心理健康的促进作用

社会物质与文化水平的快速发展，在一定程度上满足了人们的生活需求，同时也催生了许多不良情绪，以焦虑、抑郁最为突出。体育锻炼可以在心理健康方面发挥重要作用，不仅可以缓解抑郁和焦虑，也可以提高个体的幸福感。

#### 1. 运动与焦虑

焦虑是指由于不能克服障碍或不能达到目标，而体验到身体和心理的平衡状态受到威胁，形成的一种紧张、担忧并带有恐惧的情绪状态。焦虑状态包含三种主要成分，分别为生理唤醒、情绪体验及威胁、不确定性和担忧的认知表征。焦虑研究很重要的理论发展之一是将焦虑区分为短暂的情绪状态即状态焦虑和稳定的人格特质即特质焦虑。与其他缓解焦虑的方式相比，长期运动降低特质焦虑的效果最为明显。当焦虑程度加深、持续时间延长、出现频率增多时，焦虑就可能会衍变成病理性焦虑，在临床被称为焦虑症。焦虑症是一种严重损害人们生活质量的心理疾病，体育运动不仅可以调节焦虑水平，同时也能有效改善焦虑症患者的不良情绪状态。随着运动心理学的发展，科学的体育运动已成为一种有效改善焦虑的方式，人们一方面可以通过运动发泄各种烦恼、焦虑和不安；另一方面可以增进社会交往，形成良好的人际关系，从而有效提升个体心理健康。

**2. 运动与抑郁**

抑郁症是一种常见的心理健康障碍，会对个人健康和日常功能产生重大影响。抑郁发作的核心症状包括情绪低落、兴趣缺乏和乐趣丧失，如果个体处于抑郁状态，将会变得敏感脆弱，感到生活异常空虚，过去容易应对的事情现在却莫名其妙地令人恐惧，同时动机受到明显影响，会感到自己态度冷淡，无精打采，对许多事情都缺乏兴趣，曾一度热衷的项目也变得枯燥乏味。与抑郁相关的其他消极情绪还包括悲伤、内疚、羞耻、嫉妒等，运动作为一种辅助手段在治疗抑郁症和克服抑郁状态的过程中已被普遍使用，且效果显著。有研究表明，锻炼水平较高的运动参与者具有较低的抑郁程度，放弃保持长期锻炼的个体抑郁程度加深。运动刺激人体内啡肽分泌，影响人的疼痛、情绪及感觉等，使人产生愉悦感，提升意志力，有助于抵抗抑郁情绪。

**3. 运动与幸福感**

幸福是个体认识到自己的需要得到满足及理想得到实现时产生的一种情绪状态，也是由需要、认知、情感等心理因素与外部诱因交互作用形成的一种复杂的、多层次的心理状态。幸福感则是指根据评价者自定的标准对其生活质量的整体性进行评估，它是衡量个人生活质量的重要综合性心理指标。幸福感以"快乐论"为导向，该理论认为幸福是趋乐避苦的主观感受。运动作为一种兼顾健康、经济与实效的方式，不仅可以通过调节消极情绪直接提高幸福感，而且可以作为一种压力管理手段间接提高人们的幸福指数。有研究表明，不同的运动类型促使运动者根据自身情况减轻或增加压力，从而使压力达到适宜的水平，部分无竞争的、可重复以及可预测的运动类型可以有效减轻个体正在增加的压力，部分高风险的身体活动可以使人获得积极的压力，即一种使人愉快的压力。在运动控制压力的同时，消极情绪得以缓解，积极情绪得以提高，以保障运动参与者的身心健康，从而提高其生活满意度。

# 第二节　运动活动的动机

## 一、运动动机理论

动机是指推动一个人进行活动的心理动因或内部动力，对人的行为具有始发作用、指向作用和强化作用。运动动机是指在锻炼目标的指引下，推动个体参与运动活动的内部心理动因，它是个体在体育运动活动目标、愿望与运动环境诱因的相互作用下，所产生的对运动活动的内部需求。运动活动动机不仅受生理需要的驱动，还受心理和社会因素的影响，它既是运动活动行为的直接原因，也是运动活动行为的动力。

关于运动活动的动机对个体行为表现的影响机制，有诸多不同的观点，其中较有代表性的理论有动机人本论、成就动机理论、认知评价理论等。①动机人本论：体现参与者相互帮助、相互激励的重要性，为满足个体的归属、爱与被爱、获得尊重等需要提供了大量机会，同时参与者的运动积极性也得到充分调动。②成就动机理论：一般表现为成就动机强的个体积极主动投入，充满自信，乐于挑战困难；成就动机弱的个体则明显消极对待，犹豫不决，害怕失败。③认知评价理论：从人的内部动机出发，强调人的兴趣感、能力感、控制感和主动感在体育运动中的重要性，对于哪些因素对内部动机影响最大，如何解释内部动机方面产生的可观察到的变化等问题，进行深入的探讨。

## 二、运动参与的常见动机

### 1. 控制体重

据统计，截止 2022 年，14 亿中国人口中超过 5 亿人体重超标。对于超重人群，人们更多的会想到要控制体重，而对于控制体重，很多人首先考虑到节食。虽然节食可以帮助人们控制体重，但锻炼的效果往往更佳。如果能量摄入和以往保持一致，每周至少 3 次，每次至少 30 分钟中等强度的规律运动，更有助于控制体重。

### 2. 增强体质，降低患病风险

体育锻炼对身体健康的促进作用主要是通过身体运动这一手段来实现的。长期有规律地参加体育锻炼可以有效增强锻炼者的身体素质，降低慢性疾病发病的风险。研究结果一致表明，定期参加体育锻炼有益于降低某些疾病发生的可能性，如高血压、冠心病、骨质疏松和中风等，总体上可以降低死亡率，延长健康寿命。尽管目前我们对获得这些健康益处的锻炼量度和强度的研究还不够细致深入，但可以确定的是，锻炼对降低人们患病的可能性或病情的严重性发挥着积极作用。

### 3. 提高主观幸福感，降低抑郁

参加体育锻炼可以提高个体主观幸福感及生活质量。研究表明，定期参加体育锻炼与焦虑、抑郁的改善存在相关关系。目前，遭受焦虑和抑郁困扰的人口比例呈显著上升趋势，体育活动的干预已经作为一种有效辅助治疗手段应用于抑郁症的治疗过程之中。目前，心理学界有许多横向、纵向及追踪研究结果表明，体育锻炼具有预防抑郁的效果，且不存在年龄或性别上的差异。也就是说，与积极参与锻炼的人群相比，不锻炼或偶尔锻炼的人群患上抑郁症的风险可能性更大。

### 4. 提高自尊和自我概念

个体自尊和自我概念的提高是锻炼所产生的积极心理效应之一。从健康的角度来看，自尊的提高是锻炼对心理健康能产生积极影响的最有力证明。自尊和自我概念的提高对心理健康极为重要，因为它们代表着人们的自我价值感，并且通常被认为是个体心理调整的外显标志。当个体的身体能力增长时，身体自尊和自我感知也会出现相应的增长。此外，许多经常锻炼的人慢慢会觉得自己变得比以往更加自信，这也是自尊发展的一个组成部分。

### 5. 增进社会化

随着科技现代化及生活节奏的加快，人们投入到网络和其他交流工具上的时间越来越多，和家人朋友待在一起的时间越来越少。参加锻炼可以拓展人脉，增加与人交流的机会，也可以为个体接触新人提供一个有效渠道，并能促进个体间发展友情、增进情感。从运动项目的特点上，集体项目的娱乐性更强，大多数人会选择集体锻炼，和同伴一起锻炼不仅会增加个体的锻炼乐趣，更重要的是个体能在锻炼中获得社会支持，提高自我成就动机，进而实现持续锻炼。

## 三、运动动机培养

行为学的观点认为，体育运动是人的一种内在需要行为，这种行为是在个体运动动机的激发下所产生的。运动动机的强弱将直接决定个体是否自觉进行体育运动。因此，通过培养与激发运动动机将有助于我们积极地参与体育运动。激发运动动机的策略主要有以下几种。

**1. 明确锻炼目标**

明确运动科学理念，树立正确运动目标，是培养运动动机的前提。

**2. 激发个体运动兴趣**

运动兴趣是人们积极地参与体育运动的一种心理倾向，是激发个体运动动机的核心动力。人们的锻炼兴趣一旦被激发，他就会主动地对体育运动相关的信息表现出特别的关注，并会积极地投身于体育运动中。

**3. 树立运动信心**

信心是可以反映个体对自己是否有能力成功地完成某项活动的信任程度的心理特性，它是运动动机的重要保证。

**4. 寻找志同道合的伙伴**

运动合作伙伴的适宜选择，不仅可以防止不必要的活动冲突，也可增加运动乐趣，选择适宜的运动强度与方式。

**5. 培养至少一项特长**

在日常生活中很多人因为缺少一项运动特长而不知道该怎样去运动，以致常常在运动中饱受失败的困扰，进而影响个体的运动动机。因此，我们应该培养在体育项目中的一技之长，注重运动中的乐趣，使个体能够在体育运动中感受到自信和快乐。

# 第三节　运动活动的归因

归因是指人们通过对自己或他人的行为结果进行分析、判断，指出其性质或推论其原因的过程。归因对人们从事体育活动的情绪、动机和期望有直接影响，是后续行为的起点，因而具有重要意义。

## 一、运动中的归因分析

体育运动中的归因主要涉及内外源、协变性原则、稳定性及归因的情绪反应等方面。

**1. 内外源**

在体育运动中，倾向于内部归因的个体经常将自己体育运动成绩好归因于自己运动能力强或自身努力，将成绩差归因于自身运动能力弱或不够努力。而倾向于外部归因的个体经常将自己体育运动成绩好归因于任务简单、运气好，将成绩差归因于任务难、运气差、裁判员不公平或者教练员不好等外部因素。个体的归因方式不是一成不变的，在进行体育活动时，其归因方式和操作表现会相互影响、交互作用。例如，一个总是把自己体育成绩好归因于外部因素的学生，如果他长期地获得较好的体育成绩，他也逐渐对自己的体育能力更加自信，由原来的外源性动机转换为内源性动机。一般而言，内部归因的个体体育成绩要比外部归因的个体更好，同时内部归因也是更为成熟的归因指向。

因此，在教学和训练过程中，体育教师与教练员需要通过各种途径和方式了解个体的归因风格，并根据归因方式转换的规律，调节对个体体育成绩的反馈信息，以使其能利用这些反馈信息获得更强大的体育运动动机。

**2. 协变性原则**

协变性原则指的是一个人对成败的归因常常根据其他人完成同一项任务时的成绩来解释或预测。具体而言，当个体的成绩与他人的一致时，个体倾向于把成绩归因为外部的原因，而当自己的成绩与他人的成绩不一致时，则倾向于归为内部原因。例如，当一个乒乓球运动员打败了一个常胜选手时，他倾向于将自己的胜利归功于诸如自身能力强、水平高等内部原因，而一个人在某次考试中获得满分，同时其他人也获得满分时，就倾向于把成绩归为外部原因（如测验简单）。这个协变性原则已得到相关实验证实。

**3. 稳定性**

韦纳等 1973 年的研究表明，当一个人现在的成败与自己过去成败不一致时，且与别人的成败也不同时，通常的归因会是不稳定的内在因素；当一个人现在的成败与自己过去的成败情况一致，且与别人的成败也一样时，一般的归因常常是任务的难度；当一个人现在的成败与自己过去的成败一样，但与他人的成败不同时，通常会归因为能力。另外，有研究表明，个体把成功或失败归因于稳定的还是不稳定的因素，与期望和习得性无助有关。根据韦纳的观点，个体把某一行为的结果归因于稳定因素比不稳定因素时更期望该行为再次发生。例如，如果一个运动员将比赛胜利归因于自己能力强，那他会期待下次依然赢得比赛。

习得性无助是指个体经历了失败与挫折后，面临问题时产生的无能为力、丧失信心的心理状态与行为。人们对失败的归因在无助感的形成过程中起着重要的作用。如果一个人将多次失败归因于一些内部稳定的因素（如能力），这可能会降低其自我效能感和参与活动的动机，进而导致无助感的产生。教育者需要通过一定的归因训练，纠正学习者习得性无助的错误归因模式，提高他们参与体育运动的积极性。

**4. 归因的情绪反应**

在成就情境中，个体将行为结果归因于不同的原因维度，会产生不同的情感反应。个体将成功归因为内部因素，他便会体验到自豪、自尊和满意等积极情绪；将失败归因为内部因素，则容易产生内疚、无助等负面感受。个体若将行为结果归因为外部因素，更有可能产生意外、感激或气愤、敌意等情绪体验（表 6-1）。

表 6-1　归因与情绪体验的关系

| 归因方式 | 情绪反应 | 成功时 | 失败时 |
|---|---|---|---|
| 内外源 | 内部 | 自豪<br>满意 | 内疚<br>无助 |
| | 外部 | 意外<br>感激 | 气愤<br>敌意 |
| 可控性 | 可控的 | 自信<br>胜任 | 羞辱<br>沮丧 |
| | 不可控的 | 感激<br>同情对手 | 愤怒<br>诧异 |
| 稳定性 | 稳定的 | 满怀希望 | 失去希望 |
| | 不稳定的 | 不确定 | 满怀希望 |

NOTE

## 二、运动中的归因训练

归因训练是指通过一定的训练程序，使个体掌握某种归因技能，形成比较积极的归因风格。在体育教学与运动训练过程中，有效的归因训练对参与者更好地完成训练任务，达到教学与训练目标具有积极的促进作用。运动中的归因训练可从以下几方面着手。

### 1. 给予积极的反馈

有研究表明，积极正向反馈为主导，偶尔伴随批评的反馈形式比其他反馈形式更有效。当学生或运动员失败时，教师或教练员可以指出他们的缺点所在，但依然接受和喜欢他们，看到他们参与活动时的闪光点。

### 2. 增加成功的体验

个体积累越多的成功体验，越容易产生积极的自我评价，获得更高的自我效能感。自我效能感高的个体容易建立积极的心理定势，相信自己能够掌控命运，积极地参与体育活动。因此，在体育活动中，可以将学生或运动员按照年龄、技能水平、体能水平分组，开展体育教学或训练，这样更多的人可以体验到成功的机会。

### 3. 明确各种影响因素的可控性

在体育运动中，可控和不可控的因素都会影响运动的效果。可控的因素包括饮食、睡眠、准备活动、注意指向、战术应用等；不可控的因素包括天气、场地、比赛时间、裁判、观众、教练、对手等。教师或教练员要引导学生或运动员了解哪些因素是可控的，哪些是不可控的，并引导他们将关注点放在可控性因素上而非不可控因素上。

### 4. 引导积极正确的归因倾向

内控型的个体具有更高的自我调节技能，他们更愿意为自己的成绩和发展承担责任。在比赛获胜时，引导学生将成绩归因于能力，可以提高学生的自我效能感；在比赛失利时，引导学生将失败归因为努力不够，可以激发学生更加努力，以获取今后好成绩的信心。特别是对于那些水平低、成绩差的学生或运动员，努力定向的归因尤为重要。如果将失败归因于能力差，他们很可能退出体育运动。当然，在进行归因时适当积极引导，同时也要实事求是客观分析原因，不能一味地进行内部归因。

# 第四节　心理技能训练

## 一、心理技能训练的定义

心理技能训练是采用一定的方法和手段，有目的、有计划地对受试者的心理过程和个性心理特征施加影响，以达到强化心理技能、培养特殊心理能力目的的一种专门化的训练过程。换句话说，是采用特殊的方法和手段，使受试者学会调节和控制自己的心理状态并进行调节和控制自己行为的过程。

## 二、心理技能训练的意义

1. 心理技能训练是竞技运动训练的重要组成部分。心理技能训练与体能训练、技术训练、战术训练、运动智能训练共同构成现代竞技体育科学化训练系统。它影响和制约运动员运动水平的发挥，可以促进运动员不断完善心理过程，形成具有专项特征的良好的个性心理特征。

2.心理技能训练是学校体育教学的重要部分。学校体育教学过程中，对学生进行长期、系统、全面的心理技能的训练，会对提高学生管理情绪状态、培养坚强的心理品质产生积极的作用。

3.心理技能训练也是大众锻炼者正确看待锻炼状态、产生锻炼持续性的重要手段。

## 三、心理技能训练的方法

大众体育参与者需要拥有良好的心理技能以帮助自己更健康、更科学地进行体育活动，达到良好的身心状态。这一目标的实现离不开心理技能训练的具体方法。根据心理技能训练的理论基础，心理技能训练的方法可分为两类：行为干预（如渐进放松训练、生物反馈训练、系统脱敏训练、模拟训练等）和认知干预（表象训练、认知训练、暗示训练等）。

**1.行为干预**

（1）渐进放松训练 是利用全身各部位肌肉的紧张和放松，并辅以深呼吸和表象来调控人们紧张情绪的一种训练方法。渐进放松训练通常是练习者主观地让某一肌肉群先紧张收缩，然后充分放松，通过对比可更深刻地体验放松一刹那间的肌肉感觉。渐进放松训练与表象训练或认知调整法结合起来，可用于调节个体的焦虑情绪，进而产生良好的心理效应。

（2）生物反馈训练 又称"内脏学习"或"自主神经学习"，是通过生物反馈达到控制生理指标的变化或维持这种变化的过程。其特点是运用特定的仪器，将人体发出的微弱反应放大成为人的视觉、听觉所能感知的信号，如用音响或屏幕上的图像同步反映血压和心率的起伏波动等，并通过奖励或强化，使生理变化朝着需要的方向发展。它包括训练个体改变多种不同的生理指标（如心率、肌紧张和脑的活动等），依靠仪器调节生理状态，然后把这种能力应用到没有仪器的情境中。

（3）系统脱敏训练 又称交互抑制法，是一种以渐进方式克服神经症焦虑习惯的技术。利用这种方法主要是诱导求治者缓慢地暴露出导致神经症的情境，并通过心理的放松状态来对抗这种焦虑情绪，从而达到消除焦虑症习惯的目的。这种方法常用于运动情境，用于矫正以焦虑反应为主的不适应行为或躲避行为。

（4）模拟训练 也称比赛模式化训练或比赛适应性训练，是指在训练中模仿比赛条件，用于运动员演练技术、战术和比赛应对策略的一种训练方法。模拟训练主要针对比赛中即将出现或可能出现的情况和问题进行模拟与演练，特别是对那些可能使运动参与者心理、生理产生不良影响的刺激进行模拟，以增强排除干扰、适应内外环境的能力。

**2.认知干预**

（1）表象训练 又称"视觉化"训练、内心演练、隐蔽练习、意象演习或想象训练等，是人们有意识地利用自己头脑中已经形成的表象，对技术动作或运动情境进行回顾、重复和丰富发展，从而唤起运动感觉，强化肌肉本体感觉，提高运动技能和情绪控制能力的方法和过程。

（2）认知训练 也称认知疗法、认知调整或思维控制训练，指通过改变人的认知进而改变人的情绪和行为的方法，如 Ellis 的合理情绪疗法。该理论中心问题是要用合理的信念代替个体不合理的信念，最大限度地减少不合理信念对学生或运动员情绪和行为的不良影响。在体育运动领域得到广泛应用，且受到体育教师、教练员、学生和运动员的认可和好评。

（3）暗示训练　是指利用语言、手势、表情及其他刺激物，采用间接、含蓄的方法，对训练者的心理状态和行为施加影响的过程。最早的暗示训练法可以追溯到中国古代的气功和印度瑜伽中所使用的方法。20世纪，暗示训练已经广泛应用于各领域。例如，在教育领域的探索中，20世纪60年代，保加利亚心理学家格奥尔基·洛扎诺夫创立了"暗示教学法"，取得了令人瞩目的成绩。目前在体育教学和运动竞赛中，暗示训练的作用日益受到人们的重视。

# 第七章　运动测量与评定

## 第一节　身体形态测量与评定

身体形态测量与评定是对人的外部形态，包括体重、身高、胸围、肩宽、四肢长度及围度、腰臀围、皮褶厚度等参数的测量。形态测量不仅反映人体生长发育状态和体质水平，且能为运动员选材提供重要参考。

### 一、身体形态测量与评定的原则与指标

**1. 身体形态测量与评定的原则**

人体形态测量要符合科学性的原则。严格遵循测量学的三个基本属性，即可靠性、有效性和客观性。严谨的科学态度、严密的测量设计及针对大群体进行测量时随时进行抽样重复验证以确保测量的准确性是保证测量准确的重要前提。

**2. 身体形态测量与评定的内容**

人体形态测量的指标很多，应当根据需要去选择。对儿童青少年进行人体形态测量时，必须包括身高、体重、胸围这三项反映身体发育的基本指标及坐高、肩宽和骨盆宽。

**3. 身体形态测量与评定的注意事项**

（1）方法要求统一和标准　测量仪器的型号、规格，测量的方法、要求应当统一化和标准化，力求减少因为测量条件不同可能造成的误差。测量之前应仔细校正仪器，每测量大约 100 人后应重新校正一次。

（2）知情同意　测量之前应向被测者说明测量的内容和意义，取得被测者的信任和配合。

（3）穿着要求　要求被测者男生只穿短裤，女生穿背心和短裤。

### 二、身体形态指标的测量与评定

#### （一）体重的测量与评定

体重是指身体的净重，可以反映身体的营养状况。若结合皮褶厚度分析，还能反映人体营养和肌肉发达情况。

**1. 使用仪器**

电子秤、杠杆秤或弹簧秤。使用前先用标准砝码校准，误差不得超过 0.1%，即每 100kg 误差应小于 0.1kg。秤台中央放置 0.1kg 砝码观察其灵敏度。

**2. 测量方法**

将体重秤放置于平坦地面，调至 0 点。被测者穿着贴身短裤（女生加穿内衣）站立秤台

中央。测量者读数并记录，测量误差不得超过 0.1kg。

### 3. 注意事项

被测者上下秤台时的动作要轻，称重时应站立秤台中央。

### （二）身高的测量与评定

身高是指站立时头顶至地面的垂直距离，它是反映骨骼生长发育情况的重要指标。身高受年龄、性别、种族地区和体育锻炼、营养状态等因素的影响。身高在一天内会有 1 ～ 3cm 的波动，清晨起床后的身高最高，傍晚时最低，这是因为经过一天的活动，在身体重力的影响下，脊柱生理弯曲加大，椎间盘被压缩，足弓变浅等原因所致。

### 1. 使用仪器

身高计。使用前用钢尺校正测量刻度，误差不得超过 0.2%。检查身高计的立柱是否垂直，有无晃动，水平压板是否水平。

### 2. 测量方法

被测者赤足，足跟并拢，足尖分开呈 60°，以立正姿势背靠立柱站在身高计的地板上。上肢自然下垂，躯干自然挺直，足跟、骶骨及两肩胛间与立柱保持接触。头部摆正，但不必紧靠立柱。双眼平视前方，保持耳屏上缘与眼眶下缘处于同一水平线。

测量者站在被测者侧方，用手将水平压板轻轻下滑，直至接触被测者头顶为止。测量人平视水平压板读数。测试误差不得超过 0.5cm。

### 3. 注意事项

读数时两眼视线要与被测者的头顶保持在同一水平，否则读数不准确。水平压板与头顶接触的松紧应适当，对于头发蓬松的被测者，需要将头发压平。

### （三）坐高的测量与评定

坐高是指人坐位时，头顶至坐凳面的垂直距离。坐高是反映躯干长短的指标。坐高和身高的比例关系可用来评价体型。

### 1. 使用仪器

身高坐高计。使用前应校正测量刻度，误差不得超过 0.2%，检查坐板是否水平，高度（成人用 40cm，儿童用 25cm 的高度）、前后宽度是否合适。

### 2. 测量方法

被测者端坐在身高坐高计上，骶部、两肩胛间及头部的位置、姿势要求与测量身高相同。两腿并拢，大腿与地面平行。上肢自然下垂，不得支撑于座板上，双足平踏于底座（可用脚踏板调节高度）。测量者将水平压板轻轻下压，并平视水平压板读数。测量误差不得超过 0.5cm。

### 3. 注意事项

被测者常会因为骶部未靠紧立柱而使测量不准。所以，应先令被测者弯腰，使骶部紧靠立柱下滑，直至坐下为止。

### （四）胸围和呼吸差的测量与评定

胸围是指胸廓的围度。它反映胸廓及胸背部肌肉的发育状况，受后天因素影响比较明显。经常从事体育锻炼的人，胸围比一般人大 5% 以上。

呼吸差是指最大吸气和最大呼气时的胸围之差。一定程度上反映呼吸器官的发育情况、呼吸肌肌力、胸廓活动范围及肺组织的弹性。一般人的呼吸差只有 6 ～ 8cm，经常锻炼者可达 8 ～ 10cm。

**1. 使用仪器**

带尺。使用前用标准钢尺校正，每米误差不得超过 0.2cm。

**2. 测量方法**

被测者裸露上身（女性应着背心），自然站立。双肩放松，两臂自然下垂，平静呼吸。测量者最好为两人，一个人手持带尺面对被测者，并将带尺环绕胸部一周。在背部，带尺的上缘放置于肩胛骨下角下缘；在胸前，带尺的下缘放置于乳头上缘（对于乳腺已发育的女性，带尺应放置于乳头上方与第四胸肋关节水平）。另一个人站立在被测者身后，协助将带尺扶正，防止滑脱，及时提醒和纠正被测者耸肩、挺胸、抬臂、驼背等不正确姿势（图 7-1）。

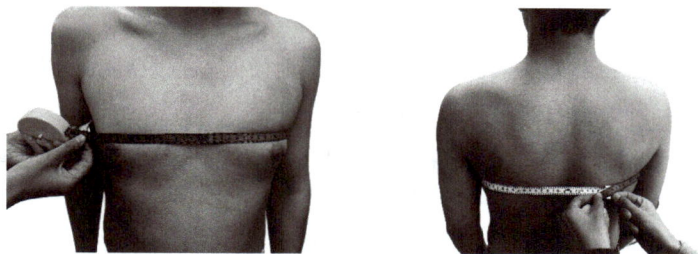

**图 7-1　胸围测量**

**3. 注意事项**

（1）当深吸气和深呼气测量时，注意防止带尺移动或滑落。

（2）带尺松紧要适宜，轻贴于皮肤即可。

（3）肩胛骨下角不明显者，可令其挺胸显露肩胛下角，待摸清位置后，仍然要求恢复测试的姿势进行测量。

### （五）肩宽和骨盆宽的测量与评定

肩宽是指两侧肩峰之间的距离。它反映身体横向发育的情况，肩的宽窄对肩带肌力的发挥有一定影响。

骨盆宽是指两侧髂嵴最宽处之间的距离。它反映骨盆的发育情况。

**1. 使用仪器**

测径规。使用前应检查零点。误差不得大于 0.1cm。

**2. 测量方法**

被测者两肩放松，自然站立，测量者立于其身后进行测量。

（1）肩宽测量　用食指沿被测者两侧肩胛冈向外上方触摸，直至摸清两侧肩峰，再进行测量（图 7-2）。

（2）骨盆宽测量　用食指沿被测者两侧髂嵴触摸至髂嵴最宽处的外缘，再进行测量。测量误差不得超过 0.5cm。

### （六）四肢长度的测量与评定

四肢长度包括上下肢长度和各肢节长度。上肢或下肢较长的运动员在一些项目具有较大的优势。

**1. 使用仪器**

带游标的直钢板尺。使用前校正刻度，每米误差不能超过 0.2cm。

**2. 测量方法**

（1）上肢长　被测者自然站立，右臂伸直下垂，手与前臂呈一直线，测量肩峰至中指尖的距离（图 7-3）。

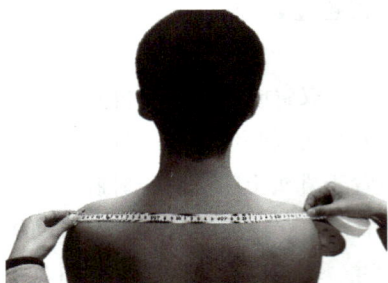

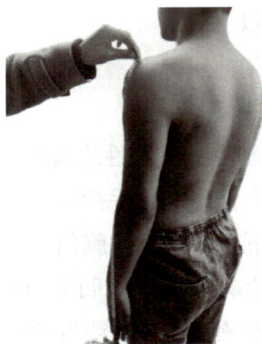

图 7-2　肩宽测量　　　　　　图 7-3　上肢长度测量

（2）下肢长　被测者自然站立。测量髂前上棘至地面的垂直距离或者测量股骨大转子尖端至地面的垂直距离。目前常以身高减坐高来代表下肢长度。

（3）足长　被测者站立，将一条腿踩在凳面上，用直钢板尺测量足跟至最长趾趾端的距离。也可用专门的足长足高计测量。

一般认为，长腿体型的儿童青少年身高增长的潜力较大。故坐高与下肢长度之差较小可作为运动员选材的指标。

### （七）跟腱长的测量与评定

跟腱长是指腓肠肌内侧肌腹下缘至跟骨结节的距离。测量跟腱长度对于某些项目的运动员选材是十分重要的。例如，篮球、排球及跳跃项目。

**1. 使用仪器**

小直钢板尺。

**2. 测量方法**

令被测者自然站立，然后尽量提踵，此时腓肠肌肌腹与跟腱的交界清晰可见。用笔在内侧头肌腹的最下缘做标记后再恢复自然站立。测量该标记至跟骨结节最凸出点的距离（图 7-4）。

图 7-4　跟腱长测量　　　　图 7-5　上臂围测量　　　　图 7-6　小腿围测量

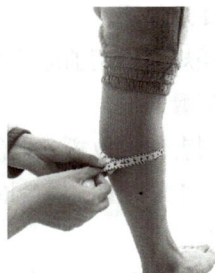

### （八）四肢围度的测量与评定

四肢围度包括上臂围、前臂围、大腿围、小腿围以及关节的围度等。四肢围度反映四肢肌肉发育情况。由于皮下脂肪会影响围度，所以对围度进行分析时应当考虑皮褶厚度。

**1. 使用仪器**

尼龙带尺。使用前用钢尺校对，每米误差不得超过 0.2cm。

**2. 测量方法**

（1）上臂紧张围和放松围　被测者自然站立，右臂向右前侧（与身体矢状面约呈 45°）平举，掌心向上握拳，用力屈肘。检查者将带尺放在肱二头肌隆起最高处绕臂一周，测量上臂紧张围。之后，带尺位置保持不变的情况下令被测者慢慢将前臂伸直，手指放松，测量上臂放松围（图7-5）。

（2）前臂围　被测者自然站立，上肢自然下垂，带尺水平绕前臂最粗处测量。

（3）大腿围　被测者两腿分开与肩同宽，平均支撑体重。测试人员站在受试者的侧面，将带尺环绕大腿根部，后面将带尺上缘放在臀纹处（即臀与腿之间的凹陷处），前面放在与后面同高处，带尺呈水平位读数，单位为cm。

（4）小腿围　被测者姿势同上，带尺水平绕小腿最粗处测量（图7-6）。

**3. 注意事项**

（1）测量时带尺必须呈水平位，松紧要适度。

（2）受试者体位要符合测试方法的要求。

（3）四肢围度测量误差不得超过0.5m。

### （九）腰围和臀围的测量与评定

**1. 腰围**

腰围是间接反映人体脂肪状态的简易指标。男性腰围超过90cm，女性腰围超过85cm，表明腰围较大。腰围的大小可以反映出人的体型特点。

（1）使用仪器　尼龙带尺。

（2）测量方法　受试者两腿靠近，自然站立。两肩放松，双手交叉抱于胸前。测试人员面对受试者，将带尺经脐上0.5～1cm处（肥胖者可选在腰部最粗处），水平绕一周，测量其围度，单位cm（图7-7）。

（3）注意事项　带尺的松紧度应适宜。

**2. 臀围**

臀围的大小可以反映出人的体型特点。臀围也是一些项目运动员选材的重要指标之一。

（1）使用仪器　尼龙带尺。

（2）测量方法　受试者两腿靠近，自然站立。两肩放松，双手交叉抱于胸前。测试人员面对受试者，沿臀大肌最粗处将带尺水平位经背部绕至前方读数。记录员应在受试者背面观察带尺位置是否正确，单位为cm。

（3）注意事项

①测量时受试者不能挺腹，应在腹部平静状态下测量。

②尼龙带尺使用前要进行校对，每米误差不得超过0.2cm。

**3. 腰臀比**

腰臀比是腰围和臀围之比。正常男子应小于0.95，女子小于0.85，如超过即为向心性肥胖。

### （十）皮褶厚度的测量与评定

皮褶厚度是指皮下脂肪的厚度。该指标可用于评定身体成分，估算全身脂肪重和瘦体重，还可以反映身体内脂肪分布的情况。皮褶厚度测量法、皮肤阻抗法、水下称重法均可用于评估身体成分，其中水下称重法是间接测量人体内脂肪含量的金标准。

**1. 使用仪器**

皮褶卡钳（图7-8）。测量前应先校正卡钳，每次测试前将指针调至零点，卡钳头接触皮肤的面积为20～40mm²，测量时卡钳压强为10g/mm²。

**2. 测量方法**

令受试者穿着背心短裤，自然站立。测量者的右手持卡钳，用左手的大拇指、食指和中指捏起测量部位的皮褶后，用卡钳固定住。钳头应靠近捏皮褶的手指处相距约 1cm，读数后松开左手手指。同一部位测量不少于 3 次，测量值的变化不超过 1mm，取平均数作为测量值。

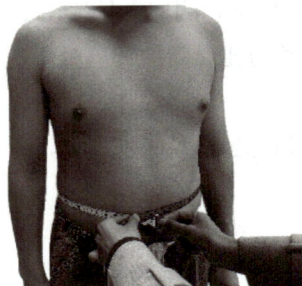

图 7-7    腰围测量

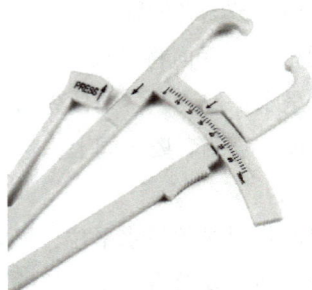

图 7-8    皮褶卡钳

**3. 测量部位**

通常只测量右侧，常测皮褶部位及其测量方法如下。

（1）上臂部（肱三头肌）    上肢自然下垂，取肩峰与尺骨鹰嘴突连线中点处，垂直捏起皮褶，卡钳口置于皮褶下约 1cm，并与皮褶垂直（图 7-9）。

（2）肩胛下部    在肩胛骨下角 1 ~ 2cm 处，与脊柱呈 45° 夹角斜捏起皮褶，卡钳口置于皮褶下约 1cm，并与皮褶垂直（图 7-10）。

（3）腹部    脐部右侧 2cm 和上方 1cm 处，垂直捏起皮褶，卡钳口置于皮褶下约 1cm，并与皮褶垂直（图 7-11）。

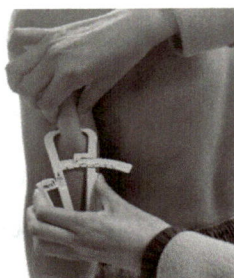

图 7-9    上臂皮褶测量

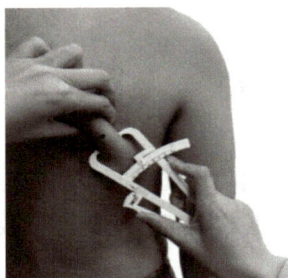

图 7-10    肩胛下部皮褶测量

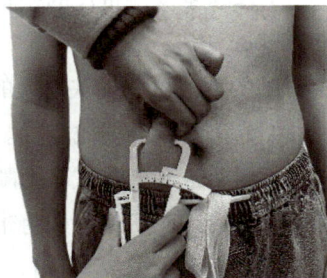

图 7-11    腹部皮褶测量

# 第二节    身体机能测量与评定

尿蛋白、反应时、血尿素、肌力等身体机能参数在较大程度上能够反映出运动者的健康水平，通过对以上身体机能参数的测量与评定，可以有效帮助运动医学人员了解运动者身体健康状态，及时发现运动疲劳并进行干预，保证运动者合理、健康的运动训练。

## 一、尿蛋白的测量与评定

### 1. 尿蛋白的正常值

正常人每日尿中排出蛋白质总量在 150mg 以下，为 40 ~ 80mg。

**2. 运动性蛋白尿**

运动性蛋白尿即运动引起尿蛋白质增加的现象。应用尿蛋白评定运动员身体机能状态时，最好在每天训练课后取尿进行系统观察。

## 二、反应时的测量与评定

### 1. 反应时指标的含义及生理意义

反应时是指从刺激感受器到肌肉产生收缩所经历的时间。反应时越短，机体对刺激的反应越迅速，灵活性越高。

### 2. 影响反应时的因素

（1）反应时与遗传因素有关，通过训练可以缩短。

（2）中枢神经系统兴奋水平的高低影响反应时快慢。当大脑皮层处于良性状态时，神经传导速度快、反应时短。

因此定期或不定期地跟踪测试，根据运动员反应时变化规律可评定运动员当时的机体状态，判断神经系统疲劳程度，可为教练员制订训练计划提供依据。

### 3. 测量方法

可通过反应时测试仪检测受试者反应时，包括简单反应时、选择反应时、辨别反应时。

## 三、血尿素的测量与评定

### 1. 血尿素的正常值

成人安静时血尿素为 3.20 ～ 7.14mmol/L。

### 2. 运动员的血尿素值变化

一般而言，大运动量训练前后，运动员的血尿素值变化 1.0 ～ 3.5mmol/L。当运动前后血尿素增加值超过 3mmol/L 时，可认为运动员已达到过度疲劳状态；当运动前后血尿素增加值为 2mmol/L 左右时，则认为运动量较大，但运动员尚能适应；若运动前后血尿素变化值为 1mmol/L，说明其运动量较小。

### 3. 血尿素评定身体机能状态变化

（1）在训练期中晨起时血尿素含量不变，说明运动量小，对身体刺激不大。

（2）在训练期开始晨血尿素上升，然后逐渐复至正常，说明训练量足够大，但身体能够适应。

（3）在训练中晨血尿素逐日上升，说明训练量过大，身体不能适应。

因此，在训练期可每天或隔天，或大运动量训练后次日测定血尿素，来评定身体机能状态。

## 四、肌力的测量与评定

运动员的肌力与其运动能力和运动损伤的发生均有密切关系。肌力包括肌肉力量、爆发力和耐力等诸方面，目前常用等长、等张和等速测力方法来评定运动员肌力。

### 1. 等长测力法

（1）概念和意义　等长测力也称静止测力。在测试过程中，肢体肌肉或肌群进行静止收缩运动，不产生关节活动，一次只能测试关节某一角度的肌力。等长练习对某些运动项目是必要的，如体操吊环的肩部力量、鞍马的支撑等。

（2）测量工具　测定等长肌力和耐力最常使用的是测力计，常用的有握力计（图 7-12）和背力计（图 7-13）。握力主要反映前臂及手部肌群的静力性力量，主要测试受试者手部肌肉的抓握能力。背力测试也是全民体质监测中使用的力量测试手段，但普及度不如握力。

### 2. 等张测力法

（1）概念和意义　等张测力也称动态测力法。在运动训练和肌力评定中使用最为普遍，如卧推、挺举和负重蹲起等。测试时，所给予的重量不应超过运动员关节活动中所能承受的负荷范围，否则可能造成意外损伤。等张测力常用杠铃、哑铃等作为测试手段。

（2）评定方法　等张肌力的评定是根据运动员能成功举起一次所给予的最大重量，这种方法称为"一次测试值"（1RM value）。在成功举起所给予重量后，通常应休息 2～3 分钟再举新的重量，而每次重量增加不超过 2～4kg。

运动员的等张耐力目前尚无理想的方法来评定，一般使用运动员所能举起最大重量的70% 进行测试。普通人可连续举起这种重量 12～15 次，而运动员则应连续完成 20～25 次。

### 3. 等速测力法

（1）概念和意义　等速肌力测试在关节全范围运动过程中可使任何一点肌肉的活动均承受最大的阻力，测出的数值具有客观性、安全性和可重复性。

（2）测量工具　等速测试设备在恒定的速度下提供一种顺应性阻力，使得等速收缩同时具备等张收缩和等长收缩的部分优点。目前，等速肌力测试已被应用于运动员和临床患者关节肌力的评估，为针对性地制定运动康复方案提供证据。测量等速肌力需要使用专门的等速评估训练系统（图 7-14）。

  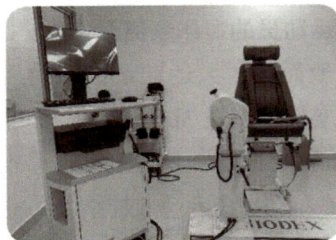

图 7-12　握力计　　　　图 7-13　背力计　　　　图 7-14　等速肌力测试仪

## 五、肌电图的测量与评定

采用引导电极将肌肉兴奋时的电信号变化经过引导、放大和记录所得到的电压变化图形称为肌电图（electromyography，EMG）。肌电图可作为评价神经肌肉功能的一种方法。用表面（皮肤）电极引导的肌电图叫"表面肌电图"，表面肌电图是无创的，使用方便，运动员易于接受，应用较广。

### 1. 测量与评定的意义

（1）反映动作协调的变化　运动员刚从事某项运动训练时，其各肌群之间活动不协调，随着训练水平的提高，主动肌与拮抗肌同时兴奋的时间会逐渐缩短，甚至会在主动肌肌电出现的同时拮抗肌肌电图消失，说明它们之间已无"牵制"，非常协调了。当然，后者只有在动作非常熟练的运动员身上才能出现。

（2）反映肌肉最大收缩时的变化　随着训练水平的提高，运动员在最大用力收缩时肌电图的值也会逐渐提高，这是运动员大脑皮层运动区对肌肉支配能力提高的结果。

（3）反映肌肉定量负荷时的变化　给予定量负荷时，运动员肌电图的值会随着训练水平的提高而下降。

（4）测定运动员神经–肌肉的疲劳　肌电图还能鉴别大脑皮层的疲劳、脊髓运动神经细胞的疲劳和神经肌肉接头（传导性）疲劳。

**2. 注意事项**

以上介绍是就一个运动员在不同训练时期，随着水平的提高，有关肌电图出现的变化，或一次训练课疲劳前后有关指标的变化。每个人的变化不同，当前尚无统一标准，故不同运动员之间的比较没有临床应用价值。

### 六、脑电图的测量与评定

脑电图是大脑皮层神经细胞所显示的一种自发性电活动，可记录头皮上两点间的电位差，或者头皮和无关电极之间的电位差。它由周期、振幅、位相3个基本特征所组成。

**1. 正常成人脑电图**

正常成人脑电图几乎全由 α 波和 β 波所组成，双侧波幅、波形和频率对称。α 波在枕叶和顶叶出现明显，其波幅呈纺锤状，α 波睁眼时被抑制。β 波主要见于颞额部，少数正常人以 β 波为基本节律。有时在颞额部可出现 θ 节律，在疲劳状态下较显著。

**2. 运动员脑电图**

安静时，训练正常的运动员脑电图 α 波各指标特性与一般常人无明显区别。运动员过度训练后，安静时脑电图的 α 波特性一般不出现明显变化，但 β 波波幅有增加的倾向（特别是顶枕部）。

**3. 注意事项**

脑电图的检查可作为运动员综合机能检查中的一个指标，结合其他各项检查结果加以评定。

## 第三节　身体素质测量与评定

力量、速度和耐力是身体素质的重要组成部分，通过对力量、速度和耐力的检测可以了解运动者身体机能状态及训练成果。掌握常用的身体素质测量与评定方法，是进行科学训练的重要基础。

### 一、力量素质的测量与评定

通过对力量素质进行检测，可以更好地了解肌肉力量的现状，并为制定力量训练计划提供科学参考。常见的方法有最大肌肉力量、肌肉耐力和肌肉功率的测量与评定。

**1. 最大肌肉力量**

肌肉进行最大随意收缩时所表现出的克服极限负荷阻力的能力，称为最大肌肉力量，通常采用等长肌力、等张肌力和等速肌力来表示。

（1）等长肌力　肌肉收缩时，在长度不变情况下对抗阻力的静力性力量称为等长肌力。在人体运动中，等长肌力对运动环节固定、支持和保持身体某种姿势起重要作用。常用的测试方法有握力计和背力计测试法，也可采用专门肌肉力量测试系统，如等速肌力测试系统（关节运动速度设定为 0）和力传感器等。

（2）等张肌力　等张肌力指肌肉缩短和舒张交替进行的动力性力量。等张肌力常用的测试方法有卧推、蹬腿、屈臂和负重蹲起等，其负荷量值通常以 RM（repetition maximum，最大重复次数）来表示，RM 是指某一重量能够完成的最高次数。

（3）等速肌力　等速肌力是一种关节运动速度恒定而外加负荷呈顺应性变化的动态肌力评价方法。目前等速肌力测试已成为肌肉力量测试与评价的重要方法与手段，被广泛应用于肌肉功能评价和运动员选材等方面。

最大等速肌力通常是以 $30°/s \sim 60°/s$ 关节运动角速度进行的动态肌肉力量测试，常被用于进行最大动态肌力检测与评价。

**2. 肌肉耐力**

肌肉耐力指的是肌肉以一定负荷或速度收缩能够重复的次数或所能坚持的时间。肌肉耐力的评价一般包括等长肌肉耐力、等张肌肉耐力和等速肌肉耐力。

（1）等长肌肉耐力　等长肌肉耐力评价一般以一定负荷所能坚持的时间长短来表示，如悬垂、倒立、平衡等各种姿势的保持时间。

（2）等张肌肉耐力　等张肌肉耐力的评价一般以 1RM 负荷重量的百分比（通常为 70%）为标准，然后让受试者重复完成规定的练习，记录练习次数，用以表示等张肌肉耐力水平。实践中常采用完成俯卧撑、仰卧起坐、单杠引体向上等方法，以了解不同肌群的等张肌肉耐力水平。

（3）等速肌肉耐力　在等速测力仪上，以每秒 180°（运动员也可采用每秒 240° 或每秒 300°）的关节运动角速度进行快速等速测试，常被用于评价动态肌肉耐力。评价方法常采用耐力比和 50% 衰减试验。以每秒 180°（或以上）关节运动角速度连续进行最大收缩 25 次，计其末 5 次（或 10 次）与首 5 次（或 10 次）做功量之比，称耐力比；以每秒 180°（或以上）关节运动角速度连续进行最大收缩，直至出现 2 ~ 5 次无法达到最初 5 次收缩平均峰力矩的 50% 时停止，以完成的运动次数作为肌肉耐力评价的参数。

**3. 肌肉功率**

肌肉收缩时单位时间内所做的功，称为肌肉功率（muscle power）。功率（P）等于力量（F）与速度（V）的乘积，故肌肉收缩时的功率大小取决于收缩时所产生的张力和收缩速度。

（1）肌肉张力与收缩速度　在一定范围内，肌肉收缩产生的张力和收缩速度呈反比关系，即张力越大，收缩速度越慢。因此，肌肉收缩要达到最大输出功率，肌肉收缩所对抗的负荷应为中等负荷，并以尽可能快的速度收缩。在进行爆发力训练时，尤其要注意这一点。

（2）肌肉爆发力　通常将张力与速度的乘积所表现出来的肌肉功率，称为爆发力（kg·m/s）。肌肉爆发力常用的测试方法有立定跳远、纵跳摸高、原地掷铅球等，肌肉爆发力通常是以高度或距离进行评价。

## 二、速度素质的测量与评定

速度素质是指人体进行快速运动的能力或在最短时间内完成某种运动的能力。速度可分为反应速度、动作速度和周期性运动的位移速度。不同的运动项目对于速度类型的要求也不尽相同。跑步、自行车、划船和游泳等周期性运动项目，位移速度是影响运动成绩的重要因素；而拳击、球类和跆拳道等混合性运动项目，反应速度则是更为重要的因素。速度素质的测定方法有以下几种。

**1. 反应时**

反应时是检测反应速度常用的指标，通常采用反应时测定仪和落体直尺计时器等测定。反应时测定仪可以通过单纯反应和综合反应，测定简单、辨识、选择情况下全身或局部进行运动的反应速度。

**2. 非乳酸运动能力**

常采用承受运动负荷时的无氧功率（跑台、功率自行车等或快速启动时的跑、跳、投等爆发力动作）或血乳酸等指标间接评定受试者的非乳酸运动能力。

（1）玛加利亚—卡拉门试验 采用跑楼梯试验法测试人体磷酸原供能（ATP-CP）系统供能情况下机体的运动能力。要求受试者从助跑线（6m）起跑快速蹬楼梯，每3阶一步，到第9阶止，记录第3～第9阶的时间（图7-15）。无氧功率（kg·m/s）＝体重（kg）×第3～9阶的垂直距离（m）/蹬第3～9阶所用的时间（s）。无氧功率越大，表明非乳酸供能能力越好。

图7-15 玛加利亚—卡拉门试验

（2）30m跑测试 令受试者完成3×30m、4×30m、5×30m三组运动，次间间歇2分钟，组间间歇5分钟。记录每组最后一次30m跑的成绩和每组最后一次30m跑恢复期第1分钟的血乳酸值，然后求出三组的平均值。该测试为非乳酸供能的无氧做功测试，和血乳酸值高低无关。

## 三、有氧耐力素质的测量与评定

**1. 概念**

有氧耐力是指人体长时间进行有氧工作的能力。

**2. 测量与评定的指标**

$VO_{2max}$是评价有氧耐力的最佳指标，它是心肺功能、肌肉耐力及意志品质的综合反映。用$VO_{2max}$的相对强度（$\%VO_{2max}$）观察定量负荷运动中的生理反应，可评价人体维持最大有氧耐力的能力。

因此，有氧耐力运动能力的测定包括$VO_{2max}$的测定和次最大运动负荷测定。$VO_{2max}$测定有直接测定法和间接测定法；次最大运动负荷的测定包括无氧阈的测定、哈佛台阶实验和PWC170等测试。

## 四、无氧耐力素质的测量与评定

无氧耐力也称无氧能力，是指机体在无氧代谢供能（糖酵解）的情况下能够较长时间进行肌肉活动的能力。无氧耐力素质的测定方法有以下几种。

**1. 60秒最大负荷测试**

研究表明，最初1～2分钟激烈运动时，血乳酸浓度最高。因此，可采用60秒最大负荷测试评价无氧糖酵解供能系统。

测试方法：测定受试者安静时的血乳酸值，然后进行准备活动，让受试者在田径场进行400m 全力跑或在活动跑台上全力跑 60 秒，记录运动成绩和运动后 3～5 分钟内血乳酸值。优秀运动员 400m 比赛后血乳酸值可达 19mmol/L。

**2.Wingate 无氧功率试验**

Wingate 无氧功率试验（Wingate anaerobic test，WAT）经常作为测试无氧功率或无氧能力的方法。评价指标有最大无氧能力、平均无氧能力和无氧能力下降率。

（1）测试步骤

① 准备活动。受试者蹬功率自行车 2～4 分钟，使心率达 150～160 次 / 分。

② 准备活动后休息 3～5 分钟。

③ 正式测试。令受试者尽力快速蹬功率自行车，同时递增阻力（下肢负荷：成年男子0.083～0.092kg/kg 体重，儿童和成年女子 0.075kg/kg 体重；上肢负荷：成年男子 0.058kg/kg体重，成年女子 0.050kg/kg 体重），在 2～4 秒内达到规定负荷后，计算 30 秒快速蹬车运动，并计算蹬车圈数，记录 5 秒的骑速和心率。

④ 运动结束后放松蹬车 2～3 分钟。

（2）计算方法　功率（W）= 负荷阻力（kg）× 圈数 ×11.765（采用 Monark 功率自行车测试时，可用此公式计算每 5 秒的功率）。

（3）最大无氧能力　6 个 5 秒为一组中的最大蹬车圈数，反映 ATP、CP 供能。通常以第 1个 5 秒所计算出的功率数值为最大无氧能力。

（4）平均无氧能力　6 个 5 秒功率的平均数反映非乳酸供能和糖酵解供能能力。

（5）无氧能力下降率　6 个 5 秒组中的最大无氧能力值减去最小无氧能力值，然后除以最大无氧能力值再乘以 100。其结果反映无氧条件下疲劳指数。

# 第四节　健康状况测量与评定

健康史、生理健康水平及心理健康水平可分别从不同侧面反映运动者的健康状况。对以上参数的测量与评定可综合反映运动者当前的健康水平，有利于合理安排运动强度及运动量。

## 一、健康史评估

健康史主要包括运动者的现病史、既往史、家族史和生活史，女性还应包括月经史和生育史。通过询问对运动者目前健康状况及体质强弱做初步了解，为下一步检查做好准备。

**1. 现病史**

现病史即本次患病的发病过程，包括诱因、症状、持续时间、治疗过程等，是后期诊断及治疗的重要依据。

**2. 既往史**

既往史即曾经发生的重大疾病，特别要注意会影响内脏器官功能和运动能力的疾病，如心脏病、高血压、结核、哮喘、肝炎、肾炎、癫痫和骨关节病等。在记录时，应了解相关疾病的痊愈程度、对运动能力的影响等。

**3. 家族史**

家族史主要了解父母、兄弟姐妹的健康状况。家族有无传染病、遗传相关疾病，如血友病和精神病等，以及家族中有无高血压、心脏病这类具有较大遗传概率的疾病。

**4. 生活史**

生活史主要包括工种、工作环境、生活起居、饮食规律性与质量等生活方式、有无烟酒嗜好及偏食习惯等。

**5. 过敏史**

过敏史主要询问对某些药物、食物、花草等有无过敏反应。

**6. 运动史**

对非运动者要记录爱好的项目及其锻炼频率、每次锻炼的持续时间。对运动员要询问系统训练的项目、年限、运动等级和成绩，详细记录运动性伤病，如过度训练、髌骨劳损等发生情况，并记录发生运动性伤病的原因、部位、是否痊愈等。询问中要关注训练有无间断及间断的原因，运动时的身体反应。

## 二、健康水平评估

### （一）生理健康指标的测量与评定

**1. 血压**

使用医用电子血压计检测上臂血压，140/90mmHg 为界，非同日 3 次超标可确诊。

**2. 空腹血糖**

空腹状态下，血糖水平应低于 6.1mmol/L。

**3. 胆固醇**

正常状态下，总胆固醇（TC）<5.2mmol/L。当 TC ≥5.2 且<6.2mmol/L 时，处于边缘升高状态。

**4. 体质指数**

体质指数（body mass index，BMI）为体重（kg）/［身高（m）］$^2$。我国建议使用 BMI ≥ 24.0kg/m$^2$ 和 ≥ 28.0kg/m$^2$ 分别诊断成人超重（24.0kg/m$^2$ ≤ BMI ≤ 28.0kg/m$^2$）和肥胖（BMI ≥ 28.0kg/m$^2$）。

我国将 6 ～ 18 岁儿童青少年超重/肥胖定义为 BMI 分别大于中国性别和年龄别 BMI 值参考标准，是与成年人超重/肥胖年龄 –BMI 曲线相对应的临界值，见表 7–1。

表 7–1　中国 6 ～ 18 岁学龄儿童青少年性别年龄别 BMI（kg/m$^2$）超重/肥胖界值

| 年龄（岁） | 男生 | | 女生 | |
| --- | --- | --- | --- | --- |
| | 超重 | 肥胖 | 超重 | 肥胖 |
| 6.0 ～ 6.5 | 16.4 | 17.7 | 16.2 | 17.5 |
| 6.5 ～ 7.0 | 16.7 | 18.1 | 16.5 | 18.0 |
| 7.0 ～ 7.5 | 17.0 | 18.7 | 16.8 | 18.5 |
| 7.5 ～ 8.0 | 17.4 | 19.2 | 17.2 | 19.0 |
| 8.0 ～ 8.5 | 17.8 | 19.7 | 17.6 | 19.4 |
| 8.5 ～ 9.0 | 18.1 | 20.3 | 18.1 | 19.9 |
| 9.0 ～ 9.5 | 18.5 | 20.8 | 18.5 | 20.4 |
| 9.5 ～ 10.0 | 18.9 | 21.4 | 19.0 | 21.0 |
| 10.0 ～ 10.5 | 19.2 | 21.9 | 19.5 | 21.5 |

续表

| 年龄（岁） | 男生 | | 女生 | |
| --- | --- | --- | --- | --- |
| | 超重 | 肥胖 | 超重 | 肥胖 |
| 10.5～11.0 | 19.6 | 22.5 | 20.0 | 22.1 |
| 11.0～11.5 | 19.9 | 23.0 | 20.5 | 22.7 |
| 11.5～12.0 | 20.3 | 23.6 | 21.1 | 23.3 |
| 12.0～12.5 | 20.7 | 24.1 | 21.5 | 23.9 |
| 12.5～13.0 | 21.0 | 24.7 | 21.9 | 24.5 |
| 13.0～13.5 | 21.4 | 25.2 | 22.2 | 25.0 |
| 13.5～14.0 | 21.9 | 25.7 | 22.6 | 25.6 |
| 14.0～14.5 | 22.3 | 26.1 | 22.8 | 25.9 |
| 14.5～15.0 | 22.6 | 26.4 | 23.0 | 26.3 |
| 15.0～15.5 | 22.9 | 26.6 | 23.2 | 26.6 |
| 15.5～16.0 | 23.1 | 26.9 | 23.4 | 26.9 |
| 16.0～16.5 | 23.3 | 27.1 | 23.6 | 27.1 |
| 16.5～17.0 | 23.5 | 27.4 | 23.7 | 27.4 |
| 17.0～17.5 | 23.7 | 27.6 | 23.8 | 27.6 |
| 17.5～<18.0 | 23.8 | 27.8 | 23.9 | 27.8 |
| ≥18.0 | 24.0 | 28.0 | 24.0 | 28.0 |

**5. 腰围**

腰围是反映中心性肥胖的间接测量指标，可用于预测疾病发生率和死亡率。我国建议采用男性≥90.0cm、女性≥85.0cm诊断成人中心型肥胖。

### （二）心理健康指标的测量与评定

**1. 抑郁情况**

受试者根据最近2周自身情况逐条对照抑郁情绪自评量表（PHQ-9），评价自身抑郁情况与条目的吻合程度，并从0～3分中给出合适的分值，分值应为整数，见表7-2。

表7-2 抑郁情绪自评量表（PHQ-9）

| 序号 | 评价项目 | 分值 | | | |
| --- | --- | --- | --- | --- | --- |
| | 在最近两周里，你多大程度上受到以下问题的困扰？ | | | | |
| | | 没有 | 有几天 | 一半以上时间 | 几乎天天 |
| 1 | 做事时提不起劲或没有兴趣 | 0 | 1 | 2 | 3 |
| 2 | 感到心情低落、沮丧或绝望 | 0 | 1 | 2 | 3 |
| 3 | 入睡困难、睡不安或睡得过多 | 0 | 1 | 2 | 3 |
| 4 | 感觉疲倦或没有活力 | 0 | 1 | 2 | 3 |
| 5 | 食欲不振或吃太多 | 0 | 1 | 2 | 3 |
| 6 | 觉得自己很糟或觉得自己很失败，或让自己、家人失望 | 0 | 1 | 2 | 3 |
| 7 | 对事物专注有困难，例如看报纸或看电视时 | 0 | 1 | 2 | 3 |
| 8 | 行动或说话速度缓慢到别人已经察觉？或刚好相反，变得比平日更烦躁或坐立不安，动来动去 | 0 | 1 | 2 | 3 |
| 9 | 有不如死掉或用某种方式伤害自己的念头 | 0 | 1 | 2 | 3 |
| | 得分 | | | | |

评分说明：①总分分类：0～4分：没有抑郁症；5～9分：可能有轻微抑郁症；10～14分：可能有中度抑郁症；15～19分：可能有中度、重度抑郁症；20～27分：可能有重度抑郁症。②核心项目分：项目1、4、9中任何一题得分＞1（即选择2、3），需关注。

**2. 焦虑情况**

受试者根据最近 2 周自身情况逐条对照焦虑情绪自评量表（GAD-7），评价自身焦虑情况与条目的吻合程度，并从 0 ～ 3 分中给出合适的分值，分值应为整数，见表 7-3。

表 7-3　焦虑情绪量表（GAD-7）

| 序号 | 评价项目 | 分值 | | | |
|---|---|---|---|---|---|
| | 在最近两周里，你多大程度上受到以下问题的困扰？ | 没有 | 有几天 | 一半以上时间 | 几乎天天 |
| 1 | 感觉紧张、焦虑或烦躁 | 0 | 1 | 2 | 3 |
| 2 | 不能停止或控制担忧 | 0 | 1 | 2 | 3 |
| 3 | 对各种各样的事情担忧过多 | 0 | 1 | 2 | 3 |
| 4 | 很难放松下来 | 0 | 1 | 2 | 3 |
| 5 | 由于不安而无法静坐 | 0 | 1 | 2 | 3 |
| 6 | 变得容易烦躁或急躁 | 0 | 1 | 2 | 3 |
| 7 | 害怕将有可怕的事发生 | 0 | 1 | 2 | 3 |
| 得分 | | | | | |

评分说明：总分分类：0 ～ 4 分：不具临床意义的焦虑；5 ～ 9 分：可能有轻度焦虑；10 ～ 14 分：可能有中度焦虑；≥ 15 分：可能有重度焦虑。

**3. 睡眠情况**

受试者根据最近 2 周自身情况逐条对照睡眠情况自评量表（ISI），评价自身睡眠情况与条目的吻合程度，并从 0 ～ 4 分中给出合适的分值，分值应为整数，见表 7-4。

表 7-4　睡眠情况自评量表（ISI）

| 序号 | 评价项目 | 分值 | | | | |
|---|---|---|---|---|---|---|
| | 在最近两周里，您多大程度上受到以下问题的困扰？ | | | | | |
| 1 | 入睡困难 | 无 | 轻度 | 中度 | 重度 | 极重度 |
| | | 0 | 1 | 2 | 3 | 4 |
| 2 | 睡眠持续困难 | 无 | 轻度 | 中度 | 重度 | 极重度 |
| | | 0 | 1 | 2 | 3 | 4 |
| 3 | 早醒 | 无 | 轻度 | 中度 | 重度 | 极重度 |
| | | 0 | 1 | 2 | 3 | 4 |
| 4 | 对您目前的睡眠模式满意 / 不满意程度如何 | 非常满意 | 满意 | 不太满意 | 不满意 | 非常不满意 |
| | | 0 | 1 | 2 | 3 | 4 |
| 5 | 您认为您的失眠在多大程度上影响了您的日常功能 | 无 | 轻度 | 中度 | 重度 | 极重度 |
| | | 0 | 1 | 2 | 3 | 4 |
| 6 | 您的失眠问题影响了您的生活质量，您觉得在别人眼中您的失眠情况如何 | 无 | 轻度 | 中度 | 重度 | 极重度 |
| | | 0 | 1 | 2 | 3 | 4 |
| 7 | 您对目前的睡眠问题的担心 / 痛苦程度如何 | 无 | 轻度 | 中度 | 重度 | 极重度 |
| | | 0 | 1 | 2 | 3 | 4 |
| 得分 | | | | | | |

评分说明：总分分类：0 ～ 7 分：没有临床上显著的失眠症；8 ～ 14 分：可能有轻微失眠症；15 ～ 21 分：可能有中度临床失眠症；22 ～ 28 分：可能有重度失眠症。

#### 4. 社会适应（社会适应程度）

受试者根据最近 2 周自身情况逐条对照社会适应自评量表，测评自身社会适应程度与条目的吻合程度，并从 –2、0、2 分中给出合适的分值，分值应为整数，见表 7–5。

**表 7–5　社会适应自评量表**

| 序号 | 评价项目 | 分值 | | |
|---|---|---|---|---|
| 1 | 我最怕换工作，每到一个新环境，我总要经过很长一段时间才能适应 | –2 | 0 | 2 |
| 2 | 每到一个新的地方，我很容易同别人接近 | –2 | 0 | 2 |
| 3 | 在陌生人面前，我常无话可说，以至于感到尴尬 | –2 | 0 | 2 |
| 4 | 我最喜欢学习新知识或新学科，它给我一种新鲜感，能调动我的积极性 | –2 | 0 | 2 |
| 5 | 每到一个新地方，我第一天总是睡不好，就是在家里，只要换一张床，有时也会失眠 | –2 | 0 | 2 |
| 6 | 不管生活条件有多大变化，我都能很快习惯 | –2 | 0 | 2 |
| 7 | 越是人多的地方，我越感到紧张 | –2 | 0 | 2 |
| 8 | 在正式比赛或考试时，我的成绩多半不会比平时练习差 | –2 | 0 | 2 |
| 9 | 我最怕在会上发言，所有同事都看着我，心都快跳出来了 | –2 | 0 | 2 |
| 10 | 即使有的同事对我有看法，我仍能同他交往 | –2 | 0 | 2 |
| 11 | 领导在场的时候，我做事情总有些不自在 | –2 | 0 | 2 |
| 12 | 和同事、家人相处，我很少固执己见，乐于采纳别人的看法 | –2 | 0 | 2 |
| 13 | 同别人争论时，我常常感到语塞，事后才想起该怎样反驳对方，可惜已经太迟了 | –2 | 0 | 2 |
| 14 | 我对生活条件要求不高，即便生活条件艰苦，我也能过得很愉快 | –2 | 0 | 2 |
| 15 | 有时候自己明明已经掌握了技术要领，可在实际操作的时候还是会出差错 | –2 | 0 | 2 |
| 16 | 在决定胜负成败的关键时刻，我虽然很紧张，但总能很快使自己镇定下来 | –2 | 0 | 2 |
| 17 | 我不喜欢的东西，不管怎么学也学不会 | –2 | 0 | 2 |
| 18 | 在嘈杂混乱的环境里，我仍然能集中精力学习，并且效率较高 | –2 | 0 | 2 |
| 19 | 我不喜欢陌生人来家里做客，每逢这种情况，我就有意回避 | –2 | 0 | 2 |
| 20 | 我很喜欢参加社交活动，我感到这是交朋友的好机会 | –2 | 0 | 2 |
| | 得分 | | | |

评分说明：> 29 分：表明你的社会适应能力良好；17～28 分：表明你的社会适应能力一般；6～16 分：表明你的社会适应能力较差；≤ 5 分：表明你的社会适应能力很差。

#### 5. 行为健康

（1）身体活动水平　受试者根据每日规律活动的频率、持续时间和运动强度逐条对照身体活动水平自评量表，测评自身身体活动情况与条目的吻合程度，并从 1～5 分中给出合适的分值，分值应为整数，见表 7–6。

居民根据公式（1）算出身体活动水平指标的分值，并按身体活动水平自评量表评为优秀、良好、一般、稍差或差。

$$PAL = F \times T \times In \tag{1}$$

式中：$PAL$——身体活动水平；$F$——规律活动的频率，单位为次；$T$——每次活动的时间，单位为分钟；$In$——每次活动的运动强度。

表 7-6 身体活动水平自评量表

| 评价项目 | | 分值 |
|---|---|---|
| 频率 | 每天或几乎每天都活动 | 5 |
| | 每周 3 ~ 5 次 | 4 |
| | 每周 1 ~ 2 次 | 3 |
| | 1 个月不超过 3 次 | 2 |
| | 1 个月不超过 1 次 | 1 |
| 持续时间 | 超过 30 分钟 | 4 |
| | 20 ~ 30 分钟 | 3 |
| | 10 ~ 20 分钟 | 2 |
| | 低于 10 分钟 | 1 |
| 运动强度 | 持续用力呼吸和出汗，如跑步 | 5 |
| | 断续用力呼吸和出汗，如打篮球、羽毛球 | 4 |
| | 中等用力呼吸和出汗，如娱乐性活动 | 3 |
| | 中等强度，如打排球 | 2 |
| | 低强度，如散步 | 1 |
| 得分 | | |

评分：> 80：优秀；60 ~ 80：良好；40 ~ 59：一般；20 ~ 39：稍差；< 20：差。

（2）健康体适能 美国国家运动医学会指出，心肺耐力（有氧能力）、体成分及肌肉体适能三个健康体适能因素与身体健康高度相关。

1）心肺耐力指一个人的有氧能力或有氧功率，即在体力活动中为运动的肌肉提供氧气的能力。

2）合理的体成分有助于降低心血管疾病、2 型糖尿病和代谢综合征的风险。

3）肌肉体适能包括肌肉力量、肌肉耐力和柔韧性。

测量有氧能力有效且可靠的方法是最大摄氧量（表 7-7）。目前，运动科研人员研发出了一些简易方式估算最大摄氧量。

表 7-7 最大摄氧量评价表

| 人群 | | 评价结果 | | | | |
|---|---|---|---|---|---|---|
| 性别 | 年龄 / 岁 | 差 | 稍差 | 中等 | 良好 | 优秀 |
| 男 | 18 ~ 25 | 0 ~ 31.9 | 32 ~ 37.9 | 38 ~ 47.9 | 48 ~ 52.9 | > 53 |
| | 26 ~ 35 | 0 ~ 29.9 | 30 ~ 33.9 | 34 ~ 43.9 | 44 ~ 49.9 | > 50 |
| | 36 ~ 45 | 0 ~ 26.9 | 27 ~ 30.9 | 31 ~ 39.9 | 40 ~ 44.9 | > 45 |
| | 46 ~ 55 | 0 ~ 24.9 | 25 ~ 28.9 | 29 ~ 35.9 | 36 ~ 39.9 | > 40 |
| | 56 ~ 65 | 0 ~ 21.9 | 22 ~ 25.9 | 26 ~ 32.9 | 33 ~ 36.9 | > 37 |
| | 66 ~ 70 | 0 ~ 19.9 | 20 ~ 22.9 | 23 ~ 28.9 | 29 ~ 33.9 | > 34 |

续表

| 人群 | | 评价结果 | | | | |
|---|---|---|---|---|---|---|
| 性别 | 年龄/岁 | 差 | 稍差 | 中等 | 良好 | 优秀 |
| 女 | 18～25 | 0～27.9 | 28～34.9 | 35～43.9 | 44～49.9 | >50 |
| | 26～35 | 0～27.9 | 28～33.9 | 34～42.9 | 43～47.9 | >48 |
| | 36～45 | 0～24.9 | 25～28.9 | 29～36.9 | 37～41.9 | >42 |
| | 46～55 | 0～21.9 | 22～25.9 | 26～31.9 | 32～35.9 | >36 |
| | 56～65 | 0～18.9 | 19～22.9 | 23～29.9 | 30～32.9 | >33 |
| | 66～70 | 0～16.9 | 17～19.9 | 20～25.9 | 26～28.9 | >29 |

　　引导受试者用最短的时间走完 1.6km，步行结束时测试即刻心率。用以下公式计算受试者的最大摄氧量。

$$VO_{2max}=132.863-0.1692M-0.38774+6.315S-3.2649T-0.1565H$$

　　式中：$VO_{2max}$——最大摄氧量。$M$——体重，单位为千克（kg）。$A$——年龄，单位为岁。$S$——性别，受试者性别为女性，$S=0$；受试者为男性的，$S=1$。$T$——时间，单位为分钟（min）。$H$——即刻心率，单位为次/分。

　　（3）握力　测评者引导受试者使用握力器，并记录握力器读数，见表7-8。

表7-8　握力指标评价表

| 人群 | | 评价结果 | | | | |
|---|---|---|---|---|---|---|
| 性别 | 年龄/岁 | 差 | 稍差 | 中等 | 良好 | 优秀 |
| 男 | 20～24 | 29.6～36.9 | 37～43.5 | 43.6～49.2 | 49.3～56.3 | ≥56.4 |
| | 25～29 | 32.6～38.3 | 38.4～44.8 | 44.9～50.4 | 50.5～57.6 | ≥57.7 |
| | 30～34 | 32.2～38 | 38.1～44.9 | 45～50.6 | 50.7～57.6 | ≥57.7 |
| | 35～39 | 31.3～37.2 | 37.3～44.4 | 44.5～50.2 | 50.3～57.7 | ≥57.8 |
| | 40～44 | 30～36.4 | 36.5～43.4 | 43.5～49.5 | 49.6～56.7 | ≥56.8 |
| | 45～49 | 29.2～35.4 | 35.5～42.4 | 42.5～48.5 | 48.6～55.4 | ≥55.5 |
| | 50～54 | 27.2～32.7 | 32.8～40.3 | 40.4～46.3 | 46.4～53.2 | ≥53.3 |
| | 55～59 | 25.9～31.4 | 31.5～38.5 | 38.6～43.9 | 44～50.7 | ≥50.8 |
| | 60～64 | 21.5～26.9 | 27～34.4 | 34.5～40.4 | 40.5～47.5 | ≥47.6 |
| | 65～69 | 21～24.9 | 25～32 | 32.1～38.1 | 38.2～44.8 | ≥44.9 |
| 女 | 20～24 | 18.6～21.1 | 21.2～25.7 | 25.8～29.8 | 29.9～35 | ≥35.1 |
| | 25～29 | 19.2～21.7 | 21.8～26.1 | 26.2～30.1 | 30.2～35.3 | ≥35.4 |
| | 30～34 | 19.8～22.3 | 22.4～26.9 | 27～30.9 | 31～36.1 | ≥36.2 |
| | 35～39 | 19.6～22.3 | 22.4～27 | 27.1～31.2 | 31.3～36.4 | ≥36.5 |
| | 40～44 | 19.1～22 | 22.1～26.9 | 27～31 | 31.1～36.5 | ≥36.6 |
| | 45～49 | 18.1～21.2 | 21.3～26 | 26.1～30.3 | 30.4～35.7 | ≥35.8 |
| | 50～54 | 17.1～20.1 | 20.2～24.8 | 24.9～28.9 | 29～34.2 | ≥34.3 |
| | 55～59 | 16.3～19.2 | 19.3～23.5 | 23.6～27.6 | 27.7～32.7 | ≥32.8 |
| | 60～64 | 14.9～17.1 | 17.2～21.4 | 21.5～25.5 | 25.6～30.4 | ≥30.5 |
| | 65～69 | 13.8～16.2 | 16.3～20.3 | 20.4～24.3 | 24.4～29.7 | ≥29.8 |

（4）**上肢伸肌耐力** 引导受试者按图7-16进行跪卧撑，记录次数。

受试者双膝跪地，双手撑地与肩同宽或稍宽于肩；身体保持挺胸收腹，腰背平直且肩、腰、大腿在同一直线上。向下做动作时，手肘朝斜后45°左右，保持肩平，在胸口离地5cm左右推起，推起时全程收紧腰腹，身体像钢板一样平直上下。

若中途停顿，测试即完成，评价情况见表7-9。

图7-16 跪卧撑

**表7-9 上肢伸肌耐力指标评价表**

| 人群 | | 评价结果 | | | | |
|---|---|---|---|---|---|---|
| 性别 | 年龄/岁 | 差 | 稍差 | 中等 | 良好 | 优秀 |
| 男 | 20～29 | 0～16次 | 17～21次 | 22～28次 | 29～35次 | ≥36次 |
| | 30～39 | 0～11次 | 12～16次 | 17～21次 | 22～29次 | ≥30次 |
| | 40～49 | 0～9次 | 10～12次 | 13～16次 | 17～24次 | ≥25次 |
| | 50～59 | 0～6次 | 7～9次 | 10～12次 | 13～20次 | ≥21次 |
| | 60～69 | 0～4次 | 5～7次 | 8～10次 | 11～17次 | ≥18次 |
| 女 | 20～29 | 0～9次 | 10～14次 | 15～20次 | 21～29次 | ≥30次 |
| | 30～39 | 0～7次 | 8～12次 | 13～19次 | 20～26次 | ≥27次 |
| | 40～49 | 0～4次 | 5～10次 | 11～14次 | 15～23次 | ≥24次 |
| | 50～59 | 0～1次 | 2～6次 | 7～10次 | 11～20次 | ≥21次 |
| | 60～69 | 0～1次 | 2～4次 | 5～11次 | 12～16次 | ≥17次 |

（5）**柔韧性** 受试者行坐位体前屈，记录其指尖所能触到的最远位置。指尖所能触到的最远位置包括以下5种，见表7-10。

**表7-10 柔韧性指标评价表**

| 指尖所能触到的最远位置 | 评价结果 |
|---|---|
| 膝盖下方 | 差 |
| 脚踝 | 稍差 |
| 脚尖 | 中等 |
| 脚尖碰到中指跟 | 良好 |
| 脚尖碰到掌根 | 优秀 |

NOTE

（6）平衡性　引导受试者将双眼自然闭上，双手叉腰，单脚站立。从受试者单脚站立开始计时，计算其姿势保持的时长。时长应为整数，单位为秒，见表7–11。

表 7–11　平衡能力指标评价表

| 人群 | | 评价结果 / 秒 | | | | |
|---|---|---|---|---|---|---|
| 性别 | 年龄 / 岁 | 差 | 稍差 | 中等 | 良好 | 优秀 |
| 男 | 20 ～ 24 | 0 ～ 5 | 6 ～ 17 | 18 ～ 41 | 42 ～ 98 | ≥ 99 |
| | 25 ～ 29 | 0 ～ 4 | 5 ～ 14 | 15 ～ 35 | 36 ～ 85 | ≥ 86 |
| | 30 ～ 34 | 0 ～ 4 | 5 ～ 12 | 13 ～ 29 | 30 ～ 74 | ≥ 75 |
| | 35 ～ 39 | 0 ～ 3 | 4 ～ 11 | 12 ～ 27 | 28 ～ 69 | ≥ 70 |
| | 40 ～ 44 | 0 ～ 3 | 4 ～ 9 | 10 ～ 21 | 22 ～ 54 | ≥ 55 |
| | 45 ～ 49 | 0 ～ 3 | 4 ～ 8 | 9 ～ 19 | 20 ～ 48 | ≥ 49 |
| | 50 ～ 54 | 0 ～ 4 | 5 ～ 7 | 8 ～ 16 | 17 ～ 39 | ≥ 40 |
| | 55 ～ 59 | 0 ～ 2 | 3 ～ 6 | 7 ～ 13 | 14 ～ 33 | ≥ 34 |
| | 60 ～ 64 | 0 ～ 3 | 4 ～ 6 | 7 ～ 14 | 15 ～ 48 | ≥ 49 |
| | 65 ～ 69 | 0 ～ 2 | 3 ～ 5 | 6 ～ 12 | 13 ～ 40 | ≥ 41 |
| 女 | 20 ～ 24 | 0 ～ 5 | 6 ～ 15 | 16 ～ 36 | 37 ～ 90 | ≥ 91 |
| | 25 ～ 29 | 0 ～ 5 | 6 ～ 14 | 15 ～ 32 | 33 ～ 84 | ≥ 85 |
| | 30 ～ 34 | 0 ～ 4 | 5 ～ 12 | 13 ～ 28 | 29 ～ 72 | ≥ 73 |
| | 35 ～ 39 | 0 ～ 3 | 4 ～ 9 | 10 ～ 23 | 24 ～ 62 | ≥ 63 |
| | 40 ～ 44 | 0 ～ 3 | 4 ～ 7 | 8 ～ 18 | 19 ～ 45 | ≥ 46 |
| | 45 ～ 49 | 0 ～ 2 | 3 ～ 6 | 7 ～ 15 | 16 ～ 39 | ≥ 40 |
| | 50 ～ 54 | 0 ～ 2 | 3 ～ 5 | 6 ～ 13 | 14 ～ 33 | ≥ 34 |
| | 55 ～ 59 | 0 ～ 2 | 3 ～ 5 | 6 ～ 10 | 11 ～ 26 | ≥ 27 |
| | 60 ～ 64 | 0 ～ 2 | 3 ～ 5 | 6 ～ 12 | 13 ～ 40 | ≥ 41 |
| | 65 ～ 69 | 0 ～ 2 | 3 ～ 4 | 5 ～ 10 | 11 ～ 35 | ≥ 36 |

# 第五节　心理状态和适应能力评定

心理疲劳会有诸多生理症状，但主要表现为心理症状。当运动员在应对内源性和外源性压力时，心理资源和生理资源被不断消耗而未能得到及时补充时所出现的心理机能无法维持在原有心理活动水平的现象，称为运动性心理疲劳（athlete burnout），具体表现在情绪维度、动力维度、认知维度、行为维度和生理维度的改变上（表7–12）。运动性心理疲劳不利于运动者的运动表现，及时发现并合理干预有利于提高运动者的运动状态。

表 7-12　心理耗竭的生理与心理症状

| 生理症状 | 心理症状 |
| --- | --- |
| 1. 安静与锻炼时心率增高 | 1. 心境状态紊乱 |
| 2. 安静时收缩压增高 | 2. 生理、精神和情绪的疲劳感增加 |
| 3. 肌肉疼痛增加和长期肌肉疲劳 | 3. 自尊心下降 |
| 4. 血液中的应激生化指标增高 | 4. 人际关系质量的消极变化（玩世不恭、冷酷无情、丧失人格） |
| 5. 失眠 | 5. 对日常应激的反应延长并消极堆积 |
| 6. 感冒和呼吸道疾病增加 | |
| 7. 体重减轻 | |
| 8. 最大有氧功率下降 | |
| 9. 肌糖原下降 | |
| 10. 性欲与消化功能下降 | |

## 一、心理指标及其评定方法

目前，运动性心理疲劳测量较广泛使用的是自陈报告。当前运动领域常用的自陈报告包括以下几种。

**1. 马斯拉奇心理疲劳量表（Maslach burnout inventory，MBI）**

该量表是目前应用最广泛的测量心理疲劳的量表。在运动领域，通用版（MBI-GS）的评价效果更好。该版本含有 16 个条目，包括三个独立的分量表，分别是职业效能（6 条目）、消极评价（5 条目）和耗竭（5 条目）。

**2. 伊德斯运动员心理疲劳量表（Eades athlete burnout inventory，EABI）**

该量表在 MBI 及有心理疲劳经历的大学生运动员的访谈基础上编制，含有 36 个条目，包括 6 个维度，即情绪和体力耗竭（9 条目）、心理退缩（7 条目）、教练和队友的消极评价（6 条目）、运动能力的消极自我概念（8 条目）、运动员与教练员期待的协调性（3 条目）和个人及运动成就感（3 条目）。由于其信度证据上存在问题，本量表未能广泛使用。

**3. 运动员心理疲劳问卷（athlete burnout questionnaire，ABQ）**

该问卷共 15 个条目，包括 3 个分量表（各 5 条目），分别是情绪 / 体力耗竭、成就感的降低和对运动的消极评价。ABQ 虽然被认为是测量心理疲劳最有效的工具，但目前在西方尚无根据 ABQ 建立的心理疲劳评价标准。

## 二、生理指标及其评定方法

**1. 脑波超慢涨落技术（ET）**

相关研究认为，脑波是大脑神经元突触后电位的总和，神经介质震荡的信息可以按次序被携带到脑波中。证实中枢内 5-HT 浓度的升高是运动性中枢疲劳的主要原因。

**2. 影像学检查**

功能性磁共振成像提示，基底节区和小脑可能是使人体出现运动疲劳状态的重要脑功能区。

### 3. 代谢组学检测

尿液代谢组学可客观反映运动疲劳前后体内代谢的变化特征，可作为一种简单、无创、灵敏性高的运动疲劳早期诊断方法。

应综合应用多种检测方法，长期进行可掌握动态发展趋势。

# 第八章　身体运动功能训练

## 第一节　身体运动功能训练概述

身体运动功能训练是随着职业体育发展应运而生的新型训练体系。它与传统体能训练和医学领域的康复训练存在差异。其先进的教学理念和训练方法不仅在竞技体育领域获得了高度认可，同时在群众体育、学校体育和军事体育领域也得到了广泛应用。为体质健康提供了新思路、新方法和新手段。

### 一、身体运动功能训练的定义和作用

身体运动功能训练是为了满足职业体育需要而发展起来的一种新的训练理念与方法，主要包括物理治疗和运动功能训练两个方面。其中，物理治疗主要用于运动员开始训练前的运动功能障碍诊断，以及根据诊断结果有针对性地进行运动功能障碍矫正，通过系统的矫正训练来消除运动功能障碍和动作代偿，为下一步运动功能训练奠定基础。运动功能训练主要用于提高人体运动系统功能性动作能力，是身体运动功能训练的主体内容。

### 二、身体运动功能训练的起源和发展

#### 1. 国外身体运动功能训练的起源与发展

国外身体运动功能训练起源于损伤康复领域，也叫功能训练，由 20 世纪 90 年代物理治疗师加里·格雷提出的链式反应（Chain Reaction），创立了基于功能解剖学的动力链的理论。最早为职业运动员提供身体运动功能训练服务的是美国 Athletes Performance Institute（简称 AP）的创始人 Mark Verstegen。

#### 2. 中医传统功法和身体功能训练

（1）中医传统功法理论和身体功能训练理念契合　中医传统功能训练又称练功疗法，古称导引，是通过肢体运动防治疾病、增进健康的一种有效方法。练功疗法不仅是徒手练习，也注重借助辅助器械的练习。《医说》中就介绍有器械锻炼方法，如用大竹管蹉滚及踏脚转轴锻炼下肢各关节功能，肩关节练功可用滑车拉绳，手指关节锻炼用搓转胡桃或小铁球等。

（2）中医传统功法与身体运动功能训练　中医传统练功疗法贯彻"动静结合"原则。"导引"一词见于《庄子·刻意》："吹呴呼吸，吐故纳新，熊经鸟伸，为寿而已矣此导引之士。"1973 年在湖南长沙马王堆出土的"马王堆导引术"记载了最早的健身气功。东汉时期华

佗根据仿生学原理创编"五禽戏"。晋代葛洪所著《肘后救卒方》及《抱朴子》中论述了各种导引养生法，如龙虎导引、熊经、龟咽、莺飞、蛇屈、鸟伸、天俯、地仰等功法。现今在不断总结前人经验的基础上，将导引发展成为强身保健、运动训练、辅助专项训练、防治疾病的方法，五禽戏、八段锦、易筋经、少林拳、太极拳等仍在不断地发展。

（3）国内身体运动功能训练的发展　我国早期的身体运动功能训练理论与方法源自苏联和德国，多以力量和耐力训练为主。20世纪80年代，我国开始引入美国的体能训练体系，但仍然缺乏身体运动功能系统训练。2007年国家体育总局竞技体育司副司长刘爱杰博士，最早将美国高水平运动员身体运动功能训练引入我国，组织翻译了教练员岗位培训教材《动作训练》《快速伸缩复合练习》《跑得更快》《划得更快》《运动生理学》等共14部。北京体育大学尹军教授2013年10月出版了中国第一部专项身体运动功能训练专著《乒乓球运动员身体运动功能训练》，2015年7月主编出版了《身体运动功能训练》和《身体运动功能诊断与训练》两部教材。体育类高校陆续开展了身体运动功能训练课程。随着身体运动功能训练理念和方法的普及，将提高国民的健康素质。

### 三、身体运动功能训练的理念和原则

#### 1. 理念

身体运动功能训练以"本体感觉"和"协调性"为基础，以活动性、速度、耐力和力量等四项运动素质协调发展为基本理念，针对机体的整体功能训练，促进身体健康。重视整体性训练模式，重视冠状、矢状、水平面多平面的功能训练，强调身体姿态、姿势的稳定和控制，强调肌肉的整体平衡，强调动作模式和神经控制。

#### 2. 原则

（1）最优化原则　身体运动功能训练方法的设计是从人的生长发育阶段规律出发，按照人体功能解剖的结构特点和运动生物力学原理，通过一系列高效的动作模式训练提高神经肌肉系统对身体稳定性、灵活性的控制能力。

（2）循序渐进原则　是指训练时动作的结构从易到难，数量由少到多，负荷强度由小到大，训练时间由短到长。

（3）无疼痛训练原则　在训练过程中，强调无疼痛训练，因为带着伤痛训练很容易使运动员出现代偿动作，进而破坏原有的技术动力定型，导致技术动作变形。

（4）动作规范原则　训练时要注重动作的规范性和准确性，如果只关注练习数量的堆积，将会出现一些代偿动作，增加无效训练的比例，降低肌肉完成技术动作的经济性和实效性。

（5）创新性原则　当前，各个领域的科研成果都在不断涌现，各种新方法层出不穷，身体运动功能训练方法也随着理念、器材、设备、仪器等的变化不断更新。我们应不断更新自己的知识储备，学习先进的设备仪器，把先进的理念方法运用到训练中来。

### 四、身体运动功能训练的内容

从身体运动功能训练的内容体系来看，功能性动作筛查（functional movement screen，FMS）、选择性功能动作评估（selective functional movement assessment，SFMA）、Y平衡测试

（Y-balance test，YBT）、动作准备、力量、快速伸缩复合力量、能量系统发展、躯干稳定性、多方向移动、再生与恢复、牵拉、功能动作矫正等，构成了身体运动功能训练的主体内容。

## 第二节　身体运动功能测试与评估方法

无评估不训练。本节主要介绍身体运动功能训练的 3 种主要评估方法，包括功能性动作筛查（FMS），旨在发现人体基本动作模式障碍或缺陷；选择性功能动作评估（SFMA），是一种测量与动作模式有关的疼痛和功能不良的动作评估方法；Y 平衡测试（YBT），评估人体在单侧稳定支撑状态下的动作功能及左右侧肢体运动功能的均衡性和对称性。

### 一、功能性动作筛查

功能性动作筛查（FMS）是一种标准化的、简单的、量化的基础运动能力评估方法。通过简单的 7 个动作来测试受试者，预估被测试者的运动能力，并为其身体运动功能训练或康复治疗提供方向性指导。

**1. 测试内容**

FMS 是一种包含 7 项功能性运动测试的标准化评估工具，旨在评估受测者的柔韧性、稳定性和平衡性。测试评估包括深蹲测试、跨栏架、前后分腿蹲、肩关节灵活性、直腿上抬、躯干稳定俯卧撑和旋转稳定性。

**2. 评分标准**

分数范围为 0～3 分，其中 0 分表示测试过程中身体任何部位出现疼痛；1 分表示受测者无法按要求完成动作；2 分表示受测者能够完成动作但是存在不稳定或代偿，或只能够完成降低难度后的动作；3 分表示受测者能够以适当的形式和控制执行该运动模式，且不出现任何代偿或不稳定的现象。

**3. 测试方法**

（1）深蹲测试　根据深蹲的姿势来评分。主要检测受试者身体两侧的对称性力量，身体后链的稳定性，以及肩、髋、膝、踝关节的灵活性。

测试时，受试者全身放松，两脚平行分开，略比肩宽，脚尖向前，抬头挺胸，两眼平视前方，双手握杆屈肘 90°，放置于头上，此时要求上臂、横杆均与地面平行。开始时受试者双手握住横杆上举并伸直双臂，后缓慢下蹲至最大幅度。下蹲时要求受试者双足面始终紧贴地面。如果在测试中受试者出现疼痛、失去平衡或其他安全问题，深蹲测试将被中断，并给予 0 分。

（2）跨栏步测试　根据跨栏同时保持平衡和控制的能力评分。主要检测受试者髋、膝、踝关节的灵活性与稳定性。

测试时，首先调节栏架高度为受试者小腿胫骨粗隆到地面的高度。受试者双脚并拢，脚尖抵住栏架挡板，将横杆扛置于肩上并与地面保持平行，单腿跨过栏架，脚后跟接触地面后抬腿跨回到起始姿势。测试时始终保持身体其他部位不动，整个过程要求控制好自己的身体缓慢进行，且需要连续跨过栏架 3 次。

（3）**前后分腿蹲测试**  主要用于检测膝关节、踝关节的稳定性和髋关节的灵活性。

测试时，受试者双脚前后站立在测试板上，左脚脚尖踩在测试板 0 刻度线以后，右脚向前跨出，其右足跟的位置为距离左足足尖长度为受试者小腿胫骨粗隆到地面的距离长度。受试者将木杆置于身后，左手从颈后握住木杆上端并贴紧颈部，右手从背后握住木杆底部并贴紧腰背，保持木杆与头、胸椎、骶骨三点接触并与地面垂直，缓慢下蹲至后脚膝关节触碰到测试板。每一次测试需要连续完成 3 次下蹲。

（4）**肩关节灵活性测试**  根据双臂伸过头顶同时保持双脚就位的能力进行评分。肩关节灵活性测试可以检测运动员身体双侧肩关节的活动范围和肩关节内收内旋、外展外旋能力。

测试时，受试者直立站立，双脚并拢，测量腕横纹至中指尖的长度。测试时双手握拳，拇指握于掌心，双上肢平举，拇指侧向上，与地面平行，双拳分别从颈后和腰骶部在背后以脊柱为中线相互靠近。测试时要求双拳紧贴背后，测量两拳之间的距离。单侧需要连续完成 3 次测试动作，且测试过程中要求受试者每次完成动作时都一次性到最大运动范围。

在此测试之后，测试者需进行肩关节疼痛排除性测试。测试者将一侧手搭在对侧肩上，按住并向上抬肘至最大幅度，其间手掌不能离开肩部，如上抬过程中出现疼痛则肩关节灵活性测试为 0 分。

（5）**直腿抬高试验**  根据将一条腿抬高到特定高度同时保持平衡和控制的能力进行评分。直腿抬高测试主要用于检测受试者后侧肌群的柔韧性、前侧肌肉主动收缩能力及骨盆稳定性。

测试时，受试者仰卧，双手自然放于体侧，掌心向上。膝关节腘窝处接触测试板，脚尖向上，于受试者髂前上棘至膝关节股骨外侧髁连线的中点处垂直树立标志杆。受试者另外一侧膝关节始终压住木板并保持脚尖向上，受测膝关节伸直并缓慢向上抬起至最大幅度后缓慢放下，每一侧连续重复完成 3 次测试。观察受测下肢抬起幅度的位置与标志杆的位置关系。

（6）**躯干稳定性俯卧撑测试**  根据以适当的形式和控制执行俯卧撑的能力评分。可以检测被测试者矢状面的躯干稳定性及肩关节的力量。

测试时，受试者俯卧位，双脚并拢膝关节伸直，双手双足尖撑地，要求双手拇指相对，双手与肩同宽，拇指位于头顶发际位置（女性为下颚位置）。开始测试时，小腿绷直，膝关节和骨盆离开地面，双上肢同时发力撑起整个身体，完成一个标准的俯卧撑，要求上肢与躯体垂直，撑起过程中需要受试者身体绷直。如若受试者不能按标准完成，则降低难度，改变手掌拇指放置位置（男性到下颚，女性到锁骨位置）再次进行测试。

测试后还需进行躯干稳定俯卧撑的疼痛排查，受试者俯卧，双手将躯干撑起，头部后仰，髋关节以下仍然保持压在地面上，如动作出现疼痛，则本测试为 0 分。

（7）**旋转稳定性测试**  根据旋转躯干时保持平衡的能力评分。旋转稳定性测试可以检测被测试者在上下肢同时运动时，躯干的稳定性。

测试时，测试者从六点支撑跪姿开始，以双手在肩关节以下两点支撑，膝关节在髋关节以下两点支撑，脚尖两点支撑，要求双上肢、双大腿、双足与地面垂直。以双手、双膝及双足内侧夹住测试板，受测者以一侧上肢手臂与另一侧下肢同时向前向后伸展至最远范围，用伸展出去的手臂肘关节触碰另一侧膝关节，两边均需要顺利完成 3 次伸展与肘膝碰触。注意在测试过程中未伸展出去的手臂、膝关节和脚尖始终接触测试板，重心保持稳定。

测试后还需进行跪姿伏地的疼痛排除性测试，受试者双膝跪坐在地面，手臂伸向前方，肩关节分开，臀部坐于后足足跟，躯干下压。如果出现疼痛，则本测试为 0 分。

　　将七个动作中的每一个动作的分数记录后得到一个综合评分，范围从 0 ～ 21。14 分或更高的分数被认为功能性运动良好，而低于 14 分则表明需要进一步评估和干预以解决任何运动功能障碍或限制。具体测试评分标准见表 8-1。

**表 8-1　FMS 功能性动作筛查表（参考 AP 评分标准）**

优势手：右□　　左□

优势腿：右□　　左□

旋转优势：右□　　左□

投掷优势：右□　　左□

| 动作 | 得分 | 得分标准 | | | 备注 |
|---|---|---|---|---|---|
| | | 3 | 2 | 1 | |
| 1. 深蹲 | | 躯干与小腿平行<br>大腿低于水平线<br>膝关节位于双脚正上部<br>测试杆位于脚正上部 | 躯干与小腿平行<br>大腿低于水平线<br>膝关节位于双脚正上部<br>测试杆位于脚正上部<br>测试杆位于脚上部，但使用 $2 \times 4cm^2$ 的板子垫在足跟 | 躯干与小腿不平行<br>大腿不低于水平线<br>膝关节没有位于脚正上部<br>腰部有弯曲 | |
| 2. 跨栏步<br>厘米：___<br>　左腿<br>　右腿 | | 3<br>支撑腿在测试板上，髋、膝、踝与地面保持在一条直线上<br>腰部没有明显移动<br>测试杆与栏架保持平行 | 2<br>支撑腿的髋 / 膝 / 踝有弯曲<br>腰部移动<br>测试杆与栏架失去平行 | 1<br>碰到栏架或脚触地<br>随时失去平衡 | |
| 3. 前后分腿蹲<br>厘米：___<br>　左腿向前<br>　右腿向前 | | 3<br>躯干无任何移动<br>脚保持在 2×6（英尺）测试板上<br>在前面的脚跟及后面的膝关节触及 2×6（英尺）的板 | 2<br>躯干发生移动<br>脚不能保持在 2×6（英尺）测试板上<br>前脚的脚跟及后腿的膝关节没有触及 2×6（英尺）的板 | 1<br>随时失去平衡 | |
| 4. 肩部灵活性<br>厘米：___<br>　左臂在上<br>　右臂在上 | | 3<br>两个拳头的间距小于一个手掌的长度 | 2<br>两个拳头的间距小于一个半手掌的长度 | 1<br>两个拳头的间距明显大于一个半手掌的长度 | |
| 5. 直腿抬高<br>左腿在上得分<br>右腿在上得分 | | 3<br>受测腿踝关节垂直线超过大腿中间和保持正直 | 2<br>受测腿踝关节垂直线位于大腿中部和膝关节中间 | 1<br>受测腿踝关节垂直线位于膝关节线以下 | |
| 6. 躯干稳定性<br>躯干稳定性俯卧撑起测试 | | 3<br>男性每一次测试拇指位于头顶发际位置，完成一次俯卧撑<br>女性每一次测试拇指位于下颚位置，完成一次俯卧撑 | 2<br>男性每一次测试拇指位于颚骨，完成一次俯卧撑<br>女性每一次测试拇指位于锁骨，完成一次俯卧撑 | 1<br>男性拇指位于下颚骨位置无法完成测试<br>女性拇指位于锁骨位置无法完成测试 | |
| 7. 旋转稳定性<br>左臂在上得分<br>右臂在上得分<br>跪撑腰部弯曲测试___ | | 3<br>保持躯干与测试板平行，完成一次单侧动作<br>膝、肘关节能碰触测试板并在同一条线上 | 2<br>测试中能以对角线完成测试<br>膝、肘关节能触碰，但不在测试板上 | 1<br>无法完成对角线动作 | |
| 测试总分 | | ___/21___ | 测试者___ | | |

## 二、选择性功能动作评估

选择性功能动作评估是一种诊断方法，用于评估患者的功能运动能力和识别其可能导致慢性疼痛的动作模式。SFMA 使用一系列标准化的动作试验来评估关节移动、平衡、稳定性和力量，以及日常活动的能力。

**1. 测试方法**

（1）颈部动作测试

① 开始姿势：受试者自然直立，双脚并拢，脚尖向前，双上肢自然下垂。

② 低头测试：受试者保持身体其他部分不动，尝试用下颌接触胸骨。

③ 仰头测试：头部后仰至最大幅度，面部需与天花板平行。所有动作过程均要求在嘴巴闭合状态下完成。

④ 头部旋转测试：受试者视线朝前，头部围绕脊柱纵轴线左右平转转动头部至最大范围。

（2）上肢动作测试

① 开始姿势：受试者自然直立，双脚并拢，脚尖向前，双上肢自然下垂。

② 肩胛骨下角触摸试验：受试者用右手从下方背后触摸左侧肩胛骨下角，用左手触摸右侧肩胛骨下角。如果某一侧手指不能触摸到肩胛骨下角，则记录该侧手指距离对侧肩胛骨下角的长度并对两侧做对比。

③ 肩胛骨上角触摸试验：受试者右手过头上举触摸左侧肩胛骨上角，左手触摸右侧肩胛骨上角。如果某一侧手指不能触摸到肩胛骨上角，则记录该侧手指距离对侧肩胛骨上角的长度并对两侧做对比。

（3）多环节屈曲、伸展、转动试验

① 开始姿势：受试者自然直立，双脚并拢，脚尖向前，双上肢自然下垂。

② 屈曲试验：受试者体前屈，双手指尖触摸脚尖，动作过程中，膝关节不能弯曲。

③ 伸展试验：受试者双手向上伸直，掌心相对。受试者脚部不能移动并尽可能地向后伸展，肩胛骨上角应超过双脚脚后跟，且髂前上棘超过双脚脚尖。

④ 多环节转动试验：受试者双脚并拢，身体直立，双手置于体侧，掌心向内。受试者以脊柱纵轴为轴心，向右侧转体，双脚保持不动。测试人员站需在受试者正后方且能够看到其左肩为完成测试。依法完成另外一侧转体测试。

（4）单腿站立　受试者双脚并拢，身体直立，双手置于身体两侧，掌心向前。开始时，受试者抬起右腿，使髋关节和膝关节呈 90° 并保持该姿势 10 秒钟后测试另一侧腿。完成后闭眼再进行测试。闭眼测试需先保持动作后再闭眼。

（5）双臂上举下蹲　受试者两脚分开，与肩同宽，两脚平行站立，脚尖向前。开始时，受试者双臂伸直上举过头，然后尽可能向下做深蹲。下蹲时需要受试者双脚脚跟着地，躯干挺直，双目平视前方。

**2. 评分标准**

评分标准细分共 4 个环节，分别是颈部、肩部、躯干和整体表现，4 个环节中再分出 10 项分别对这 4 个环节的屈伸旋转模式进行评估，而在这 10 项评估中再次分成共 50 个小项，对筛查者做更细致的分析，找出问题出现的大致区域。这 50 个小项代表了 50 分，每小项 1 分，分数越高，说明筛查者的问题越多。见表 8-2。

**表 8-2 选择性功能筛选**

| 选择性功能筛查 |
| --- |
| 总得分： |

1. 颈部动作测试一
☐疼痛
☐下颚不能碰到锁骨
☐过度用力，表情痛苦或失去身体控制

2. 颈部动作测试二
☐疼痛
☐倾斜角小于 10°
☐过度用力，表情痛苦或失去身体控制
注：在做颈部后仰测试时，要观察受试者是否利用胸部代偿做功。

3. 颈部动作测试三
☐向左转疼痛 ☐向右转疼痛
☐左☐右 鼻尖没过锁骨中央
☐左☐右 过度用力，表情痛苦或失去身体控制
注：在做颈部旋转测试时，受试者不能利用肩部的转动带动颈部转动，颈部转动到胸锁关节和肩锁关节的中间位置，即正常。

4. 上肢动作测试一
☐左侧疼痛 ☐右侧疼痛
☐左 ☐右 不能摸到肩胛内侧
☐左 ☐右 过度用力，表情痛苦或失去身体控制
注：该测试，受试者肩外旋手指能触摸到对侧肩胛骨下角的位置，即正常。

5. 上肢动作测试二
☐左侧疼痛 ☐右侧疼痛
☐左 ☐右 不能碰到肩胛冈
☐左 ☐右 过度用力，表情痛苦或失去身体控制
注：该测试，受试者肩外旋手指能触摸到对侧肩胛骨上缘的位置，即正常。

6. 多环节屈曲
☐疼痛
☐无法碰到脚尖
☐骶骨角度小于 70°
☐非正常的脊椎弯曲度
☐失去重心
☐过度用力，表情痛苦或失去身体控制
注：该测试，受试者需双脚并拢，手指摸到脚尖即可。

7. 多环节伸展
☐疼痛
☐无法达到或保持躯干 170°
☐髂前上棘没超过脚尖
☐脊柱曲线不平滑
☐左 ☐右 过度用力，表情痛苦或失去身体控制

8. 多环节转动
☐左侧疼痛 ☐右侧疼痛
☐左 ☐右 旋转角度小于 50°
☐左 ☐右 肩转角度小于 50°
☐左 ☐右 脊柱侧弯
☐左 ☐右 屈膝

续表

□左　□右　过度用力，表情痛苦或失去身体控制

注：受试者双手自然放在体侧，先转动头部，再带动身体转动。在髋转动 50° 基础上，肩仍需转动 50°。也可站在受试者身体的后方，受试者在转动时，看能否看到对侧的肩为评判标准。

9. 单腿站立

□左侧疼痛　□右侧疼痛

□左　□右　睁眼站立不到 10 秒

□左　□右　闭眼站立不到 10 秒

□左　□右　无法直立

□左　□右　过度用力，表情痛苦或失去身体控制

注：单腿支撑稳定性测试包括睁眼和闭眼两个测试，在进行闭眼测试时，先抬腿，再闭眼，容许受试者身体出现轻微的晃动。

10. 双臂上举下蹲

□疼痛

□偏离起始站立位置

□躯干或手臂弯曲

□大腿角度高于水平面

□左　□右　身体向一侧偏移

□左　□右　过度用力，表情痛苦或失去身体控制

注：该测试，受试者在下蹲到最低处时要保持 1 秒钟再起。

## 三、Y 平衡测试

Y 平衡测试是动态姿势稳定性的衡量标准，可评估个人在向不同方向伸展时保持身体平衡的能力。

### 1. 测试方法

（1）上肢测试　受试者成俯卧撑姿势，双脚与肩同宽。一侧手置于 Y-balance 测试板上，手指并拢，拇指不超过红色标志线。开始时，受试者用另一只手按顺序依次分别推碰外侧方向、下侧和上外侧方向滑块的红色部分外沿至最远距离，并记录该距离，进行 3 次，记录最高值。

（2）下肢测试　受试者单腿站立在测试板正中央，支撑足的拇趾垂直正对红色标志线。开始时，另一侧腿按顺序依次向前、斜后侧和后中部方向触碰测试滑块，使滑块的红色部分外沿至最远距离，并记录该距离，进行 3 次，记录最高值。

### 2. 评分标准

由于受试者年龄、身高、性别和所从事运动项目的不同，因而 Y-balance 测试的结果以自身双侧的数据结果作对照，关注左右侧的差距和阶段训练前后的差距以及三个方向上的差距。

上肢的测试中，三个测试方向上，左右侧手测试结果差距不应该超过 4cm。下肢的测试中，在向前侧方向伸出时，左右腿伸出距离对比，最大差不应超过 4cm；在向后中侧与后外侧方向伸出时，左右腿伸出距离的对比，最大差不应超过 6cm。

### 3. 注意事项

（1）测上下肢长度可选择在进行测试前或者后。测上肢长度时，从手臂抬起外展 90° 时测定第七颈椎棘突（颈部下方的骨性突起）到第三手指末端的距离。下肢长度起始位置髂前上棘，终止位置内侧踝下部。

（2）每个方向最多测试 6 次，分 3 种情况：

①运动员在测试时最高测试上限次数为 6 次。

②运动员在测试时前 3 次测试都有成绩，且第 3 次比第 2 次测试成绩有所降低，则可终止测试，以 3 次中最好成绩计算。

③运动员在测试时出现 4 次测试失败，则直接计算成 0。

（3）如果单腿站立，异侧腿进行移动推出测试板，则测试腿为站立腿；同时计算方向时则以站立腿为基准，如右腿前侧、后内侧、后外侧。

# 第三节　四肢及核心运动功能训练

身体运动功能训练主要包括四肢及核心运动功能训练。四肢运动功能训练包括推和拉运动功能训练，推和拉运动功能训练又包括水平推拉和垂直推拉的运动功能训练。核心肌力训练主要包括旋转功能训练、机体稳定性训练。

## 一、身体运动功能训练的基本动作分类

身体运动功能训练的基本练习动作大致可以分为四类：上体动作（即肚脐以上的躯干部位和上肢动作）、下体动作（即肚脐以下的躯干部位、髋部和下肢动作）、全身动作和以脊柱为主的旋转动作。在运动形式上可以分为以上体为主或以下体为主，以及上下肢协同配合的运动形式。

### 1. 上体基本动作

上体基本动作有推、拉两类，分别在水平面和垂直面做各种推和拉的动作。练习时既可以采用单臂，也可以采用双臂，还可以采用两臂交替练习。

（1）上体推动作模式　有水平推、垂直推。具体动作形式分为双臂推（双臂水平推、双臂垂直推）、单臂推（单臂水平推、单臂垂直推）、双臂交替推（双臂交替水平推、双臂交替垂直推）。

（2）上体拉动作模式　有水平拉、垂直拉。具体动作形式分为双臂拉（双臂水平拉、双臂垂直拉）、单臂拉（单臂水平拉、单臂垂直拉）、双臂交替拉（双臂交替水平拉、双臂交替垂直拉）。

### 2. 下体基本动作

（1）下体推动作模式　有水平推、垂直推。具体动作形式分为双腿推（双腿水平推、双腿垂直推）、单腿推（单腿水平推、单腿垂直推）、双腿交替推（双腿交替水平推、双腿交替垂直推）。

（2）下体拉动作模式　有水平拉、垂直拉。具体动作形式分为以膝关节和髋关节为主导的拉（双腿拉、单腿拉、双腿交替拉等）和以膝关节为主导的拉（仰卧，脚跟踩着滑布，做收小腿动作，练习时保持髋关节向上挺起；可以采用双腿拉或单腿拉进行练习）。

### 3. 全身基本动作

（1）利用外加阻力的全身动作　有抓举（杠铃不着地）、硬拉（杠铃不着地）、爆发性抓举。

①高抓动作练习：要求从膝关节开始提拉，完成整个动作的过程中杠铃不触地。

② 高翻动作练习：要求从膝关节以上开始提拉并完成整个动作。

③ 快速提拉练习（高翻加高拉）：要求快速从地面提拉杠铃并完成整个动作。

（2）利用实心球的全身动作  有静止状态下的半蹲姿势抛掷、预摆条件下的半蹲姿势抛掷、从一侧摆起向另一侧抛掷。

① 不加预摆的半蹲抛球（非接触式）。

② 加预摆的半蹲抛球（接触式）。

③ 加预摆的全力后抛球（接触式）。

**4. 旋转基本动作**

旋转基本动作包括上体旋转、下体旋转和全身旋转。

（1）强调躯干稳定性的旋转动作  有稳定条件下的半蹲姿势下砍；稳定条件下的分腿下砍；稳定条件下的单腿下砍。

（2）强调功率的旋转推举动作  有半蹲旋转推举；站姿旋转推举；坐姿旋转推举。

## 二、四肢及核心运动功能训练方法

四肢及核心运动功能训练的具体方法可以根据个人情况，采取合适的运动项目和自行设计运动功能训练动作。

**1. 上肢运动功能训练方法**

上肢的功能训练强调上肢推和拉之间的平衡需求，重点训练背阔肌和胸肌的拉伸。设计良好的上肢训练方案应包括一定比例的水平拉、垂直拉、肩部推举等练习。

（1）水平推拉训练  一般采用划船训练。

（2）垂直推拉训练  一般采用引体向上训练和普通俯卧撑训练、卧推训练。

（3）上肢上举过头部推举训练  从单膝跪地姿势开始，以稳定腰椎，并迫使练习者使用双肩，进行交替哑铃上举头顶训练。

**2. 下肢运动功能训练方法**

下肢运动功能性训练应该采取双下肢交替平衡训练为主，同时注意伸屈平衡训练，应以单侧硬拉和多种形式的单侧深蹲训练为中心。下肢的功能和力量都是训练的重点。

（1）基础练习  分腿蹲。采用分腿前后站姿，双脚与肩同宽，双手可以交叉放在脑后，或将双手卡在腰部，从该位置下蹲，后膝下降碰到地板或者垫子上，同时保持重心在前脚的脚后跟上。膝盖可以向前移动到脚尖上方，但前提是重心要保持在前脚的脚后跟上。

（2）提高练习  弓箭步。在身体向前移动时，下肢肌肉必须要努力减速。此外，弓箭步能为髋部区域提供非常好的动态拉伸。

（3）高级练习  单腿深蹲。可以使得髋关节和骨盆的稳定膝关节弯曲10°～20°，余下的所有动作都来自髋关节。

**3. 躯干运动功能训练方法**

传统的肌力训练，仰卧起坐、俯卧撑等主要锻炼竖脊肌、腹部直肌等，只是局部的训练方式，要求是核心稳定和髋关节旋转。除传统的训练外，应加强腰方肌和腹斜肌作为骨盆和髋部的稳定肌及提高躯干旋转运动功能训练，其中抗旋转力量可通过抗伸展进阶、对角线模式和旋转力来进行训练。

（1）**四点姿势训练**　"四点姿势"（双肘 / 手加双脚）进行平板支撑训练，主要是针对核心肌稳定的练习。进而进阶到三点姿势（一般是单肘 / 手加双脚）的平板支撑练习，三点支撑版本的平板支撑偏重于抗旋转练习。

（2）**抗旋转平板支撑进阶练习**　一般采用平板侧撑基础动作。平板侧撑是正面平板支撑的侧向版本，是抗侧屈的最佳练习动作。

（3）**旋转投掷高级练习**　旋转投掷是发展核心和髋部肌肉爆发力的最佳训练技术。一般采用抛药球运动。

# 第四节　身体运动功能训练计划制订

不同人群对于功能性的需求是不一样的，只有掌握目标人群的需求，才能制订合理的计划。

## 一、制订身体运动功能训练计划——需求分析

### 1. 运动员需求

对于运动员来说，主要针对特定运动或运动技能的训练方法，旨在提高运动表现和预防运动损伤，是本节重点阐述的内容。

### 2. 大众健身需求

大众健身以增加抵抗疾病的能力，促进慢性疾病康复功能为目的。通过健身，提高心肺功能，增强体能。

### 3. 康复患者需求

需要康复的患者以恢复患者日常生活能力为目的。如中风患者，临床上会根据患者的日常生活活动能力（activities of daily living，ADL）评测，重点是日常生活能力的动作训练。

## 二、身体运动功能训练计划的构成要素

### 1. 优化身体运动功能训练结构

身体运动功能训练和传统体能训练互相补充，综合考虑单关节和多关节肌肉、神经和本体感觉的练习。训练采用多维度的练习手段来提高身体运动能力。

### 2. 强化正确的动作模式训练

动作模式是专项技术动作训练的最小单位。在动作模式训练时，需要关注动力链传递，尽量减少力量在传递过程中的消耗。此外，要求多个关节、多维度、多个肌群参与运动。

## 三、常见疾病的身体运动功能训练

### （一）常见慢病身体功能训练原则

#### 1. 积极生活方式原则

积极参加规律性的体育活动有助于身心健康。长期坚持参与规律性运动训练计划和控制饮食是减脂和保持体重的有效方法；增加身体活动还可以降低发生相关疾病的概率，如心血管

疾病、糖尿病、肥胖和高血压等。

**2. 训练前评估原则**

锻炼前评估，可以帮助医生和患者更好地了解患者的身体状况和健康状况，制定合理的锻炼计划，促进患者能够逐渐适应锻炼的强度和频率，减少可能的风险和不适。

**3. 持久性原则**

训练持久性原则是指持续进行适当的训练，以保持身体适应运动的能力。对于患有慢性疾病的人来说，需要持续进行适当的锻炼来控制疾病。

**4. 必要时药物联合原则**

联合药物治疗和锻炼能够协同作用，提高治疗效果，减少并发症的发生。患者同时可根据医生的建议和自身情况，制订合理的运动计划和药物治疗方案。

**5. 慢病康复训练方法整合原则**

慢性病患者的恢复期，针对其运动功能的康复训练应该采取整合训练原则，通过已有的合适的运动项目和医疗体操进行功能性训练，从而控制疾病的进展。

### （二）常见慢病身体功能训练方法

**1. 高血压的身体功能训练方法**

高血压的身体功能训练主要以有氧训练为主，辅助以抗阻训练。训练方法主要包括美国运动医学会（American College of Sports Medicine，ACSM）和中医练功疗法，具体方法如下：

（1）ACSM 推荐有氧训练

① 频率：每周每天或每周至少进行 3 ～ 4 次，均进行有氧运动。包括步行、慢跑、游泳、骑自行车运动等。

② 强度：40% ～ 60% 摄氧量储备或心率储备，相当于主观体力感觉 11 ～ 14 级。

③ 运动时间：不少于 30 分钟，以 30 ～ 60 分钟间断（一次最少运动 10 分钟）或持续的有氧运动。

④ 运动方式：有氧运动为主，辅以力量运动。患者可调整有氧运动频率、持续时间和强度至每周消耗热量达 700kcal（初始目标）～ 2000kcal（长期目标）。力量训练：中等强度的力量练习是预防、治疗和控制高血压运动健身计划的重要组成部分。

（2）常见的中医疗法

① 气功：可以帮助高血压患者降低血压、减轻症状，促进心血管健康。

② 太极拳：可以帮助高血压患者调节身体机能，提高心肺功能和心血管健康。

**2. 糖尿病的身体功能训练方法**

运动疗法是治疗糖尿病的主要方法之一。运动有胰岛素样作用，可有效降低血糖，即便在胰岛素缺少的情况下，运动对控制血糖仍很有效。

（1）功能运动训练

① 运动方式：以有氧运动为主，适当结合力量训练。健步走是糖尿病患者最常用的低撞击性的运动方式。

② 运动频率：因糖尿病患者一次锻炼对血糖的良好调节作用持续时间小于 72 小时，所以至少隔天锻炼 1 次，每周 3 ～ 4 次，可以根据患者的身体状况适当调整。此外，糖尿病患者还应该进行力量训练，建议每周进行 2 ～ 3 次。

③ 每次锻炼持续时间：初始阶段每次运动时间为 10 ~ 15 分钟，以后逐渐延长每次运动时间至 30 分钟，肥胖者应延长至 60 分钟。

④ 运动强度：以 40% ~ 70%VOR 或 HRR 进行低强度的运动，肥胖的糖尿病患者更容易接受，并可有效地预防损伤。

⑤ 能量消耗目标：T2DM 患者每周健身活动热量消耗达 1000kcal。若以减体重为目标，每周锻炼热能消耗 ≥ 2000kcal。

⑥ 抗阻训练：应采用较小负荷（最大负荷的 40% ~ 60%）、较低强度（避免屏息）的方式。

在大肌群抗阻训练时，每组重复次数从 10 ~ 15 次逐渐增至 15 ~ 20 次。每周至少两次，每两次之间要有 48 小时的间歇。为了防止运动中的血压剧烈升高，应注意掌握正确的技术动作，包括缩短持续时间和静力工作时间，以及减少运动中屏息。

（2）常见的中医疗法

① 太极拳：可帮助糖尿病患者减轻症状和促进恢复。

② 气功：可以促进身体的气血循环，缓解糖尿病患者的症状。

**3. 高脂血症的身体功能训练方法**

对于大多数血脂异常的患者而言，健身目标是控制血脂，调节血脂至正常水平，同时提高心肺功能，延缓动脉粥样硬化的发生，减低心血管疾病的患病率和死亡率。

（1）功能运动训练　运动方式：基本方式应是大肌群参与的有氧运动。运动强度为 40% ~ 70% 的 $VO_2R$ 或 HRR。运动频率为每周 5 天或 5 天以上，每次运动持续时间为 40 ~ 60 分钟（或每天运动两次，每次 20 ~ 30 分钟）。

（2）中医疗法　通过运动调整体内阴阳平衡，促进气血循环，改善代谢功能，达到治疗高脂血症的目的。常用的传统中医体育疗法，如气功、太极拳和五禽戏等。

五禽戏：通过模仿鹿、熊、猿、鸟、虎等动物的动作来锻炼身体，改善体内的气血循环。

**4. 脑血管疾病的身体功能训练方法**

（1）功能运动训练　脑卒中后遗症的身体功能训练主要是心肺功能训练、抗阻和灵活性训练。脑卒中初期，或者患者进行评估后无法完成相应的运动功能训练时，不得强制进行运动功能训练。

① 心肺功能训练：最初的持续时间为 15 分钟，每 3 周逐渐增加，至每次 1 小时。每周 3 天心肺功能训练，逐渐达到每周 5 天。心肺功能训练最初的强度为 40% ~ 50% 最大心率，主观疲劳感觉（RPE）为 12 ~ 15，然后每 3 周逐渐增加，至能耐受。

② 肌肉力量训练：每周 3 天肌肉力量训练，从最初的 1 组逐渐增加到 3 组。肌肉力量训练在能耐受的情况下重复 10 ~ 15 次。训练形式为水中有氧运动结合有扶手的跑台训练。当频率和持续时间逐渐增加时，可以加入功率自行车。对患者使用弹力带或力量训练器进行抗阻训练的能力应有所评估。最初的运动应包括一些对抗体重。

③ 平衡和协调训练：脑单脚站立、双脚跳跃、侧面步行等练习动作和辅助活动。

④ 柔韧性训练：拉伸和伸展运动来增加肌肉柔韧性和关节灵活性。

（2）中医疗法　脑卒中中医病机多为"痰浊阻络""气滞血瘀"，因此治疗重点是通络、活血化瘀，以达到恢复脑功能的目的。除了气功、太极拳外，可以用按摩疗法。

## 四、常见运动损伤的身体运动功能训练

### （一）常见运动损伤的身体功能训练原则

运动创伤通常是指在运动中发生的损伤。运动损伤中骨折、关节脱位等急性严重创伤较少，大多是韧带、肌肉、肌腱、关节囊等软组织损伤和关节软骨的损伤，还包括慢性软组织的持久性损伤。

针对运动损伤的身体运动功能训练，应该遵循以下几个原则。

**1. 恢复肢体功能为原则**

肢体运动损伤后运动功能训练的目标是恢复肢体和全身相应的运动功能，不以某一块肌肉为训练重点。同时需要注意本体感觉训练，以恢复肢体功能。

**2. 分期治疗原则**

肢体运动损伤后一般分为三期。

（1）急性期　受伤 48 小时内，治疗需要遵循 rice 原则（rest、ice、compression、elevation）治疗，即局部休息、冰敷、加压包扎及抬高患肢。

（2）稳定期　伤后 48 小时，出血停止，治疗重点是血肿及渗出液的吸收。可使用物理治疗、按摩、中药外敷等方法促进创伤恢复，支具保护、局部制动至创伤愈合。

（3）恢复期　局部肿痛消失后，渐进进行损伤肢体肌力、关节活动度、平衡及协调性、柔韧性的训练。辅以物理治疗，促进瘢痕软化，防止瘢痕挛缩。

**3. 个性化原则**

运动创伤的康复应针对患者的不同而有所区别，对于一般非专业运动员患者，功能恢复的重点是恢复日常生活、工作能力。但对于专业运动员，要求是不一样的，要做到尽快治愈，以便尽快恢复正规训练，使患肢功能尽可能完全恢复。对于专项运动员，针对某些运动素质、肌肉功能及柔韧性的特殊要求，进行专项运动所需要的平衡、协调性训练。训练计划应该根据患者的损伤程度、康复阶段、年龄、性别、身体状况等因素进行调整。

**4. 逐步进阶原则**

训练应该从简单到复杂，从低强度到高强度，逐步提高训练难度和强度，以避免再次受伤和加重受伤程度。

**5. 多样化原则**

运动功能训练应该包括多种训练方式，以避免单调和乏味，同时可以增加训练的趣味性和挑战性。

**6. 持续性原则**

运动功能训练应该具有持续性，以确保患者在长期康复过程中得到持续的恢复和提高。

**7. 系统化原则**

运动功能训练应该有系统性，以确保训练能够全面涵盖受损区域的所有方面，包括肌肉力量、协调性、柔韧性等。

**8. 安全原则**

运动功能训练应该以安全为前提，避免训练过程中再次受伤或受其他意外伤害。需要在

专业医师或康复师的指导下进行，以确保训练安全可靠。

### （二）常见运动损伤的身体功能训练方法

运动损伤后的康复训练是一个系统的过程，运动功能训练是其重要部分。

**1. 常用的运动功能训练方法**

（1）动态平衡训练　指在运动中维持身体的平衡能力，包括单脚站立、步态平衡、跳跃平衡等，可以帮助恢复损伤部位的运动控制能力，包括肌肉力量和关节稳定性。

（2）功能性力量训练　是针对运动功能的特定训练方法，通过使用特定的训练器械和训练方式，以提高肌肉的力量、耐力和协调性，促进运动控制和恢复功能。

（3）柔韧性训练　可以帮助提高身体的柔韧性和关节的灵活性，减少受伤的风险，同时也有助于恢复运动功能。

（4）动作模拟训练　是指在康复训练中通过模拟特定的运动动作来帮助恢复运动功能。

（5）神经肌肉电刺激训练　是一种通过电刺激肌肉神经来增强肌肉收缩的训练方法。该方法可以帮助恢复受损的肌肉功能，促进肌肉的恢复和重建。

**2. 中医疗法**

对于运动损伤，中医练功疗法可以起到很好的辅助作用。

（1）健身气功　可以增强人体的自愈能力和免疫力，促进损伤部位的血液循环和恢复。

（2）常用传统功法　包括太极拳、易筋经、八段锦等。在肢体损伤康复期进行练习。

# 第九章　运动处方

## 第一节　运动处方概述

### 一、运动处方概念

"运动处方"（Exercise Prescription）这一术语于 1969 年被世界卫生组织正式采用，进而得到了国际上广泛认可，其概念和内容得到不断完善和充实。美国运动医学学会（American College of Sports Medicine，ACSM）出版的《ACSM 运动测试与运动处方指南》第十版将运动处方概念界定为"运动处方是包括运动频率、运动强度、运动时间、运动类型或方式、运动量及进阶，适用于为不同年龄、不同体质健康水平以及是否存在冠心病危险因素或冠心病的人，制订健康促进及慢性疾病防治运动锻炼的指导方案"。

我国自 1978 年开始研究、推广和应用运动处方至今，对其概念的界定经历了由浅入深、从局部到整体、国内与国际接轨、提升和完善的过程。如今，运动处方广泛应用于健身、康复、治疗等各个领域。2005 年，杨静宜将构成运动处方的各要素有机组合在一起，对其概念进行了界定："运动处方是由康复医师、康复治疗师（士）以及体育老师、社会体育健身指导员、私人健身教练等职业从业者根据患者或体育健身者的年龄、性别、一般医学检查、康复医学检查、运动试验、身体素质/体适能测试等结果，按其年龄、性别、健康状况、身体素质，以及心血管、运动器官的功能状况，结合主、客观条件，用处方的形式制订对患者或体育健身者适合的运动内容、运动强度、运动时间及频率，并指出运动中的注意事项，以达到科学地、有计划地进行康复治疗或预防健身的目的。"

### 二、运动处方特点

**1. 目的性强**

运动处方有明确的远期目标和近期目标，运动处方的制订和实施都是围绕运动处方实施对象的运动目标进行的。

**2. 计划性强**

运动处方的运动安排有较强的计划性和督促性，易于坚持。

**3. 科学性强**

运动处方的制订严格按照运动医学要求进行，按照运动处方实施能取得较明显的健身或治病成效。

**4. 针对性强**

运动处方是根据每一个人的具体情况，在不同时期、不同环境下制订及实施以保证训练效果的。

规律的运动可以提高人体体适能和健康状况。选择合理的运动方式有利于制订科学、高效的运动处方，为运动训练提供有效的指导。

## 三、运动处方分类

### 1. 按锻炼作用分类

（1）力量运动处方　主要作用在于提高肌肉的力量和肌肉的耐力，可用于各种损伤所致的肌肉萎缩和肌无力的肌肉力量训练及矫正身体发育畸形。

（2）全身耐力运动处方　是以提高心肺功能为主要目标，以有氧运动为主要运动方式的运动方案。全身耐力训练最早用来发展运动员的身体耐力素质，后逐渐应用于临床，包括循环系统疾病、代谢性疾病、长期制动引起心肺功能下降等疾病。有研究表明，耐力训练有利于改善正常人的运动机能水平。

（3）柔韧性运动处方　是有利于提高机体柔韧性、改善关节活动度、增强韧带的平衡性和稳定性的运动方案。规律的柔韧性训练可避免运动者软组织损伤、缓解肌肉酸痛、预防腰腿痛等。

### 2. 按应用目的和对象分类

（1）健美运动处方　是通过运动来增强身体各部位肌肉和韧带的力量，使肌肉富有弹性，保持健美的体形。

（2）健身运动处方　是以增强体质、增进健康、提高身体素质为目的的运动方案，又称预防保健性运动处方。

（3）治疗性运动处方　是以提高康复效果为目的的运动方案，又称康复运动处方。

（4）竞技性运动处方　是以提高运动员的身体素质和运动技术水平为目的的运动方案，又称运动训练计划。

### 3. 按锻炼的器官系统分类

本分类运动处方可分为循环系统的运动处方、骨骼肌肉系统的运动处方、神经系统的运动处方、呼吸系统的运动处方等。

### 4. 按实施运动处方的环境分类

本分类运动处方可分为家庭健身运动处方、学校健身运动处方、健身房健身运动处方、社区健身运动处方等。

### 5. 按构成体质的要素分类

本分类运动处方可分为改善身体形态的运动处方、增强身体功能的运动处方、增强身体素质的运动处方、调节心理状态的运动处方、提高适应能力的运动处方等。

## 四、运动处方要素

运动处方的基本内容包括运动频率（frequency，F）、运动强度（intensity，I）、运动方式（type，T）、运动时间（time，T）、总运动量（volume，V）和运动处方实施进程（progression，

**NOTE**

P）等 6 项基本内容，即运动处方的 FITT–VP 原则。运动频率（F）：在一定时间周期内进行锻炼的天数，通常以每周几次来计算。运动强度（I）：涉及锻炼的难度级别，可以通过心率、最大摄氧量百分比或主观感受等级来量化。运动方式（T）：描述锻炼的种类，如步行、游泳、跑步等，这应考虑个体的喜好和身体条件。运动时间（T）：单次锻炼的持续时间，一般以分钟计。总运动量（V）：在给定时间内完成的总活动量，它结合了强度、时间和频率三个维度，可以看作是整个锻炼计划的"剂量"。运动处方实施进程（P）：根据体育活动者的反应和健身效果对运动计划进行调整的过程，确保逐步提高训练负荷，促进健康改善。

在运动处方中还应明确运动中的注意事项及运动中的医务监督力度。在实施过程中应注意观察体育活动者的反应和健身效果，及时调整运动处方。运动处方类似于医生开的药方，是在获取体育活动者/患者的基本信息、评估身体活动水平、医学检查结果之后进行制订。制订运动处方之前还应有危险分层和体质测试。运动处方的制定过程与医生开出的药物处方有类似之处，都是基于对个体情况的全面了解，包括基本信息、身体活动水平评估及医学检查结果。然而，与药物处方通常基于病理状态开出精确剂量不同，运动处方更侧重于考虑个体的身体状况、健康目标和个人喜好。在正式制订个性化的运动计划之前，还需进行危险分层和体质测试，以确定最合适的运动类型和强度。具体对比见表 9–1。

**表 9–1　运动处方与药物处方对比**

| | 运动处方 | 药物处方 |
| --- | --- | --- |
| 类型 | 运动方式 | 药物品类 |
| 用量 | 运动时间、强度、频率 | 剂量及次数 |
| 总用量 | 每周总运动量 | 疗程内药品总量 |
| 干预/治疗周期 | 运动处方实施进程 | 药物使用进度 |
| 注意事项 | 运动注意事项 | 药物使用注意事项 |

**1. 有氧运动处方**

有氧运动处方一般包括运动频率、运动强度、运动方式、运动持续时间、运动量、进度、注意事项等。

（1）**运动频率**　即每周进行运动的天数。运动频率与运动强度和每次运动持续时间相关。《ACSM 运动测试与运动处方指南》建议大多数成年人每周进行 3 ～ 5 天的有氧运动，并根据运动强度的变化进行调整。不建议大多数成年人进行高频率大强度运动。

（2）**运动强度**　直接影响运动处方的效果和安全性，其与性别、年龄、健康情况、体质、心肺耐力、心理和环境等多种因素有关。当前研究建议大多数成年人进行 40% ～ 60% 心率储备（heart rate reserve，HRR）/耗氧量储备（oxygen consumption reserve，$VO_2R$）的中等强度有氧运动，或 60% ～ 90% HRR/$VO_2R$ 的较大强度有氧运动。健康状况不佳人群可采用 30% ～ 40% HRR 或小到中等强度 $VO_2R$ 有氧运动。运动强度的评估方法有多种，较常用的包括心率计算法、代谢当量法、摄氧量法等。

（3）**运动方式**　其选择对于制订科学、高效的运动处方至关重要。涉及康复治疗的运动处方建议选择有节律的、持续时间较长的、大肌群参与的有氧运动，如步行、慢跑、上下台阶、骑自行车、太极拳等。对于体质虚弱或有残疾者，部分日常生活活动对其治疗有一定的帮助，如卫生清洁、收拾房间等。值得注意的是，运动收益不能完全被体力劳动替代。在制订运动处方时，需结合个体特点进行针对性设计。

（4）运动持续时间　一段时间内进行体力活动的总时间，即每次训练的时间或每日、每周的训练时间。大多数成年人的运动量建议为每周至少进行 5 天的中等强度有氧运动，每天持续 30 ～ 60 分钟（每周至少 150 分钟）的中等强度运动；或者每周至少进行 3 天的较大强度有氧运动，每天持续 20 ～ 60 分钟（每周至少 75 分钟）的较大强度运动；或者结合中等和较大强度的运动，按 3 ～ 5 天的频次分布每周的训练，每天持续相应的时间以满足上述两种强度的分钟数要求。

（5）运动量　由运动的频率、强度和持续时间共同决定。其标准单位可用 MET-min/wk 和 kcal/wk 表示。《ACSM 运动测试与运动处方指南》建议大多数成年人的合理运动量是 500 ～ 1000MET-min/wk。

（6）运动处方实施进程　取决于运动者的运动计划目的、健康状况、体适能和训练反应等因素。在对训练者进行专业的运动训练时，可增加在运动处方 FITT 原则下运动者可耐受的项目进行，可以是一项或多项。在对运动处方进行调整时，应该严格监控运动者反应，若运动者由于无法耐受调整后的计划而出现不良反应时，应及时调整运动量。

（7）注意事项　运动前应做好准备活动和整理活动，运动时出现异常情况，如出现心率过快、心慌心悸、晕厥、恶心呕吐、痉挛抽搐等，应停止运动。运动后不要立即坐、卧，以免提高引起重力性休克的风险。对患有急性疾病、发热性疾病、出血性疾病，以及心、肺、肝、肾功能不全者，一般为有氧运动特别是剧烈运动的禁忌。

**2. 抗阻运动处方**

抗阻运动处方一般包括抗阻运动频率、抗阻运动方式、抗阻运动量、抗阻运动技术等。

（1）抗阻运动频率　对于以发展体适能为目标的非专业训练者，建议每周对每组大肌群训练 2 ～ 3 天，且同一肌群训练间隔不短于 48 小时。

（2）抗阻运动方式　应包括单关节抗阻训练和多关节抗阻训练。建议成年人进行多关节抗阻训练，且训练时同时练习主动肌和拮抗肌。训练可采用多种方式进行。

（3）抗阻运动量　每组肌肉建议进行 2 ～ 4 组训练，并进行 2 ～ 3 分钟的组间休息。一般来说，以提高肌力 / 体积为目标的训练，每组练习建议重复次数为 8 ～ 12 次，采取能完成且仅能完成 1 次规定重复动作所对应的阻力值的 60% ～ 80%。以提高肌肉耐力为目标的训练，每组练习建议重复次数为 15 ～ 25 次，采取能完成且仅能完成 1 次规定重复动作所对应的阻力值的 50% 以内，组间休息时间宜缩短。

（4）抗阻运动技术　应选择正确的技术和方法，并缓慢且有控制地重复动作，完成动作要求的全范围关节活动，配合正确的呼吸方式。避免单纯地大强度离心收缩练习。

**3. 柔韧性练习及动作控制练习**

柔韧性练习的目的是提高运动者的柔韧性和关节活动度，特别是当结合抗阻运动时，可增强姿势稳定性和平衡性。柔韧性练习针对人体主要肌肉、肌腱单元进行，常采用弹震、"跳跃"拉伸、动力性拉伸、静力性拉伸、本体神经肌肉促进技术等。

动作控制练习的目的是增强躯体的稳定性、平衡性，可提高平衡能力、灵敏度、肌力、防跌倒能力等。

# 第二节　运动前健康筛查与评估

## 一、运动前健康筛查

为保证在运动测试和运动中的安全性及有效性，应对拟参加运动的人进行运动前健康筛查。运动前健康筛查可以排除有运动禁忌证的人群，增加运动测试、运动中的安全性，有助于制订、实施安全有效的运动处方。体力活动或运动前进行的健康筛查包括自我筛查方法、医学检查及运动风险评价等。

### 1. 自我筛查方法

运动前自我筛查主要采用体力活动准备问卷和运动前筛查问卷。

（1）体力活动准备问卷（physical activity readiness questionnaire，PAR-Q）　此问卷是目前国际上公认的在运动测试和运动前进行调查的问卷（表9-2）。通过问卷调查，可明确在运动测试和运动前是否需要咨询相关的专科医生。

表 9-2　体力活动准备问卷

| 请认真阅读下列 7 个问题并如实回答：选择"是"或"否" | 是 | 否 |
| --- | --- | --- |
| 1. 医生是否曾经说过你患有心脏病或高血压 | □ | □ |
| 2. 在日常生活中或进行体力活动时是否出现过胸痛 | □ | □ |
| 3. 在过去的 12 个月中，是否因头晕而失去平衡或失去知觉<br>如果你的头晕与过度通气有关（包括剧烈运动时过度通气），请选"否" | □ | □ |
| 4. 是否确诊患有其他慢性疾病（除心脏病和高血压外），若"是"请填写疾病名称：_____ | □ | □ |
| 5. 是否正在服用治疗慢性疾病的药物，若"是"请填写疾病和药物名称：_____ | □ | □ |
| 6. 目前（或近 12 个月内）是否存在骨、关节或软组织（肌肉、韧带或肌腱）的损伤问题，活动量大时是否情况有所加重<br>如果曾经有损伤但不影响现在的体力活动，请回答"否"，若"是"请填写存在的问题：_____ | □ | □ |
| 7. 医生是否说过你应该在医务监督下进行体力活动 | □ | □ |

（2）运动前筛查问卷　主要包括病史、症状、其他健康问题及心血管危险因素等。

①病史：是否有过一次心脏病发作，心脏手术，心脏导管插入术，经皮冠状动脉成形术，起搏器/植入式心脏除颤/复律器，心脏瓣膜疾病，心力衰竭，心脏移植。

②症状：是否在用力时有过胸部不适，有过不明原因的呼吸困难，有过头晕眼花、晕倒或眩晕，有过脚踝肿胀，有过因为快而强的心跳而导致感觉不适，正在服用治疗心脏病的药物。

③其他健康问题：是否有糖尿病，有哮喘或其他肺部疾病，短距离行走时小腿有发热或抽筋的感觉。

④心血管危险因素：见表9-3。

**表 9-3 心血管疾病危险因素的判断标准**

| 危险因素 | 判断标准 |
|---|---|
| 年龄 | 男性 ≥ 45 岁，女性 ≥ 55 岁 |
| 家族史 | 心肌梗死、冠状血管重建、父亲或其他男性近亲属 55 岁前猝死；母亲或其他女性近亲属 65 岁前猝死 |
| 吸烟 | 吸烟或戒烟不足 6 个月或吸二手烟 |
| 静坐少动的生活方式 | 至少 3 个月没有参加每周至少 3 天，不少于 30 分钟的中等强度体力活动（40% ～ 60% $VO_2R$） |
| 肥胖 | 体重指数≥30kg/m² 或男性腰围>102cm，女性腰围>88cm |
| 高血压 | 收缩压≥140mmHg 和 / 或舒张压≥90mmHg（至少进行两次测量确定），或正在服用降压药 |
| 血脂异常 | 低密度脂蛋白胆固醇≥3.37mmol/L，或高密度脂蛋白胆固醇＜1.04mmol/L，或正在服用降脂药。血清总胆固醇≥5.18mmol/L |
| 糖尿病前期 | 空腹血糖受损，即空腹血糖≥5.55mmol/L 并且≤6.94mmol/L；或葡萄糖耐量受损，即口服葡萄糖耐量试验 2 小时血糖≥7.77mmol/L 并且≤11.04mmol/L，至少进行两次测量确定 |
| 负性危险因素 | 判断标准 |
| 高密度脂蛋白胆固醇 | ≥1.55mmol/L |

### 2. 医学检查

通过专业的健康管理人员或相关的专业医生进行的医学检查，主要包括医疗史、体格检查和实验室检测等。

（1）医疗史 包括病史、症状或体征、用药史、过敏史、家族史、运动习惯及生活习惯等。

（2）体格检查 检查者通过自己的感官或借助简单的器具对被检查者的身体进行一系列医学检查，以了解被检查者身体的健康状况、发育程度及机能水平等。主要目的是判断被检查者的整体健康状况；发现其身体存在的异常；筛选出其易患伤病的因素；对其能参加何种运动、运动量大小进行评价；对提高其健康水平和运动锻炼的注意事项提出建议。

（3）实验室检测 主要包括血常规、尿常规及血脂、血糖、肝功能和肾功能等检测以及肺功能检测等。

### 3. 运动风险评价

（1）绝对禁忌证 近期安静状态下心电图显示有严重心肌缺血、急性心肌梗死（2 天内）或其他急性心脏病事件；可引起症状或血流动力学改变的未控制的心律失常；严重、有症状的主动脉狭窄；未控制、有症状的心力衰竭；急性肺栓塞或肺梗死；急性心肌炎或心包炎；可疑或确诊的动脉瘤破裂；急性全身感染，伴有发热、全身疼痛或淋巴结肿大。

（2）相对禁忌证 冠状动脉左支狭窄；中度狭窄性心瓣膜病；电解质紊乱（低钾血症、低镁血症）；心动过速或心动过缓；肥厚型心肌病或其他形式的流出道狭窄；重度房室传导阻滞；室壁瘤；运动中加重的神经疾病、肌肉骨骼疾病和风湿性疾病；未控制的代谢性疾病；慢性感染性疾病；精神或躯体障碍导致的运动能力显著降低。

## 二、运动前评估

### 1. 心肺耐力评价

心肺耐力是指持续进行体力活动时呼吸系统吸入氧气、循环系统运送氧气和骨骼肌利用氧气的能力，体现人的心肺功能和有氧耐力。心肺耐力是健康体适能的核心要素，可以作为预测疾病发病率与死亡率的良好指标。最大摄氧量（maximal oxygen uptake，$VO_{2max}$）或峰值摄氧量（peak oxygen uptake，$VO_{2peak}$）是心肺耐力的重要测评指标。此外，当对心肺耐力进行前后对比时，相同负荷下的心率反应也可反映心肺耐力情况。能量代谢当量（metabolic equivalent of energy，MET）是由摄氧量计算而来，但其使用较摄氧量更为方便，无论活动是否需要克服自身体重，均可用 MET 来表示其运动强度。1MET 是指每公斤体重从事 1 分钟活动消耗 3.5mL 氧气所对应的运动强度，相当于健康成年人安静坐位时的代谢水平。

若要了解受试者的心肺耐力水平，需要给予受试者一定的运动负荷，这种用来测定机体对运动耐受能力的试验，统称为运动负荷试验。在实验室、医院、康复中心或健康管理中心等相关机构，常采用的运动负荷试验有跑台、功率车和台阶试验等。当前，心肺运动试验（cardiopulmonary exercise testing，CPET）是国际上普遍使用的衡量人体呼吸和循环机能水平的心肺功能检查之一，它可用于功能性运动容量的评价、疾病的诊断及治疗效果的判断。在运动测试中，根据不同的情况选择监测指标，常用的监测指标主要有心率、血压、心电图、主观用力感觉量表、症状和体征、气体分析等。除了实验室检测外，6 分钟步行试验也常被应用于心肺耐力的评估。

**2. 身体成分评价**

基本身体成分通常用脂肪组织和非脂肪组织对体重的相对百分比来表示。测量该指标的常见方法如人体测量法、身体密度法及其他精确度较高的测量方法。

（1）人体测量法　包括体重指数、围度测量、皮褶测量等。

（2）身体密度法　包括水下称重、容积描记器测量、通过身体密度计算身体成分等。

（3）其他测量方法　包括双能量 X 射线、身体电阻抗法、近红外线技术及生物电阻抗分析技术等。

**3. 肌肉力量 / 肌肉耐力评价**

肌肉适能的测试具有很强的针对性，应根据抗阻运动的目的测定需要锻炼的目标肌群的力量或耐力，设计相应的练习动作，再用设计的动作针对要锻炼的目标肌群的功能选用不同的测试方法进行测试。肌肉力量测试可以是静力性的，也可以是动力性的。静力性力量测试可以通过多种设备进行测量，如电子拉力计、握力计等。动力性力量常用的测试方法是一次最大重复次数（repetition maximum，RM）测试，1RM 测试即在正确姿势和一定规则下、全关节活动范围内，能完成且仅能完成 1 次重复动作所对应的阻力值。1RM 是反映肌肉力量的良好指标。肌肉耐力测试可采用俯（跪）卧撑和仰卧卷腹测试，抗阻训练设备也可用于肌肉耐力测试。在实验室、医院、康复中心或健康管理中心等相关机构，可进行徒手肌力测试、等长肌力测试、等张肌力测试、等速肌力测试等。

**4. 柔韧性评价**

柔韧性是活动某一关节使其达到最大关节活动度的能力。身体柔韧性可以通过坐位体前屈测试、抓背试验、改良转体试验测试来测定和评价。而针对具体关节活动度的测定可采用量角器、电子角度测量计、皮尺等，必要时可通过 X 线片或摄像机拍摄进行测量。

# 第三节 运动处方制定程序

## 一、运动处方制定基本原则

理想的运动训练计划应该是在运动者的健康状况、功能能力以及自然环境和社会环境允许的范围内，满足他们对健康和体适能的要求。因此运动处方的制定应该遵循人体活动的生理规律，并结合个体的体力、心肺功能、健康状况和兴趣爱好，以运动目的为依据，以安全有效为前提，确定频率（frequency）、强度（intensity）、时间（time）、方式（type），以及总量（volume）和进度（progression），即运动处方的 FITT-VP 原则。

**1. 频率**

频率指每周锻炼的次数。美国运动医学会推荐大多数成年人进行每周 3 ～ 5 天的有氧运动，并根据运动强度的变化适度调整。

**2. 强度**

强度指运动的剧烈程度，是衡量运动量的重要指标之一。它不仅关系到锻炼的效果，也关系到处方对象的安全。有氧运动中常用靶心率、主观疲劳感觉量表等来测量表示。在力量和柔韧性练习中，运动强度决定于给予助力或阻力的负荷重量。

**3. 时间**

时间指一次锻炼的持续时间，与运动强度紧密相关，一般强度大，时间应稍短，强度小，时间应稍长。有氧锻炼时间在 30 分钟左右就可以达到较好的效果。有研究表明，对于体适能水平较低的个体，不足 10 分钟的活动也能产生一定的益处。力量和柔韧性练习中，则需要规定完成每个动作重复次数（repetitions，reps）、组数（sets）及组间休息时长（rest interval），不同的锻炼方案将产生不同的锻炼效果。

**4. 方式**

方式是在运动处方中为锻炼者提供最合适的运动项目。选择运动项目，要考虑执行者的运动目的、习惯、兴趣及环境等。

**5. 总量**

总量指运动量的大小，由运动频率、运动强度、运动时间等多种因素共同决定。运动量对于促进健康和体适能的重要作用已被证实，它对身体成分和体重管理的重要性尤为突出。

**6. 进度**

运动处方的实施过程可以分为适应期、提高期和稳定期。运动计划的进阶速度应该遵循循序渐进的原则，取决于运动者的健康状况、体适能、训练反应和运动计划的目的。

## 二、运动处方制定流程

制定运动处方一般按照以下步骤和流程进行，包括健康评价与风险评估、制定运动处方、运动处方的实施过程指导与监控、运动处方实施的效果评估等。

**1. 健康评价与风险评估**

健康评价与风险评估旨在全面了解处方对象的体质和健康状况（详见第二节），其目的主要包括：通过全面了解处方对象，为制定实施一个安全有效的运动处方提供依据；通过心血管危险分层，明确运动功能测试方案及医务监督的力度，增加运动测试及运动的安全性。

**2. 运动处方的制订**

运动处方制订是根据处方对象的健康评价与风险评估结果及运动目的，遵循 FITT-VP 原则，选择一定的运动方式，安排合理的运动强度、运动频率、运动时间、运动总量和运动进程，并明确提出处方实施中应当注意的事项。其中确定运动目的是制订运动处方的依据，不同的运动目的需要按照不同的原则制定运动处方。注意事项是为保证安全，根据处方对象的具体情况，提出锻炼时应当注意的事项。如锻炼时要做好准备活动和整理活动，运动中不要超过既定的运动强度、进行力量练习时不要屏息（憋气）等。

**3. 运动处方的实施过程指导与监控**

运动处方的实施过程指导与监控主要包括运动处方实施的指导与示范、安全性控制和微调整。一般在运动处方开始实施前，处方师向处方对象详细讲解运动处方的含义，并通过示范指导让处方对象通过实践了解如何实施运动处方。运动处方实施过程中应通过检查锻炼日记，或定期到锻炼现场观察等途径进行监督，并根据锻炼后的反应，及时微调运动处方。

**4. 运动处方实施的效果评估**

在执行运动处方完整周期结束后，应进行执行处方前相同指标的测试，通过前后指标的对比，全面分析评估处方对象健康水平改善情况，并调整下一阶段运动处方，以保证取得更好的处方效果。一般来说，按照运动处方进行锻炼在 4 ~ 6 周后可取得明显的阶段性效果。

# 第四节　不同人群的运动处方

## 一、健康人群运动处方

对于大多数成年人来说，以促进和维持体适能和健康为目的的运动处方包括有氧运动处方、抗阻运动处方、柔韧性运动处方和神经肌肉练习。

### （一）有氧运动处方

有氧耐力又称心肺耐力，是指人体长时间进行有氧工作的能力，是评价人体健康水平和体质强弱的重要标志，是健康体适能的核心要素。

**1. 运动频率**

美国运动医学会为大多数成年人推荐的运动频率是：每周进行 5 天中等强度的有氧运动，或每周至少进行 3 天较大强度的有氧运动，或每周进行 3 ~ 5 天中等和较大强度相结合的运动。

**2. 运动强度**

运动强度的评估有很多方法，如递增运动负荷试验（如跑台测试、功率自行车测试）、场地测试（如六分钟步行试验）等，常用最大摄氧量、最大心率、储备心率、自觉疲劳程度等表示，其中心率计算法最为常用。

最大心率（HRmax）是在最大强度运动负荷试验中测得的最大值，也可根据公式推测，目前常用 "220- 年龄" 估算最大心率。储备心率（HRR）指最大心率 – 安静心率（HRrest）。

靶心率（THR）即运动者为获得预期运动目标在运动中需要达到或保持的心率，常用心率储备法（HRR）表示运动强度，心率储备法 THR=（HRmax–HRrest）× 期望强度 %+HRrest。美国运动医学会推荐大多数成年人进行中等（40%～60% HRR）到较大强度（60%～90% HRR）的有氧运动，对于健康状况不好的人进行低（30%～40% HRR）到中等强度（40%～60% HRR）的有氧运动。

**3. 运动时间**

美国运动医学会为大多数成年人推荐的运动时间为每天至少应累计进行 30 分钟（每周不少于 150 分钟）的中等强度运动，或每天至少应进行 20 分钟（每周不少于 75 分钟）的较大强度运动，或中等和较大强度相结合的运动。如果运动训练的目的是降低体重，则需要更长时间（每天至少 60～90 分钟）的运动。

完成上述推荐量可以是连续的，也可以是在一天中每次至少连续 10 分钟且多次累计完成达到 30 分钟。对于经常处于静坐少动的人群，即使运动时间低于最小推荐量，也会为其带来益处。

**4. 运动方式**

根据强度和所需要掌握的技巧可将有氧运动分成三类：A 类为技巧少、运动强度容易调整的有氧运动，如健步走、骑车、水中走等；B 类为技巧少、运动强度较大的有氧运动，如慢跑、快跑、动感单车、登台阶等；C 类为技巧要求高的有氧运动，如游泳、滑雪、球类运动等。A 类运动可以推荐给所有的成年人；B 类运动属于运动强度较大的运动，可推荐给那些具有中等或更高体适能水平者、有规律运动习惯的人群；C 类运动需要有一定的技巧才能完成，此类运动在充分保证安全的前提下，主要推荐给已掌握较好运动技巧和具有较高体适能水平的人群。

**5. 运动量**

运动量常用 MET·min/wk 和 kcal/wk 来表示。许多研究结果已证实，不低于 500～1000MET·min/wk 的运动量与更低的心血管发病率、死亡率密切相关。因此，为大多数成年人推荐的合理运动量是 ≥ 500～1000MET·min/wk，此运动量相当于每周 150 分钟（或消耗 1000kcal）的中等强度运动。

**6. 进程**

运动进程的进阶应遵循循序渐进的原则，可以通过增加 FITT 运动者可以耐受的一项或几项来实现。一般来说，运动开始的 4～6 周内，每 1～2 周将运动时间延长 5～10 分钟。当运动者规律运动 1 个月以后，在 4～8 个月内逐渐增加运动总量直到达到指南推荐的总量。需要注意的是，在调整运动处方时，需要密切监控运动者的反应，观察运动者是否发生了因为运动量增加而产生的不良反应，如运动后的呼吸急促、疲劳和肌肉酸痛。当运动者无法耐受运动方案时，应及时减少运动量。

### （二）抗阻运动处方

抗阻运动处方的目的是提高肌肉适能（包括肌肉力量、肌肉耐力和爆发力等功能指标）。规律的抗阻运动可以改善身体成分、血糖水平和胰岛素敏感性，降低血压，减少心血管危险因素，降低全因死亡率，并改善躯体功能障碍以减少非致死性疾病的发生风险，如预防和治疗代谢综合征等。

任何一种肌肉适能的提高，都需要进行合理的抗阻运动，有目标、有计划并准确地完成练习动作。

**1. 运动频率**

对于无抗阻运动习惯或进行业余抗阻运动的人，以促进健康为目标的抗阻运动的频率是：每周对全身主要大肌肉群（即胸部、肩部、上背部、腰部、腹部、臀部和下肢）训练 2 ～ 3 天，但同一肌群的练习时间应至少间隔 48 小时。

**2. 运动方式**

抗阻运动方式有自由负重（哑铃、弹力带等）、固定器械练习和徒手力量练习等，也可分为单关节练习（肱二头肌弯举、提踵等）、多关节练习（如卧推、仰卧起坐等）。建议所有成年人都要进行多关节练习。

**3. 运动量**

抗阻运动量主要包括组数、强度、重复次数、组间间隔和动作速率。推荐每组肌群都进行 2 ～ 4 组练习，并进行 2 ～ 3 分钟的组间休息。在对同一组肌群进行训练时，运动者可采用同一动作完成，也可以选择不同动作完成，只要保证总数符合要求即可。如在进行胸肌练习时，可选择 4 组臂屈伸，也可以选择 2 组臂屈伸加 2 组卧推。相比之下，进行多种训练方法可减少运动者的训练疲劳，提高运动者的依从性。

抗阻训练强度和每组动作的重复次数呈负相关，强度或阻力越大，运动者能完成的重复次数就越少。抗阻强度常用 %1-RM 表示，1-RM 指仅能举起一次的最大重量。以提高肌肉力量、体积为目标的人群，每组练习的推荐重复次数为 8 ～ 12 次，60% ～ 80% 的 1RM，组间休息 2 ～ 3 分钟。以提高肌肉耐力为目标的人群，每组练习的推荐重复次数要更多，可为 15 ～ 25 次 / 组，练习的强度和阻力宜小，不超过 50%（1RM），组间休息时间宜缩短。老年人及体适能极低人群可由低阻力、多重复的运动开始，后随体适能的提高逐渐增加阻力。

**4. 进程：提高或保持**

在通过抗阻运动适应了原有负荷之后，应该用更大的刺激来继续增加肌肉力量和体积，这种"递增超负荷"原则可以由多种方法实现，最常用的方法是增加训练负荷（即强度），也可以选择先增加重复次数和组数再增加强度。

如果肌肉力量和体积已经达到预期目标，并且只需维持这一肌肉适能水平，那么就没有必要进一步增大训练刺激。也就是说，保持肌肉适能的抗阻运动计划不需要额外增加练习阻力、组数或频率，只要以原有的练习强度或阻力，每周进行 1 天的练习就可以保持肌肉力量。

**5. 抗阻运动技术**

为了最大化获益健康并尽量减少运动损伤的发生，不管训练水平高低或年龄大小，任何抗阻练习都应按照正确的技术动作要求完成，包括：①控制动作速率，缓慢且有控制地重复动作。②练习时应在全关节活动范围内活动肢体。③采用适当的呼吸方法（即向心阶段呼气、离心阶段吸气）。不建议运动者进行单纯大强度（如 100% 1-RM）的离心收缩或拉长收缩练习，以避免肌肉损伤和肌肉严重酸痛的发生率，甚至导致横纹肌溶解等严重并发症。初学者在进行抗阻训练时，应该由有资格的健康 / 体适能专业人士抗阻训练动作进行指导。

### （三）柔韧性运动处方

柔韧性运动处方的目的是根据个性化训练目标发展大肌群或韧带群的柔韧性。所有年龄段的人都可以通过柔韧性练习提高关节活动幅度（ROM）或柔韧性。

**1. 柔韧性练习方式**

柔韧性练习应针对机体主要的肌肉、肌腱单元，包括肩带、胸部、颈部、躯干、腰部、臀部、大腿前后和脚踝进行拉伸。常用的练习方法有弹震式拉伸、动力性或慢动作拉伸、静力性拉伸和神经肌肉本体感觉促进法（PNF 拉伸）。

**2. 柔韧性练习量（时间、重复次数和频率等）**

进行拉伸练习时，应在感觉到肌肉轻微紧张后保持 10 ～ 30 秒，延长拉伸的时间只对老年人更有益。每个柔韧性练习都应重复 2 ～ 4 组，累计达到 60 秒（可以拉伸 2 次，每次 30 秒；也可以拉伸 4 次，每次 15 秒），按照上述安排多数人不超过 10 分钟即可完成柔韧性练习。

**3. 注意事项**

肌肉温度升高时，进行柔韧性练习的效果最好。通过主动热身或热敷、洗澡等被动方法都可以提高肌肉温度。拉伸活动会导致肌肉的力量和爆发力发生即刻的、短期的降低，特别是当运动者在拉伸后进行以力量和爆发力为主的运动时，这一负面影响尤为明显，建议将柔韧性练习安排在心肺耐力或抗阻训练之后，或者单独进行。

## 二、特殊人群运动处方

### （一）老年人运动处方

规律体力活动，包括心肺耐力运动和抗阻运动，对健康老龄化是非常重要的。老年人通过运动锻炼可以改善功能性能力（有氧耐力）、降低慢性疾病风险及提高生活质量。

久坐少动的健康老年人进行运动可以获得在程度上与年轻人相似的生理改善益处。尽管在老年人中绝对改善较小，但有氧耐力和力量训练的相对增加是相似的，并且老年人要达到这样的变化可能需要较长时间。

**1. 有氧运动**

老年人运动处方最明显的区别是往往从低强度运动锻炼开始，特别对先前久坐少动的老年人来说，低强度运动锻炼是合理的起点，然后继续运动超过最低运动推荐量。由于老年人体适能水平较低，运动强度应该用主观用力感知量表来评定。

（1）频率　每周进行至少 5 天的中等强度运动，或每周进行至少 3 天的较大强度运动，或每周进行 3 ～ 5 天中等强度与较大强度相结合的运动。

（2）强度　根据 RPE 表，11 ～ 13 分为中等强度运动，14 ～ 16 分为较大强度。

（3）时间　每天累计 30 ～ 60 分钟，每周共进行 150 ～ 300 分钟中等强度的运动，保证每次至少进行 10 分钟；或每天至少 20 ～ 30 分钟、每周共进行 75 ～ 100 分钟的较大强度运动，或是相当运动量的中等强度和较大强度运动相结合。

（4）类型　在进行任何类型的运动时，都不能对骨骼施加过大的压力。步行是老年人最常用的运动方式，水上运动和固定功率车运动项目较那些需要承受自身体重而耐受能力受限制的项目来说更具有优越性。

**2. 肌肉力量、肌肉耐力运动**

（1）频率　每周 ≥ 2 天。

（2）强度　以低强度（如 40% ～ 50%1-RM）开始，逐步提高到中等至较大强度（60% ～ 80%1-RM），如果无法测得 1-RM 时，运动强度可以采用 RPE 量表中的中等强度（11 ～ 13 分）到较大强度（14 ～ 16 分）。

（3）时间　8 ～ 10 个大肌肉群进行训练，1 ～ 3 组，每组重复 8 ～ 12 次。

（4）类型　渐进式负重运动项目或承受体重的柔软体操、爬楼梯和其他大肌肉群参与的力量训练。

### 3. 柔韧性练习

（1）频率　每周 ≥ 2 天。

（2）强度　拉伸至目标肌群感觉到轻微的肌肉张力或不适感。

（3）时间　保持拉伸 30 ～ 60 秒。

（4）类型　任何保持或提高柔韧性的运动，通过缓慢的动作拉伸身体各主要关节和大肌肉群，可根据锻炼目标和使用场景选择合适的拉伸方式。

### 4. 神经肌肉练习

神经肌肉练习包括平衡、协调、步态、敏捷性和本体感受等控制技能的练习，有时被称为功能性体适能训练。建议老年人通过适当的训练和综合性活动如太极、瑜伽来提高控制能力，这样可以保持身体机能，并降低跌倒的风险。建议每周至少 2 ～ 3 次，可能每天至少需要练习 20 ～ 30 分钟。

## （二）慢病人群运动处方

慢性非传染性疾病简称慢性疾病，是指一类起病隐匿，病程长且病情迁延不愈，缺乏明确的传染性生物病因证据，病因复杂或病因尚未完全明确疾病的概括性总称。主要包括以心脑血管疾病（如高血压病、冠心病、脑卒中等）、糖尿病、恶性肿瘤、慢性阻塞性肺部疾病（如慢性支气管炎、肺气肿等）、精神异常和精神疾病等为代表的一组疾病。

随着体力活动及运动在慢性疾病干预中的逐步推广，其效果已获得广泛肯定。慢性疾病的运动处方有别于一般运动处方，应在了解每种疾病的临床特征，掌握运动中疾病状态的变化规律，熟悉运动中可能出现的风险及防范措施，在患者体适能特点和健身测试的基础上，制订和实施合理的运动处方，才能保证安全有效。

### 1. 肥胖症

肥胖症是一种与环境、基因、生理、行为心理等相关的、复杂的、多因素的慢性代谢性疾病。当人体摄取食物过多、消耗能量减少，使过多热量在体内转变为脂肪大量蓄积起来，体重超过标准体重的 20% 以上就将发展成为肥胖。根据病因，肥胖分为原发性肥胖和继发性肥胖；根据体型，肥胖分为向心性肥胖（苹果型）和离心性肥胖（梨型）；根据肥胖程度［体重指数（BMI）和 / 或超过标准体重的百分比］，分为轻度、中度、重度肥胖症。轻度肥胖症：超过标准体重 20% ～ 30%，BMI 在 28 ～ < 35kg/m²；中度肥胖症：超过标准体重 30% ～ 50%，BMI 在 35 ～ < 40kg/m²；重度肥胖症：超过标准体重 50%，BMI ≥ 40kg/m²。

（1）肥胖症患者的运动测试　肥胖症患者进行运动测试的主要目的是评估其是否存在冠状动脉疾病，其次是评估心肺功能水平、确定制订运动处方时的靶心率。

由于负重运动会引起重度肥胖症患者出现步态异常、关节疼痛，所以步行或跑台测试不适合于重度肥胖症患者，可选用无负重的上肢或下肢功率车进行运动测试。当肥胖症患者出现血脂代谢异常、高血压、糖尿病等并发症时，会增加肥胖者运动的风险，所以在运动测试前应进行相关的医学检查和测试，测试中应进行医务监督。

（2）肥胖症患者的运动处方　美国运动医学会建议肥胖症患者每天至少运动 60 ～ 90 分钟，每周通过运动所消耗的能量应达到 2500 ～ 2800kcal。这一推荐超出了健康成人每天运动 30 分钟、每周能量消耗 1000kcal 的建议。肥胖症患者在进行运动减重前应咨询相关的慢性疾病运动康复指导师，制订出科学化、个性化、切实可行的运动处方，以保证安全有效达到减重目标。为达到能量消耗的最大化，建议以有氧运动为主，肌肉力量训练和柔韧性训练为辅。

（3）肥胖症患者在运动中的注意事项　首先，确定合适的减重目标。减重的合理目标是在4～6个月减去体重的10%，减重的速度以每周0.5～1.0kg为宜。其次，注意配合饮食调整。为了达到减重效果，必须保证能量的负平衡，减少能量的摄入。在大多数减肥计划开始时，减少能量的摄入是最有效方法，通常采用低脂、低糖饮食（Low-calorie Diet，LCD）。最后，注意选择合理的运动。肌肉、骨骼、关节疼痛或出现损伤者，应选择无负重运动；注意观察运动中的状态，是否会出现高血压征象；注意调整呼吸运动，避免憋气，防止过度疲劳。

**2. 高血压**

高血压病定义为静息收缩压≥140mmHg和（或）舒张压≥90mmHg。

（1）高血压患者的运动测试　根据患者血压水平、其他心血管危险因素、靶器官损害情况、有无心血管疾病等确定患者的危险分层。虽然高血压患者在正规运动试验前需要进行医学评估，但大多数患者可以安全地开始中等强度的有氧运动锻炼。

运动适应证：初次被诊断为轻、中度高血压的患者，大多数情况下可以通过改变生活方式，主要是科学运动和合理膳食将血压控制至正常范围内；高血压患者在药物控制下，血压低于180/110mmHg时，可以在专业人员指导下参加低、中强度的有氧运动。

运动禁忌证：收缩压≥180mmHg和/或舒张压≥110mmHg的高血压患者，暂时不要参与比散步更剧烈的运动。应该先进行药物治疗，当血压稳定后再实施运动计划。

患有轻、中度高血压伴有某些心血管疾病危险因素者，突然参加运动可能带来风险，如伴有冠心病、心力衰竭或患中风。此类患者首先应在医生监督下进行运动负荷试验，观察运动中的血压和心电图变化，再确定运动方案。

（2）高血压患者的运动处方　对高血压患者，参加规律体育锻炼的第一目标是降低血压。如其他疾病一样，在遵循健康成人运动处方FITT推荐原则的情况下，制订高血压患者的运动处方。

缺乏规律运动的高血压患者在进行运动时应首选有氧运动，最常见、降压效果较为突出的是快走和踏车运动。游泳作为强度较大的运动方式，主要适用于掌握该技术的轻度高血压患者。太极拳也是降血压的有效方式，可以每天练习20～30分钟。进行一段时间（4～6周）有氧运动后，如患者自我感觉费力程度下降，可以每周增加2～3次抗阻运动，通常采用低阻力、高重复的抗阻练习。此外，高血压患者每周进行2～3次的柔韧练习。

运动强度方面，对于未服用药物治疗的高血压患者可以使用靶心率控制运动强度，而使用药物的高血压患者尤其使用影响心率的药物（如α受体阻滞药）时，应结合主观疲劳感觉程度控制运动强度，通常控制在"尚轻松"和"有些费力"即可。

（3）高血压患者在运动中的注意事项　高血压患者在运动前应常规测量血压，并注意观察运动后的血压变化。收缩压≥250mmHg或者舒张压≥115mmHg应该立即停止运动。

每次运动开始时应进行准备活动，逐渐达到预定的运动强度，避免血压波动幅度过大，引起身体不适。在抗阻力量训练中，患者应该避免在下蹲动作过程中憋气，学会在运动中自然呼吸。

# 第十章 运动损伤与防治

## 第一节 运动损伤概述

运动损伤通常指在体育运动过程中受到机械性或物理性因素影响所造成的机体损伤。运动损伤的发生往往与体育运动项目、专项技术特点密切相关，同时也与训练水平、运动环境和条件等因素有关。随着竞技体育水平的提高及全民健身和休闲体育活动的广泛开展，运动损伤也越来越多见。实践经验证明，运动损伤的发生常常与体育教师、参加体育锻炼者对运动损伤的防治不了解或了解不够有密切关系。一般来说，大多数运动损伤是可以预防的，只要我们掌握和了解其发生的原因、规律，注意总结经验，广泛宣传并提高理论和业务水平，并采取相应措施，就能把运动损伤的发生降到最低程度。

### 一、运动损伤的分类

#### （一）根据损伤过程分类

**1. 急性损伤**

急性损伤是指由于瞬间遭受直接或者间接暴力所造成的运动损伤。一般急性损伤的原因明确，有不同程度的功能障碍，这种功能障碍会影响运动训练和日常生活，例如肌肉拉伤、关节扭伤等。

**2. 慢性损伤**

慢性损伤是指局部长期过度负荷产生的细微损伤累积而成，或者是急性损伤处理不当转化而来的陈旧性损伤。慢性损伤在运动损伤中较多见，如髌骨软骨软化症、肩袖损伤等。某些慢性损伤在局部运动负荷过度，或者动作不当等条件下，可以转化为急性损伤。

#### （二）根据损伤与运动技术及训练的关系分类

**1. 运动技术伤**

运动技术伤与运动技术特点及运动项目密切相关，如网球肘、跟腱断裂等。

**2. 非运动技术伤**

非运动技术伤与运动技术无关，如擦伤、挫伤、关节扭伤等。

#### （三）根据损伤程度分类

**1. 轻度损伤**

轻度损伤症状轻，运动员经过适当处理能够迅速重返赛场，恢复也比较快。一般这类损伤不会影响日常活动，受伤者也可以进行运动训练。例如对抗性运动中大腿肌肉被人踢伤，经冷敷后可以立即返回赛场，但是可能会由于腿部疼痛引起动作代偿，从而造成其他部位损伤风险增加。所以，针对运动损伤，即使比较轻微，也要引起重视。

**2. 中度损伤**

中度损伤时运动者症状较重，经紧急处理无法坚持比赛，日常活动基本不受影响，但是会有疼痛等症状出现，恢复时间较长，如不及时治疗容易转变成慢性损伤。此类损伤发生时，运动者一般不能按训练计划进行训练，需要减少患部训练负荷或者停止患部的训练。

**3. 重度损伤**

重度损伤时运动者症状较重，完全不能坚持比赛，需要医疗介入。这类损伤不但影响训练计划的实施，还影响运动者日常生活。此类损伤常伴随较为严重的并发症。

### （四）根据损伤后皮肤或者黏膜完整性分类

**1. 开放性损伤**

开放性损伤是指伤处皮肤或黏膜的完整性被破坏，有伤口与外界相通，如擦伤、刺伤等。

**2. 闭合性损伤**

闭合性损伤是指伤处皮肤或黏膜无破损，无伤口与外界相通，如肌肉拉伤、关节韧带损伤等。

### （五）根据损伤部位分类

**1. 软组织损伤**

软组织损伤多为急性损伤，在各种运动项目中均可发生，由于外力作用或过度使用等原因，导致人体的皮肤、皮下浅深筋膜、肌肉、肌腱、腱鞘、韧带、关节囊、滑膜囊、椎间盘、周围神经血管等组织的病理损害。这类损伤在运动中较为常见，包括但不限于擦伤、撕裂伤、刺伤、切伤、挫伤和扭伤等。软组织损伤分为开放性软组织损伤和闭合性软组织损伤两类，开放性软组织损伤如擦伤、撕裂伤、刺伤和切伤等，通常有明显的外部创口，可能伴随出血和感染风险；闭合性软组织损伤如挫伤和扭伤等，没有外部创口，但可能导致内部组织的肿胀、疼痛和功能障碍。

**2. 关节与软骨损伤**

关节损伤主要分为关节的病理损伤与结构异常两种，病理损伤以关节囊、韧带损伤最为常见，主要发生于踝关节、腕关节、膝关节等部位；结构异常，如脱臼，又分为外伤性和习惯性两类。关节损伤后治疗不当，会引发关节不稳。

急性软骨损伤多见于膝关节半月板，其他部位的损伤以慢性损伤多见。慢性损伤大部分为受伤部位逐渐劳损所致，主要病理变化为软骨的退行性变。软骨损伤是一种影响运动者运动寿命、运动表现和身体健康的严重损伤，运动训练中应严格控制可能导致关节软骨损伤的技术动作。

**3. 骨组织损伤**

运动中的骨组织损伤是指在进行运动过程中，由于外力作用、过度使用或意外事故导致的骨骼损伤，通常包括骨折、骨裂、骨挫伤、骨膜炎等。骨组织损伤的处理和恢复通常比软组织损伤更为复杂和漫长，需要适当的医疗干预和康复训练。其中骨折最为常见，可以分为简单骨折、开放性骨折、闭合性骨折、压缩性骨折等。骨裂类似于骨折，但裂纹较细，通常不涉及整个骨头的断裂。骨挫伤是由于直接撞击或重复压力导致的微小骨损伤，可能伴随水肿和疼痛。骨膜炎是一种涉及骨膜（覆盖在骨头表面的薄膜）的炎症性疾病，症状表现为疼痛，可能会出现肿胀或红肿，更为严重者会导致功能受限。

### 4. 神经损伤

神经损伤可以分为中枢神经损伤及周围神经损伤。在运动引起的神经损伤中，中枢神经系统损伤以脑组织慢性微细损伤最为常见，如拳击引起的"击醉病"。运动训练和比赛造成的周围神经损伤也比较多见，例如乒乓球、游泳的肩过度外展综合征，射击、自行车运动者的尺神经麻痹，举重、排球运动者的肩胛上神经损伤等。

### 5. 内脏损伤

运动造成的内脏损伤较为少见，多由运动者身体对抗，或者身体与器械碰撞所引起。大部分为闭合性损伤，诊断较困难。这些损伤有可能在数小时后才会出现症状，并且发展成危及生命的状况。常见的内脏损伤有肺部塌陷，内脏神经丛痉挛，脾、肝、肾、睾丸的破裂，内脏损伤极易引起大出血或剧痛而致休克，多见于棒垒球、足球、跆拳道、拳击、自行车和赛车等项目。当腹部受到较大的直接打击，如球击、足踢、拳击等动作；跌落、扭转或身体的移动突然停止或身体突然扭转时，如奔跑时突然摔倒侧弯；腹部受挤压，可能使脾、肝、肾等实质性器官遭到外力而损伤。

## 二、运动损伤的特点

### 1. 小伤、轻伤多

普通体育爱好者运动时发生的严重损伤很少，大部分属于"轻度"损伤。这里所谓的轻度损伤是相对于骨外科常见的损伤而言。但是对于运动员，可能会影响其正常训练和比赛，降低运动表现，不及时处理，病情可能会进一步发展。因此，运动损伤的康复标准不仅仅是临床症状的消除，而应是运动者的运动表现得以恢复。

### 2. 软组织损伤多

软组织损伤泛指皮肤、筋膜、软骨、肌腱、关节囊、韧带、周围神经支和血管支等组织的损伤。其中以筋膜、肌腱、韧带和关节囊损伤最为多见，其次是关节软骨、半月板、软骨盘等组织器官的损伤，这些损伤与运动项目及运动技术特点有关。

### 3. 慢性损伤多

慢性运动损伤多为积累性、劳损性伤病，或由多次小伤所致，或为损伤较重未彻底治愈造成。慢性运动损伤常反复发作，是影响运动者运动表现的重要问题。

### 4. 复合性损伤多

常年训练的专业运动者，往往有多处复合性损伤。动作技术不合理是运动损伤发生的主要原因，动作技术带来的损伤常是多部位、多组织的损伤。往往某一部位损伤后，就会造成其他部位运动动作的代偿模式，引发新的损伤。所以复合伤在运动损伤中较为多见，需要在诊断和康复过程中加以注意。

## 三、运动损伤的发生原因

造成运动损伤的原因是多方面的，包括参与运动个人的身体结构、生理及心理变化等内在因素，也包括运动训练计划的制订、运动环境的选择等外在因素。而运动损伤往往是伤者自身存在内在的风险因素，暴露于外部的风险因素中，同时遇上诱发事件而最终产生。

### （一）自身原因

**1. 动作技术掌握不当**

对运动中动作技术特点的要求，或动作要领掌握不正确者，如同时缺乏保护和指导易于引起运动创伤。

**2. 身体素质欠佳**

自身运动基础薄弱或身体素质欠佳者，运动过程中生理解剖结构上的薄弱部位如踝、膝关节，较易发生损伤。

**3. 运动状态不良**

疲劳或功能状态不佳时，勉强参加运动容易因体力不支或注意力不集中而引起运动创伤。

**4. 准备活动不适当**

运动前准备运动不足，身体的各项功能状态尚未达到适宜水平，未达到激活机体在平衡性、柔韧性、稳定性和协调性方面适应功能性动作的目的；过量的准备活动也会导致身体功能有所下降。

**5. 不良心理状态**

参加运动者因经验欠缺、认识不足造成情绪急躁，或因恐惧、担忧而犹豫和过分紧张等。

### （二）外部原因

**1. 不良的气候变化**

如过高的气温和潮湿闷热的天气，导致大量出汗失水；寒冷的冬季易发生冻疮或其他损伤事故；雨后地滑、光线不足等均可能造成损伤事故。

**2. 运动设备的选择和使用不当**

运动前未根据自身体格和素质选择合适的运动设备和防护装置，如车把和车座合适的自行车、合适的运动鞋袜、护齿、护头装备、尺寸合适的球拍等。

### （三）诱发因素

在自身因素和外部因素的共同作用下，加上诱发因素最终可导致运动损伤的发生。各类体育运动项目都具有不同的技术要求和特点，参与运动的个体身体各部位的运动负荷也不尽相同。反复的积累性劳损使不同的运动项目分别具有易伤部位。运动过程中组织间生物力学关系不断变化，在突然的撞击、动作失误或反复、重复等事件的诱发下，则可能使易伤部位发生损伤。如踝关节跖屈时，踝关节处在过伸位，小腿三头肌突然发力，让跟腱处于极度紧张状态，再加上突然用力蹬跳，超过了跟腱能承担的能力，易发生跟腱断裂。在举重抓举训练中，当杠铃已举过头顶，两臂伸直后，如果杠铃上升的路线移向后上方，此时应顺势让杠铃向后掉落，如果此时判断失误坚持做锁肩动作，极易发生肘关节脱位。

## 四、运动损伤的预防原则

**1. 加强运动损伤宣传教育**

强化预防运动损伤的意识，锻炼者应主动学习了解运动损伤发生的原因和基本的预防知识，相关部门或学科专家应当对锻炼者进行经常性和针对性的宣传教育，普及预防运动损伤的知识，使安全运动的观念深入锻炼者内心。

NOTE

## 2. 注意运动中的保护与自我保护

为避免可能发生的损伤，体育老师或健身教练应当加强对学生的保护，尤其是在完成某些大负荷，或不稳定状态下的动作时；体育老师或健身教练也应当教会学生基本的自我保护方法。

## 3. 做好充分的准备活动

在参加体育运动前一定要做好充分的准备活动，准备活动不但可以提高中枢神经系统的兴奋性，克服机体的生理惰性，而且能增加肌肉中毛细血管开放的数量，提高肌肉的弹性，同时还能提高运动器官的机能，增强韧带的弹性，使关节腔内的滑液增多，从而防止肌肉和关节的损伤。而运动前如准备活动不充分，特别是缺乏针对性准备活动，使运动器官和内脏器官机能没有达到运动状态则易发生运动损伤。

## 4. 加强易伤部位的锻炼

加强易伤部位和相对较弱部位的锻炼，提高它们的机能，是预防运动损伤积极和有效的手段，如预防腰部损伤，应加强腰腹部肌肉的训练；预防肩关节损伤，应加强三角肌、肩胛肌、胸大肌和肱二头肌的锻炼；预防膝关节损伤，则不仅要注意股四头肌（大腿前肌群）的训练，也要注意大腿后面肌群（屈肌群）的训练，这对增强膝关节的稳定性和保护膝关节有重要作用。

## 5. 避免局部负担过重

体育锻炼时，身体不同部位承担的负荷不同，局部负荷过重，可能会导致微细性损伤，这种微细损伤经过一段时间的累积，就会发生慢性劳损。如膝关节半蹲起跳动作过多，容易引起骨损伤；过多地练习鸭步可引起膝内侧副韧带及半月板的损伤。因此，在运动训练中应尽量避免单调的锻炼方法，防止局部负担过重。

## 6. 选择安全卫生的运动环境

重视运动器材、场地的安全和卫生，严格遵守相关操作规程，在一些体育器械（如铅球、实心球等）的使用中，要注意选择适当场地，确保自身安全，同时还要注意不要伤及他人安全。

## 7. 加强自我医护监督

锻炼者应养成定期体检的习惯，通过身体检查排除各系统的隐患，特别是心血管系统的安全隐患；而在参加体育锻炼过程中，应加强对自身生理机能和健康状况的观察和评定，如在运动过程中出现不适，应及时调整或减小运动强度和运动量，如不适情况严重，甚至需暂时终止运动，以确保自身的安全。

# 第二节　运动损伤的急救处理

## 一、急性损伤

### （一）早期

#### 1. 病理表现

急性损伤早期指伤后 24 ～ 48 小时内。此期病理变化的主要特点是组织撕裂或断裂后出现血肿和水肿，发生反应性炎症，临床上表现为损伤局部的红、肿、热、痛和功能障碍。

**2. 处理原则**

适当制动、止血、防肿、镇痛和减轻炎症。

**3. 处理方法**

损伤后即刻采用制动、冷敷、加压包扎和抬高患肢等一系列处理，严禁伤处按摩和热疗，这种组合常被称为 P.R.I.C.E. 治疗。

（1）Protect（保护）　是指视情况使用护具、贴布、弹性绷带或石膏来固定患部，使患部不再承受外力，不会因为拉扯而再度受伤。如果受伤部位在下肢，则应尽可能使用拐杖，以减轻患部及其附近关节的负担。

（2）Rest（休息）　静止休息，减少活动，防止二次损伤。如果是韧带损伤，继续行走会加重韧带的撕裂；如果是骨折，执意行走则会加重骨折端移位的风险。

（3）Ice（冰敷）　让受伤部位温度降低，减轻炎症反应和肌肉挛缩，缓解疼痛，抑制肿胀。急性期 24～48 小时可冷敷，每次 10～20 分钟，2 小时一次，但需注意不要直接将冰块敷在患处，以免冻伤；可用毛巾包裹住冰块敷于患处，如找不到冰袋和冰冻矿泉水，也可用自来水对受伤部位进行冲洗。

（4）Compression（加压）　使用弹性绷带或弹性大的衣物（比如丝袜）对患部适当加压包扎（松紧适度），可减轻局部的肿胀，防止进一步出血。

（5）Elevation（抬高）　在睡觉或休息时，将患肢抬高，可高于心脏 10cm 左右，可促进血液回流，达到减轻肿胀、减缓疼痛的目的。

### （二）中期

**1. 病理表现**

急性损伤中期指伤后 24 小时或 48 小时之后。此期出血已停止，急性炎症正在消退，此时伤处仍有瘀血、肿胀和疼痛，肉芽组织正在形成，组织正处于修复时期。

**2. 处理原则**

改善局部的血液和淋巴循环，促进组织的新陈代谢，加速瘀血和渗出液的吸收，清除坏死组织，促进再生修复，防止粘连形成。

**3. 处理方法**

以热敷、按摩为主，开始 1～2 天用力要轻，并可配合理疗及外敷活血生新药物，同时应根据伤情进行适当的康复功能锻炼，以保持机体神经及肌肉的紧张度，维持已经建立起来的条件反射及各个器官与系统的反射性联系。

### （三）后期

**1. 病理表现**

后期指伤后 1～2 周。此期组织已基本修复，肿痛已消失，但功能仍未完全恢复，锻炼时仍感疼痛，伤处酸软无力，甚至由于疤痕收缩或粘连出现伤部僵硬、活动受限等情况。

**2. 处理原则**

恢复和增强肌肉、关节的功能，若有疤痕或粘连，应设法软化或分离，以促进功能的恢复。

**3. 处理方法**

以按摩、理疗和功能锻炼为主，配合支持带固定及中草药的熏洗等。

NOTE

## 二、慢性损伤

慢性损伤常由急性损伤处理不当或过早运动转变而来，或由长期局部负担过重引起组织劳损，即由微细的小损伤逐渐积累而成。其病理变化主要是退行性改变和增生性改变，如细胞结构发生改变、纤维组织增生、血管腔变窄、伤部血液供应障碍等。临床表现为组织弹性差，有硬结、变厚、酸胀、疼痛，活动开后疼痛减轻，活动结束后有疼痛甚至局部发凉等。

**1. 处理原则**

改善局部血液循环，促进组织新陈代谢，合理安排局部负担量。

**2. 处理方法**

与急性损伤中后期处理大致相同，但要特别注意功能锻炼。如安排练习时，要考虑局部的负荷量大小，应以练习后不引起明显的疼痛为主。另外，应减少或停止加重伤情的练习，遵循循序渐进的原则，从对伤肢影响较轻的动作开始，逐渐过渡到专项练习等。在各种疗法中，按摩、针灸、理疗和局部注射肾上腺皮质激素等效果较好。

# 第三节　运动损伤的治疗

## 一、运动损伤的中医特色防治

### （一）预防保健

中医学是研究人体生理、病理及疾病诊断和防治的一门传统医学，是以古代唯物论、辩证论、阴阳五行学说等为指导思想，以脏腑经络的生理、病理为基础，以整体观念、辨证论治为特点的医学理论体系。中医预防保健和治疗手段是运动损伤治疗的重要组成部分，对消除疲劳、治疗运动损伤具有很好的疗效。

**1. 调神养生**

中医学认为，精、气、神为人生三宝。神是人体生命活动总的外在表现，又指精神意识活动。《黄帝内经》说："神者，水谷之精气也。"也就是说，神是以精气为物质基础的，是脏腑气血盛衰的外露征象，它通过机体的形态动静、面部表情、语言气息等方面表现出来。《素问·移精变气论》说："得神者昌，失神者亡。"故养生尤重调神。调神的本质是善良、宽容、乐观、淡泊。

调神养生保健是指在中医基础理论指导下，通过主动颐养精神、调摄情志、增强健康意识、改善生活行为方式等，保护和增强人的身心健康；通过修身、内守、导引、疏泄等措施调神静心并及时排解不良情绪，恢复心理平衡，生活愉悦，达到形神统一、防病治病、健康长寿的养生保健方法。调神养生的原则主要是恬淡虚无、精神内守、悦纳自己和他人、乐观豁达、积极进取、因情因人制宜。调神养生可以减少精神的消耗并调和气血，促进精神对脏腑功能的协调，气血畅达，营卫通利，身心健康。

**2. 起居养生**

中国传统起居养生法已有数千年历史，早在《素问·上古天真论》中就有关于"起居有常"的论述："上古之人，其知道者，法于阴阳，和于术数，饮食有节，起居有常，不妄作劳，故能形与神俱，而尽终其天年，度百岁乃去。"历代养生家无不将这一论述奉为圭臬，当成自己的准则，认为合理起居是关系人寿命长短的重要因素之一。

起居养生是在中医理论指导下，通过科学安排起居作息，妥善处理日常生活细节，使之符合自然界和人体的生理规律，以保证身心健康，求得延年益寿的养生方法。古代养生理论认为，有规律的周期性变化是宇宙间普遍存在的现象，天人合一，人体生命节律是自然界相应的，形成了一定的固有节律。遵循规律来安排作息，保持良好的生活习惯，方可使机体脏腑功能活动与自然变化规律协调统一，从而养护正气，提高人体对自然环境的适应能力，避免发生疾病，达到延缓衰老、促进健康的目的。

### 3. 情志养生

中医学认为，情志包括怒、喜、思、悲、恐、惊、忧七种，统称"七情"。情志是人在接触客观事物时，精神心理的综合反映，自然环境、社会环境和人体生理、病理变化无时无刻不在影响着人的情志状态。适度稳定的情志有利于机体各脏腑组织生理功能正常运行，而异常的情志变化可使人体脏腑、气血功能失调，导致诸多疾病的发生。现代研究表明，情志可作用于神经系统，影响机体内环境稳态，保持积极良好的情志有助于促进人体新陈代谢，提高人体健康水平、免疫功能和抗病能力。根据中医理论，情志之间也存在五行生克制化的规律，利用相互制约的情志，转移和抑制原来对机体不利的情志，可恢复或重建良好的精神状态。此外，也可通过移情、开导、疏泄、节制等方法和措施改变不良的情绪，或改变其周围环境，脱离不良刺激因素的影响，从而使人从不良情绪中解脱出来，可预防运动损伤的发生。

### 4. 饮食养生

饮食养生又称"食养"，是在中医理论指导下，根据食物的性味归经及其功能作用，合理地摄取与调配食物，以达到营养机体、增进健康、延年益寿目的的养生方法。根据药食同源理论利用食物性味、归经理论治疗疾病的方法，则称为饮食治疗，或称食物疗法，又称"食疗"。一般来讲，"食养"适用于包括健康人群在内的所有人群，而"食疗"主要针对患病人群或亚健康人群，但是两者之间并没有绝对的界限。我国人民在长期的饮食实践和探索中，积累了丰富的知识和宝贵的经验，逐步发现了一些动植物不但具有营养价值可以作为食物充饥，而且具有某些药用功效，可以保健和疗疾，形成了一套独特的饮食养生的理论和方法。

饮食养生的作用主要包括补充营养、调偏纠偏、防病延衰3个方面。饮食养生的原则主要包括：饮食要适时、适量，饮食的寒热应适宜人体的温度；了解不同食物的种类及特点，荤素搭配，全面均衡营养；因人、因时、因地制宜，合理选择膳食调养身体。

### 5. 睡眠养生

睡眠养生具体是指通过充足、高效睡眠达到保养性命、补气养精调神、防衰的目的。因此，若通过一定睡眠养生的方法，能达到养神、促进气化、生精的目的，这对于人类提高生存质量、抗病防衰、延年益寿具有重要意义。睡能还精，睡能养气，睡能健脾益胃，睡能坚骨强筋。睡眠养生也是根据自然界与人体阴阳变化的规律，采用合理的睡眠方法和措施，保证充足而高质量的睡眠，是养生重要的组成部分。古人云："养生之诀，当以睡眠居先。"人类的睡眠由人体昼夜节律控制，是人体的一种基本生理需要。

NOTE

### （二）损伤治疗

中医药在急性损伤中的治疗原则最早见于《黄帝内经》，在后世不断发展中形成针灸、推拿、手法复位等急诊操作和理论。这些操作和理论逐渐完善，形成具有中医基础理论指导的中医急诊体系。推拿按摩、中药和针灸是我国中医学的重要组成部分，其对运动损伤的治疗具有良好的效果。在治疗各种类型的运动损伤中，中药疗法方法简便，效果显著，无毒副作用，节省时间，减轻痛苦，还可节省患者的经济成本。

#### 1. 针灸

针灸以其操作简便、刺法灵活等优点备受大众喜爱。针灸治疗可应用于各种损伤之中，与中医药其他治疗方法共同构成伤科治疗体系。《医学源流论》中言，"外治之法，最重外治"，因此针灸在外伤中的治疗十分广泛。同时针灸具有疏通经络、活血化瘀、调和阴阳、扶正祛邪等功效，在运动损伤治疗中具有重要优势。运动损伤多见于生理结构破坏或紊乱，导致经络、气血不通，不通则痛，引起瘀血疼痛等症。针灸的功效和伤科的治疗是一致的，运用针灸及时疏通经络、活血化瘀、缓解疼痛、消除肿胀、减轻局部症状。通过针法，调理气滞血瘀、调和阴阳，达到阴平阳秘的状态；同时可提高机体免疫能力，依靠自生修复功能，修复损伤，减轻内服药物对机体的毒副伤害。在现代研究中发现，针灸在镇静、镇痛、调节功能等方面可迅速起效，在临床中具有重要的优势；加上适应证广泛、简单易行、副作用少等优点，针灸在急性运动损伤中具有十分广泛的运用，并逐渐发展为运动医学重要的外治方法。

针灸刺激肢体相关穴位，刺激可沿着隐性线路向所属脏腑器官传递，发挥经穴作用。在治疗运动疾病时，针刺可广泛地运用于临床，治疗各种软组织损伤及炎症。在损伤早期运用时有消肿止痛之效，而且在急性损伤治疗中晚期或慢性损伤期，更具活血祛瘀、通络止痛的作用，对骨折、脱位、神经损伤的恢复亦疗效显著。同时针灸具有良好的镇痛效果，针刺镇痛是在针刺的刺激作用下，在机体内发生的一个从外周到中枢各级水平，涉及神经、体液许多因素，包括致痛与抗痛这对立而统一的两个方面的复杂动态过程。主要适用于治疗腰背和四肢肌的急性和慢性损伤，以及由于肌肉损伤引起的腰腿疼痛、肩痛等，疗效显著。

运动损伤多是软组织损伤，中医学称为伤筋，筋脉扭挫、经筋受损、经络被阻而致气滞血瘀，故气血运行不畅则局部肿胀；气血瘀滞，"不通则痛"故疼痛不适，出现关节肌肉活动不利等症状。通过针刺，可以及时地疏通经络、活血止痛、激发经气、温阳养血，改善局部血液循环，加快机体修复，操作简便，实用价值大且无不良反应。主要包括针刺法、电针法、穴位注射法、耳针法、皮肤针疗法、拔罐法、刺络拔罐法、灸法等。

#### 2. 拔罐

拔罐疗法在我国约有 3000 年历史，成书于春秋战国时期的《五十二病方》已经采用拔罐（当时称"角法"）这一治疗方法。其对瘀血、肿胀、疼痛、肌肉劳损、痉挛等运动损伤都有较好的疗效。拔罐以罐为工具，利用燃烧排除罐内空气产生负压的原理，使罐吸附在拔罐的部位而产生刺激，使局部皮肤充血、瘀血，从而达到防治疾病的目的。

拔罐通过负压，促使红细胞破裂出现溶血，产生组胺，随着血液循环系统促进器官的生理功能。运动达到一定负荷，身体会产生乳酸等诸多代谢废物，如不能及时排出，就会引起肌肉酸痛。而拔罐的负压可以让血管扩张，促进血液循环，让代谢废物及时排出，达到运动损伤治疗的目的。如急性肌肉拉伤等运动损伤，主要机理是毛细血管受损，有渗血现象，拔罐促进气血循环作用可缓解症状。

拔罐一般的疗法有留罐、推罐（走罐）、闪罐、药罐、针罐、放血等。其注意事项：拔罐的时间一般在 10 分钟左右，最长不超过 15 分钟。最好在 3 天后再进行第 2 次拔罐，且不要在同一个位置反复拔火罐，以免对皮肤造成损伤，出现红肿、破损等。

### 3. 推拿按摩

推拿按摩是中医外治法中常见的一种，最早可追溯到上古时期。春秋战国时期就有《黄帝岐伯按摩经》，隋唐时期形成了理论体系并逐渐成熟，明清时期继续发展，理论更加丰富，治疗更加多元化。运动损伤后推拿与按摩的具体作用：解除运动疲劳，提高睡眠质量，增进食欲，更有效地恢复体能；同时有助于脊柱和全身的放松，有助于静脉血和淋巴液的回流，防止瘀血，使淤积在四肢末梢的代谢产物能及时得到处理，减轻运动性酸痛，提高运动后恢复能力。推拿按摩疗法是治疗运动损伤的一种重要方法，其主要手法有以下几种。

（1）㨰法 以掌指关节着力，分别沿患侧大腿前内侧、后内侧做㨰法 3～4 分钟。用于早期，有舒筋、解痉的作用；用于恢复期，有活血、养筋的作用。

（2）拿法 以拇指与食中环指指腹着力，沿内收肌起点处向下做拿法，至大腿中下 1/3 处止，反复治疗 5～6 分钟。早期使用，有舒筋、解痉、活血、化瘀的作用；恢复期使用，可收到松解粘连的效果。

（3）揉法 以食中环指末节指腹着力，分别沿大腿前内侧、后内侧做揉法 3 分钟左右。早期使用，有活血、舒筋、解痉之作用；恢复期使用，有养筋、松解粘连的作用。

（4）弹筋法 沿患侧骨内收肌群处做弹筋法，自大腿根部弹至中下 1/3 处止，反复治疗 2～3 分钟，有行气止痛、松解粘连的作用。

（5）摇髋法 一手扶患足跟，另一手扶患膝，使髋做顺时针方向的摇动，有松解粘连的作用，多用于恢复期。

推拿具有疏通经络、行气活血、理筋散结、正骨复位等伤科作用，在急性或慢性运动损伤中具有重要优势。其主要针对软组织损伤、肌肉损伤、关节脱位及肌肉劳损等适应证。推拿是缓解痉挛、肌紧张、韧带拉伤、关节复位等急性运动损伤的重要手段和方式，以穴位、生理结构为基础，结合手法作用，可迅速或长期服务运动损伤，是中医外治法的重要组成部分，在急性运动损伤中运用也十分广泛。

基于经穴学说理论，经络按摩用于穴位上，对穴位施力，或沿经络的起点和终点方向施加按摩技术，以帮助虚弱的人增强精力。为了获得良好的结果，不同程度的运动损伤需要不同的推拿手法。在运动损伤中，肌肉、肌腱和韧带可以使用理筋手法，以保持与受伤纤维的接触和愈合。使用正确的技术，可以将肌腱和腱鞘分开，缓解一定的疼痛。在运动员受伤后，受伤部位关节会形成一定的粘连，并且变硬，此时运用推拿疗法进行适当的操作，能够使关节的粘连分开，并有利于恢复关节功能。

对于出现局部运动损伤的运动员，推拿疗法可以加速局部损伤部位的软组织恢复。对于一般的软组织扭伤和挫伤、肌腱和韧带损伤，应同时使用平面力和垂直力手法，此手法轻重应适中。在中等程度软组织损伤的情况下，应采用垂直用力的手法，手法用力应偏重一些，起到释放黏着力，缓解痉挛，使结节平滑和松弛，恢复弹性的作用。对于一些受损组织位于骨骼关节中，从外侧入手，以斜切手法为主要手段，将力直接作用于损伤部位。一些运动员出现关错位运动损伤，应以牵引和旋转等其他方法进行校正和复位，将负重力线恢复到正常的位置。

### 4. 敷贴

敷贴最早起源于鲜药的应用。正式的专门医家形成以前，劳动人民在长期与自然的接触中，对各种疾病的治疗是根据经验，利用身边的植物等作为药物，随采随用。这些治疗各种疾病的草根、树皮绝大多数为鲜品，是中医外治方法之一。敷贴是将药物研为细末，并与各种不同的液体调制成糊状制剂，敷贴于一定的穴位或患部，以调节免疫机制、提高人体防病抵抗力和治疗疾病的方法。

敷贴在运动损伤领域适用于内科、外科、骨伤科等疾病。运动损伤常用的敷贴法是局部敷贴法，又称阿是穴敷贴法。阿是穴即手指按压疼痛明显点，又称压痛点。以伸筋草、透骨草、川草乌、络石藤、海桐皮、当归、川芎等30余种中药研制成粉末，用时以高粱酒或姜汁调匀成糊状，敷贴于疼痛部位。适宜各种关节炎及骨骼病变、肌筋膜炎、肩背酸痛、腰肌劳损、颈腰椎增生。凡属中医瘀症、腰痛、各种劳损、外伤性后遗症等范畴，均可采用敷贴治疗。

### 5. 中医正骨

中医正骨疗法是通过拔伸、复位、对正等手法，采用小夹板外固定方式，治疗骨折、关节脱位等运动系统疾病的一种治疗方法。它是中国传统医学的重要组成部分，距今已有三千多年的历史。早在周代，医疗分工上已有专人掌管骨科疾病的治疗，秦汉时期形成基本理论和技术，世代传承，如《肘后备急方》《仙授理伤续断秘方》《备急千金要方》《医宗金鉴》中有大量记载。中医正骨在长期的医疗实践中，形成了一套独特的理论体系和完整的治疗原则及方法，积累了非常丰富的经验。正骨术中的"小夹板固定"属于中国首创，其后被许多国家效仿，中医正骨术堪称中国传统医学对世界医学的伟大贡献之一。

运动损伤骨折患者，经整复、外固定，配合内服、外敷中药治疗，避免了手术治疗痛苦，减少医疗资源浪费，减轻患者及社会经济负担。根据临床对骨折患者的治疗观察，结合中医正骨对骨折分期辨证治疗的基本原则，骨折损伤有不同的类型，骨折治疗分不同时期，骨折患者有个体差异，辨证用药有不同方法。骨折后经系统分期辨证用药治疗，能明显提高疗效，改善临床症状，促进骨折愈合。只要能掌握正确的整骨手法，可靠的外固定，合理的辨证用药，积极主动的医患合作，均能收到很好的治疗效果，既能减轻患者的痛苦和经济负担，又能促进骨折早期愈合，同时也有利于患肢的功能恢复。

## 二、运动损伤的西医治疗

### （一）局部物理治疗

局部物理治疗是一种非侵入性、非药物性的治疗方法，主要用于恢复身体局部的生理功能。它利用物理因子，如声、光、冷、热、电、力等，通过神经、体液、内分泌等生理调节机制作用于人体，以达到预防和治疗疾病的目的。

局部物理治疗包括常见的运动疗法和物理因子疗法等技术，可缓解疼痛、促进血液循环、放松肌肉、促进组织修复等。运动疗法包括关节活动技术、肌肉牵伸技术、平衡与协调训练技术等，逐渐成为物理治疗的主体。物理因子疗法包括超声治疗、光疗、电疗、冷疗、热疗、压力疗法、机械疗法等。局部物理治疗在多种疾病的康复治疗和预防保健中被广泛应用，具体采用哪种局部物理治疗方法，需要根据患者的病情、身体状况等因素来综合决定。

### （二）局部喷剂应用

局部喷剂在运动损伤的治疗中发挥着重要作用，可以作为非药物疗法的补充，帮助缓解疼痛、减少炎症，并促进运动损伤的康复。局部喷剂应用的特点是方便快捷，针对性强，使用简单，能快速作用于损伤处，减少对全身的影响。常见的局部喷剂类型包括冷敷喷剂和止痛喷剂，冷敷喷剂能迅速降低局部温度，减少疼痛和肿胀，适用于急性损伤后的初期处理，如扭伤、拉伤等；止痛喷剂可缓解损伤部位的疼痛。

对于擦伤出血或肌肉拉伤，可以使用 0.9% 生理盐水冲洗伤口，然后使用 75% 酒精或者安尔碘溶液消毒杀菌，促进伤口的愈合。肌肉拉伤可以使用具有抗炎、镇痛作用的喷剂，缓解急慢性炎症反应。对于运动创伤也可以使用我们国内特色外用中成药制剂，如云南白药气雾剂、跌打药酒、七厘散、伤科灵喷雾剂、肿痛气雾剂等，可以祛风除湿、化瘀消肿、止痛止血。

### （三）局部封闭治疗

封闭疗法也叫"局封"，是由局部麻醉演变而来的一种治疗疼痛的方法。最早由苏联学者阿•维•维许聂夫斯基教授所发明，当时主要是用普鲁卡因注射于神经干周围或软组织中，来阻断外来或内在的"对中枢形成的刺激"，起到止痛的作用，以后逐渐发展到与其他药物合用，尤其是与糖皮质激素合用的一种疗法。封闭疗法是一种简单、安全、疗效可靠的消炎、镇痛治疗方法，对全身各部位的肌肉、韧带、筋膜、腱鞘、滑膜的急慢性损伤或退行性变、骨关节病都适用。由于给药直接，疗效迅速，应用得法可以收到事半功倍之效，因此为广大患者，尤其是运动员和健身人群所乐意接受。

对于运动员来说，封闭疗法其实并不陌生，在骨科、运动创伤专科医院、风湿免疫科等都会用到。运动损伤方面，封闭疗法是作为救急用的。在临床上，关节炎、腰肌劳损、腰椎间盘突出症等软组织损伤的患者都会用到"封闭针"，这类似于局部麻醉的功效。该疗法并非没有影响，只是影响相对较小，或者说有影响但是尚未探究出具体的副作用。运动损伤打"封闭针"不会上瘾，因为这些激素药并没有成瘾性，只要没有经过长期大剂量使用，不会产生依赖性。

### （四）手术治疗

运动损伤是现代社会常见的一种损伤性疾病，主要是指因为运动、锻炼过量、未自我防护以及不规范的动作操作等原因造成的身体运动关节的损伤。急性损伤较为多见，如若治疗不当，则会发展成慢性损伤。微创手术可以较大程度保留正常关节，且手术创口小，恢复时间短，具有较好的疗效。目前国内已开展肩、肘、腕、髋、膝、踝、指等部位的微创手术，尤其是膝关节、肩关节的微创诊断、治疗等新技术。因手术期的康复治疗是以支具固定为基础，进行以早期功能活动为中心的康复训练方法，且因手术期的康复治疗结合微创手术保留大部分正常关节组织的优势，能够最大限度恢复患者损伤关节的运动功能。

从临床治疗效果上来看，运动损伤的微创手术对关节的创伤较小，且恢复较快，为手术期的康复治疗训练提供了较好的基础。手术结束后配合适当的科学化的康复锻炼，能够更早地恢复肢体运动机能。手术期康复治疗能够促进功能恢复，减轻局部疼痛肿胀感，修复关节稳定性，锻炼肌肉的力量，最大程度恢复患者受损关节的运动功能。而且随着运动技术的发展，新

NOTE

的训练理念已经逐步进入人们视线中，我们关注的不仅仅是如何在运动损伤后最大程度地恢复功能，而且是注重运动锻炼的全过程，实现"预康复"提早干预，使损伤不出现或延迟出现，把伤害度降到最低，实现真正的"防患于未然"。但对于出现运动损伤的患者，微创手术和手术期的康复技术在治疗过程中有着非常重要的意义。

# 第十一章　运动康复技术

## 第一节　运动康复学概述

　　独立生活的能力和高质量的生活状态是人类生存的重要基础，其依赖于完善的功能水平。各种损伤和疾病均会导致不同程度的功能障碍。物理治疗是提高患者功能水平的有效方式，运动康复是物理治疗的重要组成部分。部分没有损伤及功能障碍的人群，也可通过正确的运动干预方案获得健康的生活方式，降低疾病和损伤的风险。运动康复是人类提高功能或预防功能障碍的有效方式，是康复治疗师临床服务的重点和基础。

### 一、定义

　　物理治疗师基于系统的诊断和评估，确定患者的身体功能和结构损伤，为患者制定个性化运动治疗方案，通过徒手或器械，系统、有计划地调整患者身体动作、姿势或活动表现。其主要任务如下。

　　1.治疗或预防身体功能和结构损伤。

　　2.改善、恢复身体活动和提高社会参与水平。

　　3.预防或减少健康相关的危险因素。

　　4.优化整体健康状态和体适能，提高生命质量。

### 二、常见运动康复干预技术

　　1.肌力、肌肉耐力和肌肉协调能力训练。

　　2.肌肉牵伸技术和关节松动技术。

　　3.神经肌肉控制、抑制和促进技术。

　　4.姿势控制、身体力学和稳定性训练。

　　5.平衡和灵活性训练。

　　6.有氧训练。

　　7.放松训练。

　　8.呼吸训练和呼吸肌训练。

　　9.任务导向性的功能性训练。

### 三、运动康复适应证

　　1.肌肉骨骼系统：疼痛；肌力和肌肉耐力下降；相关原因导致的活动范围受限，包括关节囊和关节周围结缔组织挛缩、肌肉长度缩短、关节运动过度、不良姿势、肌肉长度/力量不平衡。

2. 神经肌肉系统：疼痛；平衡、姿势稳定或控制受损；协调功能障碍；张力异常（张力降低、张力增高、肌张力障碍）；无效/无效率的功能运动策略。

3. 心血管/肺系统：有氧代谢能力降低；循环系统障碍。

4. 皮肤组织：皮肤活动性减少（如瘢痕粘连）。

### 四、运动康复禁忌证

1. 急危重症、疾病急性期。

2. 运动器官损伤且未做处理。

3. 严重出血倾向。

4. 严重心血管疾病、癌症且有转移倾向、严重的骨质疏松。

5. 运动过程中存在严重并发症可能，如主动脉瘤破裂或高血压。

6. 运动过程中症状加重者。

# 第二节  运动康复评估技术

## 一、运动康复评估概述

运动康复功能评估是运动康复的基础，能够辅助物理治疗师准确、客观地评定功能障碍的性质、部位、范围、程度，预测功能障碍的发展、预后及转归，确定康复目标，从而指导物理治疗师制定合理可行的运动康复干预方案，并评估运动康复方案治疗效果。常见的运动康复评估包括关节活动度评估、肌肉表现能力评估、柔韧性评估、有氧功能评估、协调和平衡功能评估等。

运动康复功能评估应贯穿于康复计划的各个阶段。通过收集和整理评估获取的主观及客观数据，治疗师需确定以下内容。

1. 患者当前疾病情况及主要运动功能障碍种类。

2. 患者当前运动功能障碍的严重程度，根据患者独立程度可分为4级。

（1）完全独立。

（2）大部分独立，需要少量帮助。

（3）大部分依赖，需要大量帮助。

（4）完全依赖。

3. 运动康复计划的目标：包括短期目标和长期目标。

4. 决定运动康复计划的实施顺序：根据患者功能障碍及自身需求，确定康复目标优先级。

5. 确定运动康复的疗效：除了在患者入院进行评估外，需在康复治疗中期和末期进行评估，以决定是否要调整康复计划，并为患者重返家庭和社会提出进一步的康复治疗建议。

## 二、关节活动度评估

### （一）关节活动度概念

关节活动度又称关节活动范围（range of motion，ROM），是指关节运动时所经过的最大运动弧度。根据关节活动的完成形式，可分为被动关节活动度（passive range of motion，PROM）和主动关节活动度（active range of motion，AROM）。正常的关节活动范围是完成功能性活动的基础，因此评估关节活动度范围、关节活动终末感、关节活动度限制模式有助于识别和量化疾病，为运动康复干预提供依据。

主动关节活动度是身体某环节在不受限制的关节活动范围内通过该关节的肌肉主动收缩产生的运动。在 ROM 评估中通常最先测量 AROM，如果患者能够轻松完成全范围 AROM 且无疼痛或其他症状，则通常不需要进行 PROM 测试。关节囊、韧带、肌肉和软组织紧张、关节表面异常和肌肉无力、疼痛都可能导致 AROM 受限。因此，若 AROM 范围减小，治疗师需要进一步测试以确定活动受限的原因。

被动关节活动度是身体某环节在不受限制的关节活动范围内完全依靠外力产生的运动，运动过程中很少或没有自主性肌肉收缩。外力可以是重力、器械、他人或自己身体另一个部分。除了评估 ROM，检查者可通过 PROM 检查来判断该关节运动终末感的性质，从而确定是否存在限制关节运动的异常结构变化。

### （二）影响关节活动度的主要因素

关节活动度受年龄、性别、职业等各种因素影响，通常把影响关节活动度的因素分为生理因素和病理因素。

**1. 生理因素**

生理因素包括骨性结构（关节面面积差）、软组织限制、韧带张力限制、肌肉张力限制、年龄、性别等。

**2. 病理因素**

（1）软组织挛缩 肌肉和皮肤缩短、疤痕挛缩、反射性和痉挛性肌肉挛缩。

（2）疼痛 骨折、骨关节炎和手术引起的周围肌肉保护。

（3）组织粘连 关节内、周围软组织或关节活动相关肌肉粘连。

（4）关节疾患 类风湿关节炎、骨性关节炎和异位骨化等。

（5）肌力下降 导致主动关节活动度下降。

### （三）终末感（end feel）

关节被动运动到末端因受到特定解剖结构的限制而不能进一步运动，检查者在该位置感受到的特有的、阻碍进一步运动的感觉称为终末感。检查者可通过患者关节活动的终末感，判断限制关节活动度的主要因素，从而给出相对应的运动康复干预计划。表 11-1 和表 11-2 分别描述了正常和异常的终末感。

### （四）测量方法和步骤

**1. 测量工具**

关节活动度测量工具有多种，如量角器、电子角度计和皮尺等，必要时也可通过拍摄 X 线片或通过摄像机拍摄进行测量分析，临床中量角器最为常用。

**2. 主要关节测量方法及关节活动度**

（1）上肢主要关节活动度测量  见表 11-3。

### 表 11-1  正常终末感

| 终末感 | 结构 | 常见例子 |
| --- | --- | --- |
| 软（soft） | 软组织 | 膝关节屈曲（小腿后部软组织与大腿后部软组织之间接触 |
| 硬（firm） | 肌肉牵拉 | 膝伸直时髋关节屈曲（腘绳肌被动弹性牵拉） |
|  | 关节囊牵拉 | 手指掌指关节伸展（关节囊张力） |
|  | 韧带牵拉 | 前臂旋后（桡尺关节间韧带和骨间膜张力） |
| 坚硬（hard） | 骨骼相互接触 | 肘关节伸展（尺骨鹰嘴突与肱骨头窝之间的接触） |

### 表 11-2  异常终末感

| 终末感 | 表现 | 常见例子 |
| --- | --- | --- |
| 软（soft） | 过早或过晚出现，或出现在终末感本该是硬或坚硬的关节中 | 软组织水肿、滑膜炎 |
| 硬（firm） | 过早或过晚出现，或出现在终末感本该是软或坚硬的关节中 | 肌张力增加，关节囊、肌肉韧带缩短 |
| 坚硬（hard） | 过早或过晚出现，或出现在终末感本该是软或硬的关节中 | 软骨软化症、骨关节炎、关节中存在骨刺、骨化性肌炎、骨折 |
| 空（Empty） | 因为疼痛，无法活动到关节终末端。活动过程中感受不到关节内的阻力 | 急性关节炎症、滑囊炎、脓肿、骨折、肌张力迟缓 |

### 表 11-3  上肢主要关节活动度测量

| 关节 | 运动 | 体位 | 量角器放置方法 | | | 正常值 |
| --- | --- | --- | --- | --- | --- | --- |
|  |  |  | 轴心 | 固定臂 | 移动臂 |  |
| 肩 | 屈/伸 | 坐或立位，上臂置于体侧，肘伸直 | 肩峰 | 与腋中线平行 | 与肱骨纵轴平行 | 屈 0°～180°<br>伸 0°～60° |
|  | 外展 | 坐或立位，上臂置于体侧，肘伸直 | 肩峰 | 与身体中线平行 | 与肱骨纵轴平行 | 0°～180° |
|  | 内外旋 | 仰卧，肩外展90°，屈肘90° | 鹰嘴 | 与腋中线平行 | 与前臂纵轴平行 | 内旋 0°～70°<br>外旋 0°～90° |
| 肘 | 屈/伸 | 仰卧、坐位或立位，臂取解剖位 | 肱骨外上髁 | 与肱骨纵轴平行 | 与桡骨纵轴平行 | 0°～150° |
|  | 旋前/旋转后 | 坐位，上臂置于体侧，肘屈曲90°，前臂中立位 | 尺骨茎突 | 与地面垂直 | 桡骨茎突与尺骨茎突连线 | 各 0°～90° |
| 腕 | 屈/伸 | 坐或立位，前臂完全旋前 | 尺骨茎突 | 与前臂纵轴平行 | 与第2掌骨纵轴平行 | 屈 0°～90°<br>伸 0°～70° |
|  | 尺偏/桡偏 | 坐位，屈肘，前臂旋前，腕中立位 | 腕背侧中点 | 前臂背侧中线 | 第3掌骨纵轴 | 桡偏 0°～25°<br>尺偏 0°～55° |
| 掌指 | 屈/伸 | 坐位，腕中立 | 近侧指骨近端 | 与掌骨平行 | 与近侧指骨平行 | 屈 0°～90°<br>伸 0°～20°<br>（拇指屈 0°～30°） |
| 指间 | 屈/伸 | 坐位，腕中立 | 远侧指骨近端 | 与近侧指骨平行 | 与远侧指骨平行 | 近侧指间 0°～100°<br>远侧指间 0°～80° |
| 拇指 | 内收/外展 | 坐位，腕中立 | 腕掌关节 | 与示指平行 | 与拇指平行 | 0°～60° |

（2）下肢主要关节活动度测量　见表 11-4。

### 表 11-4　下肢主要关节活动度测量

| 关节 | 运动 | 体位 | 量角器放置方法 | | | 正常值 |
| --- | --- | --- | --- | --- | --- | --- |
| | | | 轴心 | 固定臂 | 移动臂 | |
| 髋 | 屈 | 仰卧或侧卧，对侧下肢伸展 | 股骨大转子 | 与身体纵轴平行 | 与股骨纵轴平行 | 0°～125° |
| | 伸 | 侧卧，被测下肢在上 | 股骨大转子 | 与身体纵轴平行 | 与股骨纵轴平行 | 0°～15° |
| | 内收／外展 | 仰卧 | 髂前上棘 | 左右髂前上棘连线的垂直线 | 髂前上棘至髌骨中心的连线 | 各 0°～45° |
| | 内旋／外旋 | 仰卧，两小腿于床缘外下垂 | 髌骨下端 | 与地面垂直 | 与胫骨纵轴平行 | 各 0°～45° |
| 膝 | 屈／伸 | 俯卧、侧卧或坐在椅子边缘 | 股骨外侧髁 | 与股骨纵轴平行 | 与胫骨纵轴平行 | 屈 0°～150°　伸 0° |
| 踝 | 背屈／跖屈 | 仰卧，踝处于中立位 | 腓骨纵轴线与足外缘交叉处 | 与腓骨纵轴平行 | 与第五跖骨纵轴平行 | 背屈 0°～20°　跖屈 0°～45° |
| | 外翻／内翻 | 俯卧，足位于床缘外 | 踝后方两踝中点 | 小腿后纵轴 | 轴心与足跟中点连线 | 内翻 0°～35°　外翻 0°～25° |

（3）脊髓各节段关节活动度测量　见表 11-5。

### 表 11-5　脊髓各节段关节活动度测量

| 关节 | 运动 | 体位 | 量角器放置方法 | | | 正常值 |
| --- | --- | --- | --- | --- | --- | --- |
| | | | 轴心 | 固定臂 | 移动臂 | |
| 颈部 | 前屈 | 坐或立位，在侧方测量 | 肩峰 | 平行于前额面中心 | 头顶与耳孔连线 | 0°～60° |
| | 后伸 | 坐或立位，在侧方测量 | 肩峰 | 平行于前额面中心 | 头顶与耳孔连线 | 0°～50° |
| | 左右旋转 | 坐或仰卧，于头顶测量 | 头顶中心点 | 头顶中心矢状面 | 鼻梁与枕骨结节的连线 | 各 0°～70° |
| | 左右侧屈 | 坐或立位，于后方测量 | 第 7 颈椎棘突 | 第 7 颈椎与第 5 腰椎棘突连线 | 头顶中心与第 7 颈椎棘突连线 | 0°～50° |
| 腰部 | 前屈 | 坐位或立位 | 第 5 腰椎棘突 | 通过第 5 腰椎棘突的垂线 | 第 7 颈椎与第 5 腰椎棘突的连线 | 0°～45° |
| | 后伸 | 坐位或立位 | 第 5 腰椎棘突 | 通过第 5 腰椎棘突的垂线 | 第 7 颈椎与第 5 腰椎棘突的连线 | 0°～30° |
| | 左、右旋转 | 坐位，臀部固定 | 头顶部中点 | 双侧髂前上缘连线的平行线 | 双侧肩峰连线的平行线 | 0°～40° |
| | 左右侧屈 | 坐位或立位 | 第 5 腰椎棘突 | 两侧髂棘连线中点的垂线 | 第 7 颈椎与第 5 腰椎棘突连线 | 各 0°～50° |

### 3. 测量注意事项

（1）通常以解剖中立位时各关节的位置定义为 0°。若患者不能从解剖 0° 位开始，则应记录实际开始的角度。

（2）测量主被动关节活动度并记录。

（3）若患者存在某关节非正常过度伸展现象，可用"-"表示。

（4）进行双侧比较。

NOTE

（5）测量时避免其他关节出现代偿现象。

## 三、肌肉力量评估

### （一）肌力的基本概念

肌力指在肌肉骨骼系统负荷下，肌肉维持姿势、启动或控制运动而产生一定张力的能力。其取决于肌肉横截面积、运动单位募集及其释放速率、肌肉收缩速度、肌肉的初长度、肌腱和结缔组织的完整性、肌肉收缩类型、中枢和外周神经系统调节以及力学相关因素（牵拉角度、力臂和阻力臂长度等）。

### （二）徒手肌力评定

**1. 定义**

徒手肌力评定（manual muscle test, MMT）是评定者在借助重力或徒手施加外力的前提下，评定受试者所测肌肉（或肌群）产生最大自主收缩能力的一种方式。引导受试者被测肌肉（或肌群）产生最大自主收缩（或产生正确运动），根据评定标准来判断肌力的等级。

**2. 评级方法**

（1）Lovett 分级法　见表 11–6。

**表 11–6　Lovett 分级法评定标准**

| 分级 | 表现 |
| --- | --- |
| 0 | 无可见或可感觉到的肌肉收缩 |
| 1 | 可触及肌肉轻微收缩，但无关节活动 |
| 2 | 在消除重力姿势下能做全关节活动范围的运动 |
| 3 | 能抵抗重力做全关节活动范围的运动，但不能抗阻力 |
| 4 | 能抗重力和一定阻力运动 |
| 5 | 能抗重力和充分阻力运动 |

（2）MRC 分级法　在 Lovett 分级法的基础上，以运动幅度和施加阻力的程度进一步细分，通过附加"+"和"−"对肌力进行更细致的评定（表 11–7）。

**表 11–7　MRC 分级法评定标准**

| 级别 | 英文缩写 | 特征 |
| --- | --- | --- |
| 5 | N | 能对抗与正常相应肌力相同的阻力，且能做全范围的活动 |
| 5− | N− | 能对抗与 5 级相同的阻力，但活动范围在 50% ～ 100% |
| 4+ | G+ | 在活动的初、中期能对抗阻力与 4 级相同，但在末期能对抗 5 级阻力 |
| 4 | G | 能对抗阻力，且能完成全范围的活动，但阻力达不到 5 级水平 |
| 4− | G− | 能对抗的阻力与 4 级相同，但活动范围在 50% ～ 100% |
| 3+ | F+ | 情况与 3 级相仿，但在运动末期能对抗一定的阻力 |
| 3 | F | 能抗重力运动，且能完成全范围的活动，但不能对抗任何阻力 |
| 3− | F− | 能抗重力运动，但活动范围在 50% ～ 100% |
| 2+ | P+ | 能抗重力运动，但活动范围小于 50% |
| 2 | P | 不能抗重力，但在消除重力影响后能做全范围运动 |
| 2− | P− | 消除重力影响时能活动，但活动范围在 50% ～ 100% |
| 1 | T | 触诊能发现有肌肉收缩，但不引起任何关节运动 |
| 0 | Z | 无任何肌肉收缩 |

**3. 检查步骤**

（1）选择温暖的房间，适当去除患者衣物。

（2）解释评定目的和步骤。

（3）检查涉及关节的活动度。

（4）确定被检查者的体位，固定评定的躯干或肢体，使之处于能够单纯完成某一动作的最佳位置，减少协同肌、拮抗肌的作用。

（5）根据被检查者情况，分别采用重力检查、肌肉收缩检查、抗阻检查和运动幅度检查。首先采用重力检查，若能完成，则进一步观察其抗阻收缩情况；若不能完成，则采用消除重力影响的检查；若消除重力影响仍不能完成关节活动，则通过目测或触诊感受不引起关节活动的收缩。

### （三）器械评定

当患者局部肌肉（或肌群）徒手肌力达到 3 级及以上时，可利用专门的器械进行定量测试，常用的器械包括握力计、拉力计和等速肌力测试仪等。握力和背拉力是通过握力指数／拉力指数评估患者肌力。等速肌力测试是通过等速运动的方法对肌肉运动功能进行动态评定，需通过等速肌力测试仪完成。测试时受测肢体带动仪器杠杆进行角运动，运动过程中角速度保持不变，仪器对等速运动中肌肉收缩的各项参数进行记录分析，得到力矩、做功、加速能、耐力比等多项指标，从而评定肌肉运动功能。

## 四、肌张力评估

### （一）肌张力的基本概念

**1. 肌张力**

肌张力指肌肉组织在其静息状态下的一种持续的、微小的收缩，是维持身体各种姿势和正常活动的基础。

**2. 肌张力分类**

（1）正常肌张力分类　人体的正常活动有赖于正常肌张力。处于正常肌张力状态时，被动运动可感到轻微的抵抗；肢体运动时，无过多沉重感；肢体下落时，可保持肢体原有姿势。根据身体所处状态不同，可分为静止性肌张力、姿势性肌张力、运动性肌张力。

（2）异常肌张力分类　肌张力水平可因神经系统损害而增高、降低或障碍。常见的肌张力异常包括以下几种。

1）痉挛：指一种由牵张反射高兴奋性所致的、以速度依赖（随着牵张速度增加，痉挛肌阻力增加）的紧张性牵张反射增强伴腱反射异常为特征的运动障碍，是肌张力增高的一种形式，是上运动神经元损伤的主要表现形式之一。特殊表现包括巴宾斯基反射、折刀样反射、阵挛、去大脑强直、去皮层强直。

2）僵硬：是指主动肌和拮抗肌张力同时增加，导致关节被动活动的各个方向在起始和终点的抵抗感均增加的现象。常因锥体外系损伤导致，帕金森病是僵硬最常见的病因，表现为齿轮样僵硬和铅管样僵硬。

3）肌张力障碍：是一种以张力损害、持续的和扭曲的不自主运动为特征的肌肉运动功能亢进性障碍。

4）肌张力迟缓：指的是肌张力低于正常静息水平，对关节进行被动运动时感觉到阻力消失的状态。

### （二）肌张力评定

**1. 视诊和触诊**

通过观察肢体和躯干的异常姿态及运动模式、触摸肌腹硬度，进行初步评估。

**2. 反射检查**

用指尖或叩诊锤轻叩所要检查的肌腱，观察肌肉收缩。典型深反射检查包括肱二头肌肌腱、肱桡肌肌腱、肱三头肌肌腱、髌腱等。评分方式见表 11-8。

**表 11-8　反射检查评分**

| 评分 | 表现 |
| --- | --- |
| 0 | 无反应 |
| 1+ | 反射减退 |
| 2+ | 反射正常 |
| 3+ | 痉挛性张力过强，反射逾常 |
| 4+ | 阵挛 |

**3. 肌痉挛评定**

（1）改良 Ashworth 分级法　是一种根据关节进行被动运动时所感受的阻力来分级评定的方式，是目前最常用、国际公认的痉挛评定方法。评定时患者处于放松体位，检查者分别对上下肢进行被动活动。评定标准见表 11-9。

**表 11-9　改良 Ashworth 分级法评定标准**

| 级别 | 评定标准 |
| --- | --- |
| 0 | 无肌张力增加 |
| 1 | 肌张力略微增加：受累部分被动屈伸时，在关节活动范围之末时呈现最小的阻力或出现突然卡住或释放 |
| 1+ | 肌张力轻度增加：在关节活动范围后 50% 范围内出现突然卡住，且在该范围内均呈现最小的阻力 |
| 2 | 肌张力较明显增加：通过关节活动范围的大部分时，肌张力均较明显地增加，但受累部分仍能较容易地被移动 |
| 3 | 肌张力严重增高：被动运动困难 |
| 4 | 僵直：受累部分被动屈伸时呈现僵直状态，不能活动 |

（2）其他评定方式

1）钟摆试验：肢体从抬高位沿中立方向下落，通过观察肢体摆动和停止摆动的过程，分析痉挛对自由摆动状态的影响，判断痉挛程度。

2）等速装置评定：包括等速摆动试验和等速被动测试。

3）电生理方法：通过评估表面肌电图、H 反射、F 波反应等评估肌张力强弱。

**4. 阵挛评定**

通常以踝阵挛持续时间进行分级（表 11-10）。

**表 11-10　阵挛分级评定标准**

| 级别 | 评定标准 |
| --- | --- |
| 0 | 无踝阵挛 |
| 1 | 踝阵挛持续 1～4 秒 |
| 2 | 踝阵挛持续 5～9 秒 |
| 3 | 踝阵挛持续 10～14 秒 |
| 4 | 踝阵挛持续 ≥ 15 秒 |

## 五、平衡功能评估

### （一）平衡功能的基本概念

**1. 平衡**

平衡指人体保持重心落在支撑面内的能力。平衡功能正常应为：①能保持正常生理体位；②在随意运动中可调节姿势；③安全有效地对外来干扰做出反应。

**2. 平衡的分类**

（1）静态平衡　通过肌肉的等长收缩和协同收缩，保持某一静态姿势的能力。

（2）动态平衡　指运动过程中调整和控制身体姿势稳定性的能力。

（3）反应性平衡　当身体受到外力干扰而使平衡受到威胁时，人体做出保护性调整反应以维持或建立新的平衡，如保护性伸展反应、迈步反应等。

### （二）平衡功能的影响机制

人体能够在自身和外环境变化的情况下保持平衡，有赖于躯体感觉、视觉和前庭系统之间相互作用和参与，此外，运动系统也在维持人体平衡中起到了重要作用（表11-11）。

**表 11-11　影响平衡功能的相关系统**

| 系统 | 详细描述 |
| --- | --- |
| 躯体感觉系统 | 与支持面接触的皮肤触、压觉；本体感觉 |
| 视觉系统 | 感受环境中的物体并保持头部向上直立位 |
| 前庭系统 | 壶腹嵴：感受头部在三维空间中运动角加（减）速度变化<br>椭圆囊斑和球囊斑：感受静止时地心引力和直线加（减）速度变化引起的刺激 |
| 运动系统 | 多肌群协同运动维持或建立新的平衡<br>姿势性协同运动模式：踝调节、髋调节和跨步调节对策 |

### （三）平衡功能评定

临床上常用的平衡功能评定方法包括平衡反应评定、平衡量表和应用仪器进行静态、动态平衡功能评定。

**1. 平衡反应评定**

平衡反应评定可在卧位、跪位、坐位或站立位进行，检查者破坏患者原有姿势的稳定性，观察患者反应，阳性反应为头部躯干向中线调整，被牵拉侧出现保护性反应，对侧上下肢伸展并外展，站立位下出现跨步反应。若未出现或仅身体局部出现阳性表现即为阴性反应。

**2. Romberg 试验**

该试验包括睁眼直立和闭眼直立两部分。阳性症状为患者闭眼直立时身体晃动和躯干倾斜程度大于睁眼站立时的状况。阴性症状为睁眼时轻微晃动，闭眼时稍有加剧，但两者差距较小；或睁眼和闭眼时晃动程度均增大，两者差异较小。

**3. Berg 平衡量表**

Berg 平衡量表是临床上常用的综合性功能检查量表，通过观察多种功能活动来评价患者重心主动转移能力，对患者坐、站位下动、静态平衡功能进行全面评估。

（1）评定内容　包含从坐位站起；无支持站立；从站立位坐下；转移；无支持闭目站立；双脚并拢无支持站立；站立位时上肢向前伸展并向前移动；站立位时从地面捡起物品；站立位

转身向后看；转身 360°；无支持站立时将一只脚放在台阶或凳子上；一脚在前的无支持站立；单腿站立等 14 项。

（2）评定工具　钟表、尺子、椅子、小板凳和台阶。

（3）评定标准　每项分 0、1、2、3、4 级。最高得分 4 分，最低得分 0 分，总积分最高为 56 分，最低 0 分。

①0 ～ 20 分：提示患者平衡功能差，需要乘坐轮椅。

②21 ～ 40 分：提示患者有一定的平衡能力，可在辅助下步行。

③41 ～ 56 分：提示患者平衡功能较好，可独立步行。

④< 40 分：提示有跌倒风险。

## 六、协调功能评估

### （一）协调功能的基本概念

**1. 协调功能**

协调功能指人体多组肌群共同参与并相互配合，进行平衡、准确、良好控制的运动能力。协调运动的特征为适当的速度、距离、方向、节奏、力量到达正确的目标。

**2. 协调功能的影响机制**

协调功能需要健全的中枢神经系统、感觉系统和运动系统，上述任何一个系统发生病变均会出现协调功能障碍。导致协调功能障碍的常见损伤包括小脑损伤、基底节损伤及脊髓后索损伤。

**3. 常见的协调功能障碍**

（1）共济失调　表现为上肢摇摆、醉汉步态、震颤、轮替运动障碍、辨距不良、肌张力低下、书写障碍、运动转换障碍、协同障碍。

（2）不随意运动　表现为震颤、舞蹈样动作、手足徐动、偏身投掷症、舞蹈样徐动症、肌痉挛。

（3）其他　包括运动徐缓或强直。

### （二）协调功能评定

**1. 常见的协调功能评定方式**

常见的协调功能评定方式有指鼻试验、指 – 指试验、肢体放置、轮替试验、示指对指试验、拇指对指试验、抓握试验、跟 – 膝 – 胫试验、旋转试验等。

**2. 结果分析**

（1）定性分析　对患者上述动作的完成进行定性描述。

（2）评分标准

①1 分：不能完成活动。

②2 分：重度障碍，仅能发起运动，不能完成整个运动。

③3 分：中度障碍，能完成指定动作，但动作速度慢、笨拙、不稳定。

④4 分：轻度障碍，能完成指定动作，但速度和熟练程度差。

⑤5 分：正常。

## 七、心功能评定

心功能下降不仅见于慢性心血管疾病患者，肌肉骨骼系统疾病及老年人群中也具有诊断、介人和预后意义。

### （一）NYHA 心功能分级

纽约心脏病学会心功能分级是根据症状进行分级，包括呼吸困难和乏力症状。具体分级如下。

（1）Ⅰ级 体力活动不受限，一般的体力活动不引起过度的乏力、心悸、气促和心绞痛。

（2）Ⅱ级 轻度体力活动稍受限，一般的体力活动即可引起心悸、气促等症状。

（3）Ⅲ级 体力活动明显受限，休息时尚正常，但低于日常活动量即可引起心悸、气促。

（4）Ⅳ级 体力活动完全丧失，休息时仍有心悸、气促。

### （二）运动试验

#### 1. 低水平运动试验

以预定较低水平的运动负荷、心率、血压和症状为终止指标的试验方法，适用于急性心肌梗死后或病情较严重患者出院前的评估，通常让患者以可耐受的速度步行 200m。

#### 2. 定量行走试验

让患者步行 6 分钟或 12 分钟，记录患者能够步行的最长距离，可用于判断患者的运动能力及运动中发生低血氧症的可能性。

#### 3. 症状限制性运动试验

主观和客观相结合的运动试验方式，以运动诱发呼吸或循环不良的症状和体征、心电图异常即心血管运动反应异常作为运动终点，可用于诊断冠心病，评估心功能，制订运动处方。

#### 4. 极量运动试验

本试验指尽可能运动到最大强度的试验，常用于健康人群和运动员的评定。

# 第三节　运动康复治疗技术

## 一、关节活动度训练

正常的关节活动度有赖于关节、关节囊、韧带、肌肉等组织良好的弹性，为此，肢体需定期在可达到的范围内活动。定期的关节活动不仅能预防关节活动受限，还能促进受限关节软组织弹性的恢复，常见的关节活动度训练包括以下几种。

### （一）被动活动技术

被动活动技术是患者完全不用力，靠外力来完成关节活动的运动方式。外力可由治疗师、机械设备及患者健侧肢体提供。

#### 1. 目的

（1）保持关节及周围结缔组织的活动性和肌肉弹性。

（2）松解粘连，预防关节挛缩。

（3）增加血液循环和血管动力。

（4）增强软骨膜的运动以提供软骨养分并促进关节内物质的扩散。

（5）降低疼痛。

（6）促进瘫痪肢体的本体感觉。

**2. 适应证**

患者因昏迷和瘫痪等不能主动活动；存在炎症反应。

**3. 禁忌证**

关节不稳、骨折未愈合且未做内固定、关节肿瘤、病情不稳；运动导致症状加剧。

### （二）主动－助力关节活动训练

主动－助力关节活动训练是指在外力辅助下，患者主动收缩肌肉来完成关节活动的训练方式。助力可由治疗师、患者健侧肢体、器械、引力和浮力提供。

**1. 目的**

增大关节活动度，逐渐增强肌力，建立协调动作模式。

**2. 适应证**

可完成肌肉主动收缩，但肌力较弱，不能完成关节全范围的活动。

**3. 禁忌证**

同被动关节活动训练。

### （三）主动关节活动训练

主动关节活动训练是通过患者主动用力收缩完成关节活动的训练。既不需要助力也不需要克服外来阻力。

**1. 目的**

改善和扩大关节活动度，改善和恢复肌肉功能和协调功能。

**2. 适应证**

可主动收缩肌肉且肌力＞3级。

**3. 禁忌证**

同被动关节活动训练。

### （四）持续被动运动

持续被动运动（continuous passive motion，CPM）是指利用专用器械使关节进行持续较长时间的缓慢被动运动的训练方法。训练前可根据患者情况预先设定关节活动范围、运动速度及持续被动运动时间等参数，使关节在一定活动范围内进行缓慢被动运动。

**1. 目的**

预防制动引起的关节挛缩，促进关节软骨和韧带、肌腱的修复，改善局部血液、淋巴循环，消除肿胀和疼痛。

**2. 适应证**

（1）四肢关节内、外骨折稳定固定后。

（2）关节外科手术后。

（3）关节软骨损伤。

（4）关节轻度挛缩或松解术后。

（5）肌腱撕裂伤。

**3. 禁忌证**

连续被动运动产生对关节面有害的应力时或造成正在愈合组织过度紧张时，不宜采用。

## 二、关节松动术

关节松动术也称徒手操作技术，属于手法治疗技术，其通过特殊技巧改变关节的力学机制，从而减少疼痛和治疗关节活动受限的关节损伤。

**1. 关节运动类型**

当骨性杠杆围绕运动轴线运动时，骨的表面也在关节中完成了相对运动。关节运动可分为生理运动和附属运动。

（1）生理运动 指患者可以自主完成的在生理范围内的运动，包括屈伸、内收外展、旋转等。

（2）附属运动 关节在自身及其周围组织允许范围内完成的运动，是维持关节正常活动不可缺少的运动方式，一般不能主动完成，需要由他人帮助才能完成。其主要包括滚动、滑动／平移、旋转、挤压、牵引及分离。

**2. 手法分级**

关节松动技术可分为非冲击振动技术和冲击技术。两种技术分级方式存在差异，非冲击振动技术分级见表 11-12；冲击技术是将关节运动至受限处使松弛组织被拉紧，然后对组织施加快速冲击。

表 11-12　非冲击振动技术分级

| 分级 | 剂量 | 适应证 |
| --- | --- | --- |
| Ⅰ级 | 在运动的起始端进行小幅节律振动 | 疼痛和肌肉保护性收缩 |
| Ⅱ级 | 在未达到运动受限的范围内进行大幅度节律振动。通常以每秒 2～3 次的频率持续 1～2 分钟 | 疼痛和肌肉保护性收缩导致的关节受限 |
| Ⅲ级 | 在可达到的运动范围内进行大幅度节律振动，到达运动受限位置，通常以每秒 2～3 次的频率持续 1～2 分钟 | 疼痛并伴有僵硬 |
| Ⅳ级 | 在可达到的运动受限处施以小幅节律振动且能感受到软组织抵抗 | 关节周围组织粘连和挛缩 |

**3. 适应证和禁忌证**

（1）适应证 关节疼痛、肌肉保护性收缩和痉挛、可逆的关节活动不足、渐进性关节活动受限、功能性关节制动、关节错位和半脱位。

（2）禁忌证 关节活动过度、创伤或疾病引起的关节肿胀（渗出增加）、关节炎症、恶性疾病及未愈合的骨折。

## 三、牵伸运动

足够的软组织活动性和关节活动范围是个体完成功能性活动的基础，软组织适应性短缩和延展性降低会导致功能活动受限。当灵活性受限时，牵伸运动就成了运动康复不可或缺的一部分。

牵伸运动是延长（拉长）适应性短缩、活动不足的结构以提高软组织的延展性、灵活性和 ROM 的任何操作。

**1. 牵伸运动的常见干预措施**

（1）徒手或机械牵伸 通过徒手或机械外力施加牵伸的方式。包括被动牵伸和辅助牵伸。

（2）自我牵伸 患者在治疗师监督下独立完成的牵伸运动。

（3）神经肌肉易化和抑制技术　又称本体感觉神经肌肉易化（proprioceptive neuromuscular facilitation，PNF）牵伸技术，短缩肌肉在牵伸期间会发生自主抑制或相互抑制的反射性肌松弛，这种抑制会导致肌纤维张力下降。常见的 PNF 牵伸技术包括以下两种。

① 保持 – 放松：将目标肌肉拉长至阻力点，患者对目标肌肉主动进行预牵伸，在末端对抗治疗师施加的徒手阻力，完成等长收缩，持续 5 秒后放松肌肉。

② 主动肌肉收缩：患者向心收缩范围受限肌肉的拮抗肌肉，保持在活动末端范围数秒。

（4）肌肉能量技术　是从正骨医学中衍变而来的徒手操作技术。该操作利用患者精确控制方向和强度的自主性肌肉收缩来对抗施术者所施加的力，从而达到牵伸的目的。

（5）软组织松动技术　用特定且渐进的徒手或机械力量来改善活动性受限软组织延展性的方式。常见技术包括徒手按压、深层按摩、筋膜释放和扳机点治疗等。

（6）神经组织松动术　是用于改善或恢复神经组织活动性的方式。

**2. 适应证**

（1）因粘连、挛缩、瘢痕组织形成使得软组织延展性下降，ROM 受限，从而造成活动受限与参与受限。

（2）活动受限可能会造成的本可预防的结构上畸形。

（3）肌肉无力和对侧软组织短缩导致的 ROM 受限。

（4）预防或降低肌肉骨骼损伤的风险。

**3. 禁忌证**

（1）骨性结构限制关节活动。

（2）新发骨折，骨性愈合不完全。

（3）受限组织及其周围区域存在急性炎症、感染（发热和肿胀）。

（4）剧烈的急性疼痛。

（5）血肿或其他组织受伤的迹象。

（6）已存在关节的过度活动。

（7）短缩的软组织提供必要的关节稳定性以代偿受损的正常的结构稳定性或神经肌肉控制。

## 四、抗阻运动

肌肉表现是指肌肉做功（力 × 距离）的能力，其包括肌力、爆发力和肌肉耐力。疾病、受伤、制动、失用或不活动都会导致肌肉运动表现下降，导致肌力减弱和肌肉萎缩。抗阻运动（resistance exercise）是一种抵抗外界徒手或器械施加的阻力而产生动态或静态肌肉收缩的活动。

**1. 抗阻运动内容**

（1）肌力训练　肌肉或肌肉群以相对较少的重复次数或在较短的时间内，通过系统化训练，提高肌肉最大力量的方式。

（2）爆发力训练　在特定时间内通过增加肌肉的做功量，或一定做功量下降低做功时间的训练方式。

（3）耐力训练　较长时间内多次使用肌力去抬起、放下或控制一个低负荷外力的系统性练习，其关键在于通过低强度肌肉收缩、高重复次数及长持续时间提高肌肉的氧合能力和肌肉代谢能力。

**2. 抗阻运动基本原则**

（1）超负荷原则　训练后肌肉的即时变化为疲劳和恢复的过程。此时肌肉收缩力量、速度和耐力均明显下降，这需要通过一定时间的休息才能使生理功能逐渐恢复，消耗的能源物质得以补充。在恢复到训练前水平后，会出现一个超量恢复阶段，即各项指标继续上升并超过训练前水平。如果下一次肌力训练在前一次训练后的超量恢复阶段进行，可将该超量恢复阶段的生理生化水平作为起点，实现肌肉形态和功能的逐步发展。

（2）适应性原则　改善肌肉表现的基本原理是使肌肉产生适应性变化，主要包括：①完善肌肉形态结构，改善肌肉功能。②增加肌肉体积，促进肌纤维增粗，增加收缩蛋白、肌红蛋白、酶蛋白，增加结缔组织和毛细血管。

（3）可逆性原则　抗阻运动产生的适应性变化是短暂的，需要通过长时间训练和转移至功能性活动中来加以维持。

**3. 抗阻运动决定性因素**

（1）排列和固定　正确的排列和有效的固定是抗阻运动的基础，能够有效地强化特定肌肉或肌群且避免代偿性动作。排列主要考虑被强化肌纤维方向、拉力的对象、需要强化的具体功能及重力排列。固定可避免代偿性动作，最常要固定的部位是目标肌肉的近端附着点。

（2）运动强度　指每次重复运动时施加在收缩肌肉上的外部阻力。通常用最大重复剂量（reprtition maximum，RM）来表示。RM 是指在疲劳之前，全部可用的活动范围内，特定重复次数下能控制的移动的最大负荷。久坐、未受训练个体通常采取 30% ～ 40% 的 1RM 作为运动强度，健康未受训练人群为 40% ～ 70% 的 1RM，对于受过高强度训练的人群可采用＞ 80% 的 1RM 作为运动强度。

（3）运动量　指某一特定运动的重复次数乘以组数再乘以阻力大小得到的结果。

1）重复次数：用 RM 表示。例如，9kg 负重下重复 10 次就是 10RM，具体的次数取决于患者身体状况和训练目的是增加肌力或耐力，2 ～ 15RM 具有较好的训练效果。研究发现，训练阶段执行 3 组 10RM 的运动可增加肌力。耐力训练强调用多次重复的低负荷强度。

2）组数：1 ～ 6 组均可达到正向训练效果，成人建议 2 ～ 4 组。

（4）运动顺序　应先进行大肌群运动，再进行小肌群运动。先进行多关节运动，再进行单关节运动。

（5）运动频率和运动时间　运动频率随着强度、运动量、目标及患者健康状态调整。若肌肉想产生明显变化，至少需进行 6 ～ 12 周抗阻运动。

（6）运动形式

1）根据运动目标分类：肌力训练、耐力训练和爆发力训练。

2）根据阻力形式分类：徒手抗阻运动和机械抗阻运动。

3）根据肌肉收缩形式分类：

①等长运动：肌肉静态收缩运动，收缩过程中不产生肌肉长度改变和可见的关节活动。

②等张运动：等张收缩是肌力大于阻力时产生的加速运动和小于阻力时产生的减速运动，运动时肌张力基本恒定，但是肌肉本身发生缩短或伸长，从而引起明显的关节活动。根据肌

NOTE

伸长缩短情况，可分为向心收缩（肌肉起止点相互靠近）和离心收缩（肌肉起止点伸长）。离心运动可控制的负荷更大且产生的肌肉增加更多，因此更易产生疲劳和肌肉酸痛。利用等张收缩进行训练的方式为等张训练。

③ 等速运动：通过特殊设备，在预先设定肌肉缩短和伸长速度与角速度下，保持运动速度恒定而阻力可变的一种动态运动形式。

4）根据运动形式分类：

① 开链运动：远端部位在空间中自由移动的运动。

② 闭链运动：远端部位固定或稳定在一支持面上，身体或近端部位在此基础上运动。

**4. 抗阻运动注意事项和禁忌证**

（1）注意事项　避免屏气现象、代偿性动作、过度训练诱发的肌肉酸痛及病理性骨折。

（2）禁忌证

1）主动运动过程中出现严重的疼痛。

2）神经肌肉疾病急性炎症期。

3）严重的心肺系统疾病。

## 五、平衡训练

平衡训练是针对患者平衡障碍的关键因素，提高患者坐、站和行动能力的训练方法。平衡障碍的关键环节包括：①本体感受器；②前庭系统；③视觉系统；④高级中枢对平衡信息的整合能力。与平衡相关的生物力学因素有支撑面、身体重心、稳定极限、摆动频率。

**1. 影响平衡训练的因素**

（1）站、坐的支撑面积。

（2）体位：由比较稳定至不稳定的体位顺序大致为前臂支撑俯卧位、前臂支撑俯卧跪位、前倾跪位、跪坐位、半跪位、坐位、站立位（扶平衡杠站、独立站、单腿站等）。

（3）状态：选择静态或动态训练。

（4）移动方式。

（5）附加的运动模式或动作。

（6）对平衡干扰的预知性。

（7）干扰的力量：干扰力量的大小、速度、方向及作用位置。

（8）感官刺激的传入途径：有视觉、前庭、本体感受器、触觉等，不同的传入途径可改变平衡训练的难度。

（9）感觉刺激传入：可以是一致的、削弱的或矛盾的。

（10）运动对策：有踝对策、髋对策、跨步对策、保护性抓握等。

**2. 常见平衡训练**

（1）静态平衡控制

1）在坚硬的支撑面保持坐、半跪、长跪和站位。

2）可通过双足前后站立、单腿站立或半蹲等姿势提高难度。

3）可通过改变支撑面柔软度、面积提高难度。

4）可通过上肢活动、手持重物或闭眼提高难度。

（2）动态平衡控制

1）让患者在移动的支撑面上控制平衡，如平衡板或治疗球。

2）通过叠加重心转移、躯干旋转、活动头部或上肢增加难度。

3）迈步训练，从小步到弓箭步。

4）可进阶至单脚跳或双脚跳等。

（3）预期性平衡控制

1）各个方向受触摸或抓物体。

2）不同姿势下抛接球。

（4）反应性平衡控制

1）踝策略训练：躯干直立并保持单腿站立。

2）髋策略训练：患者沿着平衡木或地面直线行走，双足前后站立或单腿站立时屈曲躯干。

3）跨步策略训练：患者练习跨上凳子、双下肢交叉前进后退。

## 六、协调功能训练

协调训练是让患者在意识控制下，训练其在神经系统中形成预编程序，自动的、多块肌肉协调运动的记忆印迹，使患者能够随意再现多块肌肉协调、主动运动形式的能力，而且比单块肌肉随意控制所产生的动作更迅速、精确、有力。协调性训练的基础是利用残存部分的感觉系统及利用视觉、听觉和触觉来管理随意运动，其本质在于集中注意力，进行反复正确的练习。通常协调功能评估的动作即为协调训练动作。

**1. 单一肌肉训练**

在临床对患者做单一肌肉控制训练时，要按一定的原则和要求进行。

（1）要求患者情绪稳定、注意力完全集中。当患者感到疲劳或不能集中注意力进行训练时，应暂时停止。

（2）保持放松、舒服、安全的体位。

（3）本体感受器或距离感受器功能的完整能提高训练效果，如有受损，需利用视觉反馈进行监控。

（4）避免疼痛。

（5）训练之初可通过生物反馈和拍打刺激相关肌肉激活并抑制拮抗肌肉收缩。

（6）小负荷训练原则。

（7）应避免出现代偿性动作。

（8）训练指示或口令应准确、清晰，便于患者理解、执行。

**2. 多块肌肉协调动作的训练**

协调训练是一种复杂、综合的系统训练过程，因此，要求按一定的训练原则进行。

（1）循序渐进：由简单至复杂；由单侧至双侧；由广泛快速的动作至小范围慢动作；由睁眼至闭眼动作。

（2）前一训练动作熟练后，再进行下一个动作的训练。

（3）对复杂的动作应逐项分解，单独逐项训练，直到准确。

## 七、有氧运动

有氧训练是指采用中等强度、大肌群、动力性和周期性运动，以提高机体氧化代谢能力的锻炼方式。

运动处方的制定应遵循 FITT 原则，即需要设定个体化的运动类型、频率、时间和强度。运动强度可根据最大摄氧量百分比（%VO$_{2max}$）、最大心率百分比（%HRmax）、代谢当量（MET）、自我感知运动强度分级量表（the rating of perceived exertions，RPE）、无氧阈（anaerobie threshold，AT）确定，运动处方具体内容请参考本第九章。

# 第十二章　科学健身与医务监督

## 第一节　科学健身与医务监督

　　主动健康已成为一种新型的健康理念和健康服务模式，"主动性"是主动健康的核心要素，是指个体、行业和社会充分发挥主观能动性，积极践行和推动健康生活方式的建立，提升国民健康素养，围绕"以健康为中心"的理念，促进公众健康水平。主动健康是实施健康中国战略的重要措施，科学健身是实现主动健康的主要途径。

### 一、科学健身在全生命周期全人群健康促进中的重要作用

　　健康是人类全面发展、社会可持续发展、经济繁荣昌盛的重要基础，科学健身在提升全生命周期全人群的个体化健康管理、全生命周期全人群的健康水平中发挥着重要作用。一般认为，全生命周期可划分为孕前期、孕期、新生儿期、婴幼儿期、学龄前期、学龄期、青少年期、青春期、中年期、更年期、老年期及临终期，全人群包括儿童青少年、老年人、女性特殊时期、职业人群、慢性病人群及残疾人群等。推进科学健身相关知识素养的科普是提高全民体育健康素养，促进全民健身、全民健康的重要环节，也是实现主动健康的重要路径之一。

### 二、科学健身的基本原则

#### 1. 适量运动原则

　　适量运动是指每一个正常成年人每周应至少完成 150 分钟中等强度的有氧运动或 75 分钟较大强度的运动、2～3 次抗阻练习、2～3 次柔韧性练习。适量运动是科学健身的推荐量，科学健身应包括适量运动、增加日常身体活动和打断久坐状态三个部分。WHO《身体活动和久坐行为指南（官方中文版）》针对青少年、成年人、老年人等不同年龄群体，孕妇、产后妇女及患有慢性疾病或残疾人群提供了有关身体活动和久坐行为最新的具体建议（表 12-1）。

#### 2. 主动性原则

　　主动性是主动健康理念中的核心要素，主动健康在加速全民健身与全民健康深度融合发展及健康素养形成中发挥着重要的桥接作用。科学健身中的主动性原则强调充分发挥和调动主观能动性，以全民健身高速发展为出发点，促进全民健康全域性普及，积极灌输国民健康的科学理念，全方位干预健康问题、全周期保障人群健康，以提高全民健康素养水平，以更高的全民健康素养水平反推全民健身的高质量可持续发展。

表 12-1　身体活动和久坐行为指南

| 不同人群 | 运动时间 | 运动频率 | 久坐行为 |
|---|---|---|---|
| 儿童青少年 | 每周应平均每天至少进行 60 分钟的中等到剧烈强度的身体活动，以有氧运动为主 | 每周至少 3 天剧烈强度有氧运动（增强肌肉和骨骼的活动都应包括在内） | 限制久坐时间 |
| 成年人 | 每周应进行 150～300 分钟的中等强度有氧活动；或 75～150 分钟的剧烈强度有氧活动；或等量的中等强度和剧烈强度组合活动 | 每周至少 2 天中等或更高强度的肌肉强化活动（涉及所有肌群） | 限制久坐时间久坐时间改用来进行各种强度的身体活动（包括轻微强度） |
| 老年人 | 每周应进行 150～300 分钟的中等强度有氧活动；或 75～150 分钟的剧烈强度有氧活动；或等量的中等强度和剧烈强度组合活动 | 每周至少 2 天中等或更高强度的肌肉强化活动（涉及所有肌群）；每周至少 3 天各种多成分身体活动，强调中等或更高强度的功能平衡和力量训练 | 限制久坐时间久坐时间改用来进行各种强度的身体活动（包括轻微强度） |
| 慢性病人群 | 每周应该进行 150～300 分钟的中等强度有氧活动；或 75～150 分钟的剧烈强度有氧活动；或等量的中等强度和剧烈强度组合活动 | 每周至少 2 天中等或更高强度的肌肉强化活动（涉及所有肌群）；每周至少 3 天各种多成分身体活动，强调中等或更高强度的功能平衡和力量训练 | 限制久坐时间久坐时间改用来进行各种强度的身体活动（包括轻微强度） |

**3. 个体化原则**

个体化原则是指科学健身中必须因人而异，每个个体的基本情况、健康状况、体质水平、运动能力都存在个体差异，甚至包括个体的兴趣爱好、所掌握的技能水平及期望达到的健康收益均不尽相同。因此，在从事健身运动中，各关键要素的设置及热身和拉伸活动的内容安排都应充分考虑到个体差异，须有针对性地结合个体的具体情况设置运动的关键要素。

**4. 安全有效性原则**

安全有效性是科学健身的基本原则。科学健身中要对运动风险进行评估、监控，对不同风险级别的人群进行分级监控，对重点人群的重点运动风险进行监控。在科学健身中，对运动相关要素的制定应严格遵循各要素的生理学原理，依据不同人群、不同个体的基本情况、健康筛查及风险评估、体质测试等一系列资料，科学地、精准地制定出运动指导方案，确保运动的有效性。

**5. 可行性原则**

可行性原则是指科学健身中的可操作性、可持续性及可评价性。选择运动项目时，要符合锻炼者的环境条件和兴趣爱好等因素，进而才能提高运动的依从性。运动方式的选择和运动时间的确定应是锻炼者熟悉和方便的，这样才有利于长期坚持。另外，必须根据从事健身运动的目的和目标，选择合理的运动效果评价指标，定量评价运动处方实施的效果。

**6. 循序渐进原则**

在从事健身活动中，运动量和运动强度应由小到大，运动方式应由易到难，遵循循序渐进的原则。此外，个体的健康状态或客观因素等会发生变化，上一周期中制定和实施的关键要素在下一周期内不一定完全适合，因此，在实施运动的过程中，应根据锻炼者的具体反馈和当前的身体状况及时做出调整。

### 三、科学健身与运动风险评估

规律运动可显著提升健康水平，长期规律运动可改善与健康相关的身体素质，减少动脉粥样硬化的危险因素，降低全因死亡率和慢性疾病的发病率，维持或改善大脑健康，降低癌症的患病率和延长患者的寿命，减轻焦虑和抑郁情绪，显著提高特定人群包括老年人、孕妇或产妇的生活质量等。规律运动有很多健康益处，但不适当的运动也会导致许多运动风险及不良事件的发生。

运动风险评估是确保运动安全有效的必要途径，在科学健身中对运动对象进行运动风险评估可帮助确定个体的医学禁忌证，排除有运动禁忌证的人群，最大程度避免运动中的各类不良事件的发生。运动风险评估内容要基于锻炼者当前的体力活动水平／有无规律锻炼习惯，是否确诊有心血管、肾脏或代谢性疾病，是否存在心血管、肺部及代谢性疾病相关的主要症状或体征，并结合脑血管病危险因素来确定锻炼者是否需要进行医学筛查和运动测试，从而进一步制定出安全有效的运动强度。采用健康体质评估和功能性动作筛查对锻炼者发生运动损伤的风险进行评估，并通过必要的医学检查、对运动环境进行检测及对运动中身体机能进行检测来评估锻炼者发生运动性病症的风险。

### 四、科学健身中的医务监督

#### （一）科学健身中的医务监督方法

医务监督是运动医学、生理学、卫生学的内容和方法，是对从事运动的人进行全面身体检查和观察，评价其身体发育水平、运动能力和健康状况所采用的手段和措施，其目的是帮助和指导运动参加者合理地、科学地从事各类运动／体育活动，并使各种安全、卫生场地得以实施，确保运动安全有效地进行。医务监督中常用的指标与监测方法有以下三大方面。

**1. 体格检查**

体格检查的内容主要包括身体形态（身体整体及各部位的长度、宽度、围度、厚度和质量）测量、身体成分（脂肪含量、肌肉含量、骨密度等）、身体姿势（身体各部位在空间中的相对位置）。

**2. 体质健康评价及运动能力水平**

体质是人体的质量，它是在遗传性和获得性基础上表现出来的人体形态结构、生理功能和心理因素综合的相对稳定的特征。体质健康评价的主要内容包括机体心肺耐力、力量、柔韧和平衡四大方面。

运动能力指人体在运动时所表现出来的能力，具体又可以划分为一般运动能力和竞技运动能力。前者主要是指人们在日常生活、劳动及一般运动中所表现出来的基本能力，后者则是指为了完成某项竞技比赛所具备的运动能力。

**3. 心理发育水平及适应能力**

体育运动从本质上来说，更多的是对个体行为的一种干预，在这个过程中，个体的心理发育水平起到了非常关键的作用。适应能力是人维持身体与内外环境平衡的能力，不仅仅是生理适应、心理适应或社会适应，而是人的综合适应能力。

如果不根据个体的心理发育水平和适应能力科学地进行运动，显然不可能获得良好的依从性。

### （二）科学锻炼中的自我监督方法

通过自我监督可以间接判定运动对个体身体的影响及运动内容、强度的安排是否合理，为调整运动计划提供充分的依据；及早发现和预防运动中的各类不良事件并养成良好的运动习惯。自我监督常用方法主要包括以下三个方面：

**1. 主观感觉**

主观感觉监督主要包括个体精神状态、运动心情、呼吸节奏、排汗量、食欲及主观感觉疲劳程度等。主观疲劳度量表是迄今为止最常用的评价方法，研究证实，主观用力感觉量表的等级与工作负荷、%HRR、每分通气量、摄氧量及血乳酸水平高度相关（表12-2）。

表 12-2　Borg 主观感觉疲劳程度量表（RPE）

| 评分 | 主观用力程度 |
| --- | --- |
| 6 | 完全没有用力的感觉 |
| 7 | 非常轻松 |
| 8 | |
| 9 | 很轻松 |
| 10 | |
| 11 | 较轻松 |
| 12 | |
| 13 | 有点累 |
| 14 | |
| 15 | 累 |
| 16 | |
| 17 | 很累 |
| 18 | |
| 19 | 非常累 |
| 20 | 精疲力竭 |

**2. 心率**

（1）运动后心率　在运动后的恢复期进行心率监测可以提示运动者心血管功能对运动负荷的适应程度。普通成年人运动健身的适宜负荷是一般应在运动后 10 分钟之内心率基本恢复至安静水平，如果运动后 15 分钟心率尚不能恢复到安静状态，则提示运动强度过大。

（2）晨脉　正常情况下，晨脉应相对稳定。运动健身者在参加运动健身锻炼之前，应该测量并记录自己的基础晨脉。参加运动健身锻炼后，次日晨脉若比基础晨脉上升 8 次／分以上，说明其对运动负荷不适应（此时应排除疾病或其他原因），应适当减少运动量，降低运动强度。

**3. 体重**

除去以减肥为目的的运动者，体重应该维持相对的恒定。运动处方对象如在锻炼后出现体重持续下降，并感到乏力，则说明运动负荷偏大，应及时调整。一般认为，一次运动后，体重暂时性下降在 0.5kg 以内为适应情况良好。

### （三）科学健身中的运动卫生

#### 1. 科学健身中的环境卫生

人体在寒冷环境中，外周毛细血管收缩，汗腺分泌减少，在寒冷环境中运动时，机体散热量增加、周围血管收缩、皮下组织血流量减少、肌肉黏滞性增加，易发生运动系统损伤、体温调节能力紊乱、机体冻伤等事件，故不宜在寒冷环境中长时间从事体育运动。

在热环境中运动时，由于血管扩张、皮肤毛细血管血流量增加，机体散热增加，且运动中血液重新分配等原因，极易导致体温升高，严重者会引发中暑。因此，在夏季运动应尽量选择上午10时前和傍晚进行，穿着透气性良好的服装，及时补充水分及电解质，避免运动性热疾患的发生。

#### 2. 科学健身中的场地场馆卫生

运动场地应选择地势较高、排水方便、阳光充足、空气流通的地方，运动场地内地势应平坦、地面软硬适度，场地内各种运动设施与器械布局合理、安装牢固，避免因器械布局不合理及安装不牢而造成的伤害事件。

# 第二节　儿童青少年科学健身中的医务监督

少年儿童时期是人体迅速生长、发育的高峰期，也是身体运动能力提升的敏感期。有效的体育锻炼、合理的营养、充足的睡眠可为该身体发育高峰期打下坚实的基础。少年儿童人群运动的监督应做到以下几个方面。

## 一、建立良好的身体姿势，注重运动损伤的预防

养成正确的坐、立、走、跑、跳等姿势，注意身体各部位均衡运动，不宜在坚硬的地面上反复进行跑跳练习，不宜过早地从事过多、过重的力量练习。儿童青少年关节活动幅度大、柔韧性好，但稳定性差，运动中极易发生关节脱位和韧带扭伤，应充分做好准备活动，着重掌握技术动作特别是缓冲落地的技术，注意防止运动损伤的发生。

## 二、合理安排锻炼要素，养成正确的呼吸方式

对于儿童青少年来说，推荐肌肉力量及肌肉耐力的训练，同时以短时间速度性、爆发性或灵敏训练运动为主，运动强度安排可稍大，密度不宜过大，每天累计完成至少60分钟中等到高等强度体力活动。儿童青少年应培养正确的呼吸方式，注意呼吸卫生，应避免过多的憋气动作。

## 三、科学选择锻炼形式，培养良好的运动习惯

儿童青少年运动内容要多样化、形式应生动活泼，多以游戏性、趣味性内容为主，应运用简单、形象的语言进行讲解，多做模仿练习，不宜做过于复杂、精细的技术动作。应以激发兴趣，提高运动自主性，充分调动主观能动性，提升健康意识，培养良好运动习惯为主要目标。

NOTE

# 第三节　老年人科学健身中的医务监督

衰老是生命链中客观存在的一个阶段，其进程和表现因人而异。规律性运动锻炼可以有效提升身体功能和健康水平，提高生活质量，延长寿命。

## 一、老年人耐力运动

有氧耐力运动有助于心肺耐力的改善，根据所选的运动类型和强度，它也能增强肌肉力量并改善老年人的平衡能力与灵活性。健康老年人通过有氧耐力运动可改善心肺耐力、下肢肌肉功能、柔韧性、平衡能力、步态及灵敏性。老年人进行对技术水平要求较高的耐力运动，可依据个人健康状况、体能水平、技能水平及兴趣来选择。增加练习动作的复杂性有助于老年人改善平衡能力、灵活性以及肌肉功能或关节活动度。有良好体能基础的老年人可进行较大强度的耐力运动和休闲运动。

## 二、老年人抗阻运动

抗阻运动是发展成年人肌肉力量、肌肉耐力和肌肉爆发力最有效的方法。肌肉力量会随着年龄增长而产生退行性变化，包括肌肉功能，因而，抗阻运动是老年人群运动计划的重要部分。对于老年人群来说，抗阻运动是帮助其恢复肌肉力量非常有效的途径，同时，抗阻运动可适度改善老年人群的步行速度、坐位到站立的时间及长时间行走的能力。爆发力训练则有助于改善其日常生活的活动能力。随着衰老，肌肉力量与速度的共同衰退会导致肌肉爆发力明显下降。需要注意的是，在抗阻运动中，阻力负荷与动作速度对于身体功能的影响非常重要。肌肉对抗阻力收缩是有效抗阻运动的基础，阻力可以是自身体重、提升重物、拉弹力带、移动身体等多种方式，老年人可根据自身喜好、体能水平和预算来选择合适的抗阻运动种类。

## 三、老年人平衡能力运动和防跌倒

平衡能力与生俱来，然而进入老年后会受损或下降，平衡能力不好，可能导致严重的后果。将平衡训练纳入老年人的整体训练计划，在安全和系统的前提下通过训练来建立预判和反应控制的储备能力。

灵活性是生理功能在多个方面的综合体现，是各种功能的综合，包括平衡、肌肉力量、肌肉耐力、爆发力、柔韧性及心肺耐力。灵活性是老年人积极进行独立生活的基本保证。由于老年人身体功能的下降和跌倒风险的增加，因此，将平衡与灵活性训练纳入老年人体力活动计划非常重要。

## 四、老年人柔韧性训练

柔韧性训练是以特定的身体姿势或位置来伸展关节周围的肌肉和肌腱。建议老年人进行定期规律的柔韧性训练或拉伸，并把它作为整个锻炼计划的一部分，以保持或改善关节活动度。柔韧性训练时，在特定的身体位置或姿势下牵拉关节周围的肌肉和肌腱，建议每一个位置拉伸至感到适度的不适感，而非疼痛，并保持一定时间。如果为了增加特定关节的活动度，则需针对该关节进行训练。

老年人的关节活动度可以通过柔韧性训练得到提高。

# 第四节 常见慢性病人群科学健身中的医务监督

慢性疾病全称为慢性非传染性疾病（non-communicable chronic disease，NCD），是指一类起病隐匿、病程长且病情迁延不愈、缺乏明确的传染性生物病因证据、病因复杂或病因尚未完全确认的疾病的概括性总称。慢性疾病主要指以心脑血管疾病（如高血压、冠心病、脑卒中等）、糖尿病、恶性肿瘤、慢性阻塞性肺部疾病（如慢性支气管炎、肺气肿等）、精神异常和精神病等为代表的一组疾病，具有病程长、病因复杂、健康损害和社会危害严重等特点。除了遗传因素和环境因素以外，身体活动不足和缺乏锻炼、不合理饮食和吸烟等不良生活习惯是慢性疾病发生的主要危险因素。

规律运动对心血管疾病、糖尿病、肥胖症、骨关节炎、骨质疏松、癌症等多种与运动不足相关的慢性疾病有良好效果，能够预防跌倒、衰弱、肌少症等病症，降低全因死亡率和过早死亡，对延缓衰老、提高生活质量等也起着重要的作用。

## 一、慢性病人群从事健身运动的基本要求

### 1. 认识慢性疾病的基本特点

了解慢性疾病的基本特点，对于了解病情、疾病的分期分级、并发症、药物治疗及效果评价以及运动的影响至关重要。

### 2. 熟悉运动中疾病变化规律

要熟悉慢性疾病患者在运动中疾病变化的规律，主要需关注运动中的心率、血压、血液等心血管反应，以及血糖变化表现出的症状或体征。例如，运动中血压异常升高是心血管事件的强烈预测因子，应引起充分的重视。

### 3. 掌握运动中可能出现的风险及防范措施

熟悉运动中可能出现的风险，并制订有效的防范措施可以显著减少运动中的风险，或降低运动风险的严重程度。绝大多数慢性疾病患者进行不超过推荐量的中等强度运动时是安全的。但是对于没有规律运动习惯的慢性疾病患者进行较大强度运动，或超过推荐量的运动，或运动姿势不当时，可能诱发心血管事件或使肌肉、骨骼损伤。在运动场所应针对可能出现的风险做好防范措施。

### 4. 注意运动与药物的相互影响作用

运动是良医，运动亦是良药，运动在慢性病的康复中可以起到药物治疗作用，规律运动可以增强治疗慢性疾病药物的效果，与药物之间有良好的协同作用，体力活动也是一种适度的非药物治疗方法。反之，慢性疾病患者服用的药物可能会对运动强度或运动效果有一定影响，因此，慢性疾病患者在从事健身运动时，应该明确用药情况，并有针对性地进行处理，避免药物与运动出现不良的叠加效应。

## 二、慢性病人群健身中的医务监督

慢性病人群健身中的医务监督主要包括以下几个方面。

1.针对运动前获得的个人信息和医学检查结果进行危险分层，明确医务监督力度。疾病越复杂，医务监督水平越高。

2.对于无运动习惯、心血管疾病风险多、有症状和体征，或已经诊断为心肺疾病者要加强运动中的医务监督，如运动中的心电图监测。

3.充分认识运动中的心血管反应，包括运动中的心率、血压、心电图、血液灌流情况等。

4.注意观察运动中的表现，鉴于治疗慢性疾病的药物会给运动中的心血管反应带来一定影响，在观察运动中心率、血压反应的同时，要注意观察运动中的主观疲劳程度，发现异常情况要及时停止运动，并对后续的运动处方进行调整。

5.一般注意事项：如做好准备活动和整理活动；从小强度、小运动量、短时间开始，要有足够的适应期；安排好适宜的运动时间，如在早、中、晚餐前或餐后。

6.特殊注意事项：针对每一个患者的疾病特点、用药情况提出详细的注意事项。

7.明确终止运动的指征：①心肌缺血：胸部、颈部、下颌部、肩部、上肢部疼痛；②头晕、恶心；③出冷汗；④低血糖：虚弱、饥饿；⑤运动系统不适：肌肉痉挛及关节、肌肉疼痛等。

# 第十三章　中华传统运动养生

传统运动养生是中国传统养生的重要组成部分，是人们长期生产和生活实践经验的总结。传统运动养生是融导引、气功、武术、医学等为一体的具有中国特色的养生方法。它作为养生保健的重要内容，越来越受到广泛的关注，并将为人类的健康发展作出更大的贡献。

## 第一节　中华传统运动养生概述

中华传统运动养生是在中国古代养生学说指导下逐渐形成的多种体育活动和健身方法的总称。其基本思想是大力开发和充分利用人体自身的潜能，通过姿势调整、呼吸锻炼、意念控制来调节和加强人体五脏六腑、四肢百骸的功能，从而起到强身健体、防病祛病、怡养心神、益寿延年的作用。

### 一、传统运动养生的概念和原理

#### （一）概念

传统运动养生是通过人体自身肢体运动、呼吸吐纳、意识引导等运动方式来调节和增强人体各项功能，使身心融为一体，达到防病治病、延年益寿目的的养生方法。

#### （二）原理

**1. 培补元气**

元气是人体生命活动的原动力。机体元气充沛，脏腑、经络等组织器官的功能活动正常，身体就强健；若先天不足或后天各种因素损伤元气时，就会导致元气虚衰，产生各种疾病。传统运动养生特别重视培补元气，如练功当中意守丹田、命门之法，就是根据肾为先天之本、命门为真火之源的理论总结出来的。丹田、命门所在的部位皆属于腰肾，通过意守和深长的呼吸锻炼，使肾中元精充固，元气充沛，激发和推进人体五脏六腑、四肢百骸进行正常的、有规律的生命活动，维持机体健康。

**2. 疏通经络**

经络是人体联系脏腑、沟通内外、运行气血津液及贯通上下的通道，经络"内属于脏腑，外络于肢节"，将人体组成了一个有机的整体。同时，经络也是外邪侵入、病邪传变、内邪外出的途径。经络通畅，气血运行正常，才能起到养生保健的作用。在练功的时候，意念所注意的部位大多是经络的径路和腧穴所在之处，而腧穴又是脏腑经络之气汇聚和经气出入流行的部位，练功时，以意引气，其实就是引导真气循经运行，使百脉皆通，气血充盈。

### 3.调理气血

气血是人体的重要组成部分，是生命活动的物质基础。人体的脏腑组织器官要发挥正常的生理功能，必需得到气血的濡养。传统运动养生，就是通过意守、调身、调息、调心，从而起到调理气血、维持气血动态平衡的作用。练静功时，意守病变部位，以意领气至病灶或练动功时，意守病变部位的同时，意念和动作相结合。气能推动血液达病灶，从而改善病变部位的功能状态，使组织得到修复，从而百病消。

### 4.调和脏腑

传统运动养生功法大多都以腰为根本，腰为肾之府，又是命门所在，而肾气为先天之本，命门之火为生命之源。命火旺盛，肾气充盈，从而温煦脾土，脾胃为后天之本，脾土得温，脾阳得助，则脾能健运，水谷得消，精微得运，从而五脏六腑皆得所养而平衡协调，经络骨节皆得所润而通利，由此达到生理机能旺盛、体魄强壮。传统运动养生的"调心"，就是调养心神，心神宁静，则身体安和。通过调息，吐故纳新，可以保养肺气，使肺能辅佐心来调节内脏功能，这样就真正达到了脏腑安和、身心健康。

### 5.平衡阴阳

人体生命的正常活动依靠阴阳的平衡和协调，一旦阴阳失去平衡，人体就会发生疾病，"阴盛则阳病，阳盛则阴病"。传统运动养生就是遵循阴阳平衡规律，协调机体各方面的生理功能，达到"阴平阳秘"的生理状态。各种运动养生的练功方法都尤为重视人体阴阳的消长变化，对阴盛阳衰之人，练功就应选择动功，扶阳抑阴；对阴虚阳亢之人，练功则应选择静功，养阴平阳。春夏养阳宜练静功，秋冬养阴宜练动功，亦为平衡阴阳。

因此，中华传统运动养生通过"内练精气神，外练筋骨皮"之内外结合的锻炼起到培补元气、疏通经络、调理气血、调和脏腑和平衡阴阳的效果，从而达到预防疾病、促进人体健康的目的。

## 二、传统运动养生的起源与发展

### （一）起源

传统运动养生起源于远古时代，人类在长期攀爬、采摘、狩猎过程中，学会了观察和效仿一些飞禽走兽的动作形态，这是舞蹈、运动养生的萌芽。最早的传统运动养生应当属传说中原始社会末期出现的"消肿舞"。

### （二）发展

早在周代金文中对气功就有了明确的记载，春秋战国时期导引行气之术出现并广泛应用。"导引"一词最早见于《庄子·刻意》，此时期的导引术还较为简单。战国时期，思想家荀子在《天论》中提出"以动养生"的理论。

秦汉时期，经济繁荣，道教盛行，涌现出一大批著名的养生家，导引术有了较大发展。东汉时期，魏伯阳在所著《周易参同契》三卷中阐释了气功的理论和方法，《汉书·艺文志》中也记载有《黄帝杂子步引》《黄帝岐伯按摩经》等有关导引的内容。

《黄帝内经》中记载有许多关于运动养生的内容，形象描述了人们的运动养生。湖南长沙马王堆西汉墓出土的文物中有多处关于传统运动养生的描述。东汉名医华佗创编了一套动形养生的五禽戏，开创了导引套路的先河，是我国最具有代表性的运动养生法。

魏晋南北朝时期，佛教和道教极为盛行，导引吐纳术发展迅速，八段锦等气功逐渐产生。

以嵇康、葛洪、陶弘景等为代表的许多倡导导引吐纳的养生家，促进了功法养生的发展。陶弘景所著的《养性延命录》是我国第一部气功专著，"导引按摩篇"中记载了很多导引养生的方法和现代流行的养生功，如叩齿、浴面、耳功等。这一时期导引术逐渐形成完整的功法。

隋唐医学著作《诸病源候论》《备急千金要方》《外台秘要》中收集了大量丰富的养生祛病、延年益寿的练功方法。唐代著名医家孙思邈融医、道、佛、儒诸家学说为一体，著成养生专论，其中所载功法众多，在我国养生发展史上具有承前启后的作用。

宋金元时期出现了一些颇有价值的中医养生功法，如六字诀和八段锦等。六字诀在当时尤为普及，它在具体锻炼方式上融合了某些导引动作。八段锦在宋代开始流传和发展。

明清时期，养生十分普及，明代最著名的动功为易筋经，导引、按摩等以形体运动为主的健身术更加规范化，医家学派的导引治病，促使养生与医疗保健结合得更加紧密。这一时期，八段锦、易筋经、十二段锦、太极拳等较为盛行，我国养生术发展进入了鼎盛时期。

新中国成立后，中医养生快速发展，民族传统运动项目被日益重视。八段锦、五禽戏、易筋经等都正式进入了中医药院校的课程。20世纪90年代，健身气功被政府纳入统一管理，更加规范化、科学化。进入21世纪，国家体育总局创编了一系列健身气功功法，运动养生功法的普及推广及科学研究都取得了重大成就。随着经济全球化与文化多元化，传统运动养生将为人类的健康长寿作出更大贡献。

## 三、传统运动养生的社会价值

中华民族在几千年的繁衍生息过程中，创造了极其辉煌的文化成果，传统运动养生作为中华文化特色鲜明的一部分，为中华民族的健康和延续作出了不可磨灭的贡献。因此，从实际效果来看，传统运动养生的社会价值主要体现在以下三个方面。

**1. 传统运动养生可以提升全民健康水平**

传统运动养生的理念是"天人合一"，与追求"更快、更高、更强"、挑战人体极限的竞技体育不同，它追求的是人与自然、社会的和谐。传统运动养生将生理、心理、社会、环境因素等结合在一起的理念，与现代健康观念的发展趋势是一致的。传统运动养生讲究动静结合、形神统一，它所蕴含的修身养性和谐元素正是当前国民对健康的理解和需求。传统运动养生最大的特点是适合不同年龄和不同体质的人，它不但可以满足人们的健身需求，而且可以预防疾病、提高生活质量、延缓衰老、延年益寿。

**2. 传统运动养生可以减轻医疗压力，缓解社会矛盾**

传统运动养生强调身体运动、呼吸、意念协调一致，不但锻炼外在的骨骼肌肉，而且调摄内在的意念气机以和络宁神，使身心融为一体，诱导和启发人体内在潜力，提高免疫力。它运动量适中、简单易学，不受场地、器材的限制。长期进行练习，不但可以提高人们的身体素质，降低患病风险，而且可以减轻医护人员的工作压力，降低医保资金的投入，减轻社会、家庭、个人医疗费用负担，对缓解由于资源匮乏所造成的医疗经济压力和社会矛盾，构建和谐社会起到重要作用。

**3. 传统运动养生有利于推广传承中国传统文化**

传统文化是一个民族的精神基因和血脉。全面建设社会主义现代化国家，必须增强文化自信，传承中华优秀传统文化。中华传统运动养生作为传统文化的代表，是人们长期生产和生活实践经验的总结，是中华民族智慧的结晶。推广传承中华传统运动养生，不仅是培育大众对传统文化的认同，而且是对传统运动养生文化的弘扬，更是对传统运动养生文化所蕴含的民族精神、为人类全面发展而服务的精神内涵进行推广传承。

# 第二节　传统运动养生与中医基础理论的关系

我国传统运动养生历史悠久，是中华民族特有的民族文化遗产，是人民群众在长期的生活和劳动实践中总结的经验知识。传统运动养生注重整体，根于阴阳，调于五行，使精气神处于和谐状态，与中医学理论同宗同源，在同一文化区域内相互渗透融合，互为丰富和发展。传统运动养生既能强身健体，延年益寿，又能在疾病康复过程中起到积极作用，还体现了中医"治未病"的理念，二者在基础理论上有着密切的联系。

## 一、整体观念

整体观念是指事物是一个整体，事物内部的各个部分互相联系、不可分割；事物之间也有密切联系。宇宙天地也是一个大的整体。从此观念出发，人与自然、人与社会是一个有机整体。整体观念贯穿于运动和中医养生的各个方面。

### （一）人体是一个有机整体

**1. 人体解剖结构和生理功能是有机整体**

人体以心为主宰，以五脏为中心，通过经络系统将六腑、奇恒之府、形体、官窍有机相联，形成一个复杂的有机整体。五脏各形成一个系统，每个系统以脏为首。这个有机整体在解剖上紧密相连，在生理功能上相互配合，共同组成人体，维持生命活动。

**2. 精气神三位一体**

人体生命有三要素：精、气、神，三者紧密关联，构成和维持人体的生命活动。人体精气从出生到青壮年，逐渐充盛，达到顶峰；中年之后，由盛而衰，日渐减少，直至耗尽寿终，故精宜固养。精能化气，气能生神，精、气、神三位一体，同时存在，不可分开。形为气之舍，为神之宅，恃神以立，气为形之充，神为气之主，依形而生，无形则神无以附，只有当人体处于精充、气畅、神旺的状态，才是健康的状态。

**3. 动形养生**

《素问·上古天真论》说"形与神俱，而尽终其天年，度百岁乃去"，可知形神兼备的重要性。

（1）传统运动对形体的影响　中医学认为，丹田藏有元精、元气、元神，传统运动养生要求意守丹田，运气至丹田，可起到藏精、藏气、藏神的作用，实现对疾病的预防和对人体的保健。传统运动养生中，运动量适中，动作柔和，要求形正体松，以意领气，在锻炼过程中达到内练精神、脏腑，外练经脉、筋骨和四肢百骸，使形体内外得以和谐，因而对形体有促进作用，如《拳意内经·神运经》有云"练形而能坚，练精而能实"。

（2）传统运动对气血的影响　根据精气学说，万物成于气，气运动不息。气血是维持人体生命运行的重要物质，其运动维持了生命活动，生命活动也影响着气的运动。传统运动以形引气，以意导气，疏通经络，调和气血，使气和体柔，气血和形体相互促进，相辅相成，正如《拳意内经·神运经》有云"练气而能壮"。

（3）传统运动对神的影响　气能生神，神能御气。传统养生运动对神的调节有促进作用，其运动能否达到养生目的，也有赖神的作用。神作为人体生命的主宰，能影响人体气的活动。舒缓柔和的传统养生运动使人体气的运动不徐不疾，从容柔畅，节律稳定，气的升、降、出、入各自有序，此时的生命活动外在表现为"有神"的良好状态，如《拳意内经·神运经》有云"练神而能飞"。神对运动也有影响，神安则运动柔美，表现出气定神闲；神不安则动作失调，扰乱气的运行。

**4. 三调合一**

传统运动养生紧扣称为"人身三宝"的精、气、神，通过调息（调整呼吸）以练气，以气行推动血行，周流全身，滋养机体。通过调身（形体、筋骨、关节的运动），导气令和，引体令柔，使全身经脉畅通，促气血营养人体。《素问·上古天真论》记载"恬淡虚无，真气从之"，通过调心（调节意识，排除杂念），静以恬淡，以意领气，返璞归真。三调合而为一，要求意念导引和动作导引紧密结合，使人体进入"形与神俱"的健康状态。

### （二）人体和自然环境是有机整体

**1. 人体与天时相应**

此即"天人合一"。根据精气学说，天地之精气化生为人，人体源于天地之气，其生、长、壮、老、已无时无刻不受天地之气的影响。人体的气血阴阳与自然相通，其盛衰会随自然环境的变化而发生相应的变化，人体应与自然环境保持和谐统一。

传统运动养生通过"三调合一"，人体在"入静"的虚无状态最为接近天真，即清静无扰，受到人为干预最小，使机体的阴阳气机变化与自然界相通，顺其自然，此时天地之精微滋养人体，故人身阴阳气机变化顺天时变化方可受天时之养，使人体"真气从之"。

（1）人与季节相应　时节对人体影响明显，如春季主生，气温回升，草木生发，万物复苏；夏季主长，天气炎热，草木茂盛，万物活动增加；秋季主收，气温转凉，草木凋零，部分生物准备冬眠；冬季主藏，气候转寒，万物以闭藏精气为主。故人体养生应顺应四时，以《黄帝内经》中四气调神之道行之，则收到最佳的养生之效，达到神旺体健，志闲少欲，心安不惧，形劳不倦。

（2）人与昼夜相应　自然界昼夜更替，晨昏相迭，人体与之相应。如清晨，人体精神饱满，体温上升，活力十足，近午时分达到鼎盛；下午至黄昏，人体活力逐渐收敛，入夜，体温开始下降，精神开始收敛，入睡养精蓄锐。

**2. 人与地理环境相应**

不同地区，由于气候、水质和土壤的不同，对人体产生不同的影响。如《素问·五常政大论》所述，西北方地势相对偏高而多山，气候寒冷干燥，人体腠理多致密；东南方地势相对偏低，气候温暖湿润，人体腠理多较疏松。西北方地势气候相对东南方较寒冷，其居民寿命往往长于东南方人。一般来说，某一地区的人对该地区的环境已经习惯，突然更换生活环境，人体尚未适应时，可能会出现"水土不服"。此外，某些地方性疾病也与地理环境有着密切的联系，这些均说明了人与地理环境相应。

### （三）人和社会环境是一个整体

**1. 人与社会环境的关系**

人形成了社会，是社会的组成部分，对社会有着不同程度的影响，人与社会环境的影响是相互的。人生活在社会之中，环境相异，劳力者通常体壮筋强，劳心者通常相对筋柔骨脆。

人类群居形成并影响着社会环境，小则形成了社会的风俗习惯、风土人情、地域人文，大则形成了国家意志、政治、经济、文化。人作为个体，需要主动融入社会环境，并与社会环境形成一个整体，将更容易适应环境，保持健康状态。

**2. 社会环境对人的影响**

社会的发展和进步，使人们更容易获得健康的知识，更利于普及正确的养生方法，人类的平均寿命期望值不断提高。但与社会发展和进步相伴随的，还存在诸多不利影响因素，如噪音、污染带来对身体健康的负面影响，不断加快的工作节奏、更加紧张的生活环境带来的浮躁心态，也使得精神焦虑、心理疾病发病率上升。

## 二、精气学说与传统运动养生

在精气学说中，气有如下属性：①是构成世界的本原物质；②其运动变化不休不止；③是天、地、万物的中介；④天、地精气合而化生为人。其功能包括推动、温煦、防御、固摄、营养、气化等。

**1. 精气是人体生命活动的动力**

人体的脏腑、形体、官窍、血液、津液等，均属有形之物，有形之体为阴，无形之精气为阳，是生命活动的动力，因为"阳主阴从"，所以这些有形之体须由气推动方可活动。如心主行血，推动血液循环周身；肺主气，司呼吸，为人身气之本，推动一身气血的运行；脾主运化水谷精微，使清阳上升；肝主疏泄，调节一身气机；肾主封藏精气；胃主受纳水谷、小肠分清别浊、大肠传导糟粕、胆储排胆汁促消化、膀胱储排尿液，都是在气的推动下进行。

**2. 精气充足是生命活动的基础**

机体正常的生命活动以精气充足为基础。精气满聚，肾精充盈，则神气旺盛，全身脏腑、经络及精神活动正常；精气耗散，肾精衰弱，则神失所养，精神涣散，全身机能活动处于衰败"无神"的状态。精气越充足，则推动生命活动的能力越强，生命力更旺盛；反之，若精气不足，推动无力，生命活动水平降低，会出现全身或局部虚弱的表现。

**3. 传统运动养生注重护养精气**

传统运动养生中，注重呼吸徐缓深长、意念清静安宁、动作舒柔伸展，动中有静，静中有动，阴阳调和，机体有神，生命力旺盛。呼吸深长补自然之清气，呼吸徐缓使气行从容；意念清静则归于自然，气从以顺，意念安宁则气无杂念扰动；动作舒柔导气令和，伸展肢体强筋壮骨，引体令柔。这些要领都是使气行和缓不乱，动静之中精气得养。

## 三、阴阳学说与传统运动养生

阴阳是宇宙中相互关联的事物或现象对立双方属性的概括，最初仅朴素地指日光的向背，即向日为阳、背日为阴，后逐渐引申到概括各种自然现象和生命万物。阴阳学说的基本内容包括阴阳交感、对立制约、互根互用、消长平衡和相互转化等方面。

**1. 动作中的应用**

按阴阳属性划分，则动为阳，静为阴。在传统运动养生中，要求"外动内静，动中求静"，动静结合体现阴阳互根，阴平阳秘。利用阴阳的对立制约，可让阴盛阳虚的患者选择练习动功为主，以求助阳胜阴；而对阴虚阳亢的患者则应选择练习静功为主，以求养阴助阳。

传统运动养生中"动中有静"和"静中有动"，在这种动静结合中体现着阴阳的对立制约、互根互用和消长平衡、相互转化。如调心过程中排除杂念以引心入静，以意领气，气贯周身。

**2. 练习时间的应用**

（1）一年之时　根据四时阴阳的变化规律，养生一般宜春夏养阳、秋冬养阴，以应天时。如春季阳气升发，户外运动增加，可选择如五禽戏、八段锦、易筋经之类能活动筋骨、调畅气血且运动量适中的运动。夏季阳气旺盛，若过盛则易耗伤阴气，可选择以静功为主进行锻炼，如站桩功、六字诀等。入秋天地之气进入收敛，此时运动量过大则易造成损耗，故仍以静功配以活动量适宜的运动进行锻炼，如太极拳、八段锦等。冬季，大自然进入闭藏，不宜进行剧烈运动，而其易成阴盛，可根据个体差异选择适宜运动量的锻炼。

（2）一日之中　根据《灵枢·顺气一日分为四时》的"朝则为春，日中为夏，日入为秋，夜半为冬"，可知"朝""日中"为阳，"日入""夜半"为阴，阳时生发宜练功，阴时死气之时不宜练功。如《遵生八笺·延年却病笺》在"八段锦导引法"中指出"子后午前做，造化合乾坤"。

## 四、五行学说与传统运动养生

"五行"是指以木、火、土、金、水等五种物质的抽象特性描述物质运动变化的概念，也指气的五种运动方式。以"五行"归纳各种事物，以其之间的关系来阐释世界万物或现象间的相互联系及协调平衡的学问，即五行学说，其内容包括五行特性、事物的五行分类推演、五行间关系。

**1. 以五音调脏腑**

由五音属五行、配五脏六腑，传统运动养生常以吐字发音的方法调理五脏。如"六字诀"中"嘘"音属木而应于肝、"呵"音属火而应于心、"呼"音属土而应于脾、"呬"音属金而应于肺、"吹"音属水而应于肾、"嘻"音应于三焦。健身气功之导引养生功十二法的各招式中，也配以吐字发音进行练习，如"乾元起运""双鱼悬阁""凤凰来仪"中默读"呼"音以和胃健脾，"老骥伏枥""芙蓉出水"中默读"呬"音以益肺，"金鸡报晓"中默读"吹"音以滋阴补肾，"平沙落雁"中默读"呵"音以舒缓心脏。

**2. 以动形调脏腑**

肢体动作不同，特点不同，五行属性不同，对气血影响不同，因而对应调理脏腑亦有不同。如八段锦"左右开弓似射雕"，左应肝属木，导气上升，右应肺属金，导气下降，如此左升右降，可导人体一气周流；"双手攀足固肾腰"，俯体向下，其势下趋，与水行属性相对应，故属水，有滋肾固精之功。正如《灵剑子引导子午记》所强调的："仰托一度理三焦，左肝右肺如射雕，东脾单托西通胃，五劳回顾七伤调，游鱼摆尾通心脏，手攀双足理于腰。"

## 五、藏象学说与传统运动养生

脏腑包括五脏、六腑、奇恒之府，因藏于体内而生理功能、病理反应表现于外，称为"藏象"。藏象学说是研究机体脏腑的生理功能、病理变化及其相互关系的学说，体现着以五脏为中心的整体观，强调以心为主导、同等重要、相互为用。五脏分别形成一个系统，联系身体中各组织和官窍，有肝系统、心系统、脾系统、肺系统、肾系统。

**1. 指导传统运动养生**

传统运动养生要求形正体松、心静意闲、柔和舒缓，此举可使肝气畅达，气血平和，心情舒畅，再如通过体松、入静以调养心神；通过练习呼吸吐纳、导引之法以养肺；通过以腰部为中心的锻炼以养肾等。

### 2. 强脏腑、稳平衡

传统运动养生通过对精、气、神的调节，以及五行属性配属的良性影响，增强脏腑的生理功能，维持脏腑间的平衡协调。如五禽戏以五戏配五脏，六字诀以六音配脏腑，八段锦以功效命名都是调节、增强脏腑功能的体现。因这些运动形式对脏腑有调节作用，且均有五行归属，可利用五行间的生克制化关系稳定机体的内环境，达到"阴平阳秘"的最佳动态平衡。

### 3. 调畅情志

心藏神，主神明，人的情绪发于心，应于五脏，传统运动养生通过"调心"使心神宁静，调养心神，加强心主神明的作用，促使身体达到"主明则下安"的状态。《素问·阴阳应象大论》载有"人有五脏化五气，以生喜怒悲忧恐"，人有五志，归属五行，应于五脏：肝主怒，心主喜，脾主思，肺主悲，肾主恐，不同情绪状态对气血运行状态有着不同的影响，如怒则气上、喜则气缓、思则气结、悲则气消、恐则气下。人体本是形神一体，形不离神，神不离形，各种传统养生功法在不同的动作中，调节对应的脏腑气血，可对情绪状态有积极影响。

## 六、经络学说与传统运动养生

经络是人体组织结构的重要组成部分，是运行气血，联络脏腑器官、形体官窍和沟通上下内外的通道，包括经脉和络脉。经络、经筋、皮部、脏腑构成整个经络系统，其中以经络为主。经脉主要包括十二条正经和八条奇经；正经分出的较大分支，称为"经别"；其他分支，称为"络脉"，络脉中较大的分支是别络，循行于体表的络脉是浮络，最细小的络脉是孙络。正经的循行遵循一定规律。手三阴经起于胸中，走向手部，在指端与互为表里的手三阳经交会，将气血贯注其中；手三阳经起于手指端，走向头面部，贯注气血于同名的足三阳经；足三阳经起于头面部，走向足趾端，贯注气血于互为表里的足三阴经；足三阴经起于足趾端，走向胸腹，将循行的气血再次贯注至手阴阳经，周而复始，如环无端，本循行过程中的气血贯注，也称为"流注"。腧穴位于经络的循行路径中，是脏腑、经络气血输注的空隙和汇聚之处，包含分布于肘膝以下的"五输穴"（井穴、荥穴、输穴、经穴、合穴）、原穴、络穴、郄穴、下合穴、八脉交会穴，分布于胸腹部和腰背部的背俞穴、募穴，分布于四肢和躯干部分的八会穴等特定穴位，以及经外奇穴和其他穴位。

传统运动养生以意念循经导气，以循经动作刺激经络及意守、点按、拍打特定的穴位，可舒畅经络、疏通气血、调和脏腑。

### 1. 大小周天

传统运动中的气功修炼常有"周天"的说法，即连绵不断、周而复始的气血运行路径。一般有大周天、小周天之说。其中大周天含义一般有二：一是人体之气与自然天地之气交换的过程，为体外大周天；二是人体之气在身体内部经络的大循环，为体内大周天。小周天一般也有广义和狭义之分：广义上可包括左、右手三阴、三阳经的单独循环，左、右足三阴、三阳经的单独循环，带脉的单独循环，脏腑的单独循环；狭义上通常指任脉、督脉的循环。通过传统运动养生，可增强周天的循环功能，内而和谐使人体阴平阳秘，外应天地而使天人合一。

### 2. 肢体动作

传统运动养生练习功法的过程中，常随动作刺激调节经络，如身体后仰、胸腹前俯等动作可疏调任、督二脉，各类伸展动作可激发手、足三阴经和手、足三阳经。有的练习功法本身就是针对具体的经络而设计，如导引养生功十二法"悬元启运"有助于畅通手太阴肺经、手阳明大肠经；"躬身掸靴"式中人体前躬可作用于督脉、膀胱经及分布于腰腹部的冲、任、带脉；"犀牛望月"畅通手三阴、三阳经；"芙蓉出水"可同时疏通手足三阴经和手足三阳经；"金鸡报晓"手成勾上摆，变掌下按，有助于疏通手三阴经和手三阳经；"平沙落雁"式中两腿的屈伸和盘根步有助于疏畅足三阴经、足三阳经；"凤凰来仪"式中的转身旋臂，有助于畅通任、督二脉及手三阴经和手三阳经。

**3. 作用于穴位**

（1）**意守穴位**　在入静之后，随着肢体跟随招式有序运动，将意念集中在特定的穴位，以达到导气运行的目的。如健身气功之导引养生功十二法中"纪昌贯虱""躬身掸靴""犀牛望月"意守命门，有助于滋阴补肾，固肾壮腰；"芙蓉出水"式意守太渊，有助于调肺之主气；"金鸡报晓""气息归元"式意守丹田关元穴；"平沙落雁"式意守劳宫穴以通调手厥阴心包经。

（2）**点按穴位**　在练习功法的招式过程中，涉及对部分穴位的点按，以达到刺激目的。如健身气功之导引养生功十二法中点抠劳宫穴有助于清心降火；其屈腕成勾手、两腕两叠、卷指可刺激手太阴肺经的原穴太渊穴、心包经的原穴大陵穴和手少阴心经的原穴神门穴；其脚跟侧蹬捻动涌泉有助于固肾；其脚跟拔起，或脚趾上跷，压迫涌泉，有助于激发肾经以滋阴补肾；其以合谷穴捻按大包穴，有助于健脾和胃及润肠通便；其屈腕勾手，对手三阴经、手三阳经的井穴、原穴产生良性刺激，脚趾上跷，对足三阴经、足三阳经的井穴、原穴产生良性刺激。

# 第三节　常用传统运动实践

## 一、二十四式简化太极拳

二十四式简化太极拳在杨式太极拳的基础上进行改编，经由历代武林精英悉心研究揣摩，从起势到收势共选取 24 个动作，已成为中华民族武林宝库中的瑰宝，深受广大群众的喜爱。自推广以来，以易学易练的特点倍受人们青睐。此套动作轻松柔和，连贯均匀，圆活自然，协调完整，简单易学。长期进行练习，不但可以健身，而且对多种疾病具有积极疗效和康复作用。

### 动作说明

**预备势**

两脚并步站立，头项正直，两手自然下垂，目视前方。

**（一）起势**

左脚分开与肩宽，两臂前举；两腿屈膝半蹲，两掌下按至腹前。

**（二）左右野马分鬃**

1. 上体稍右转，重心右移，右臂收于右胸前平屈，左手经体前划弧至右腹前，成右抱球，左脚收回点地（图 13-1a）。

2. 上体稍左转，左脚向左前方迈出成左弓步，两掌左上右下分开，左掌心斜向上，高于眼平，右手按至右胯旁（图 13-1b）。

3. 重心后移，左脚尖翘起外撇，上体稍左转，左手翻转左胸前平屈，右手翻转向左上划弧，成左抱球，右脚收回点地。

4. 同 2，方向相反（图 13-1c）。

(a)　　　　　　　　(b)　　　　　　　　(c)

**图 13-1　左右野马分鬃动作**

5、6. 同 3、4，方向相反。

### （三）白鹤亮翅

上体稍左转，右脚跟进半步，左掌心向下，右手向前上划弧，两手在胸前屈臂抱球；上体后坐并右转，左脚稍向前点地，右手上提至右额前，掌心斜向上，左手落于左胯旁，上体转正（图 13-2）。

### （四）左右搂膝拗步

1. 上体稍左转，右手经体前下落，后随上体右转向右上划弧至右肩后斜方，左手左斜前方上摆，随上体右转划弧至右肩前；左脚收回点地，眼看右手（图 13-3a）。

2. 上体稍左转，左脚向左前方迈步成左弓步，右手经右耳侧向前推出，左手左膝前搂过落于左胯旁（图 13-3b）。

3. 重心后坐，左脚尖翘起外撇，上体左转，右脚收回点地；左手向左上方划弧至左肩外，与耳同高，右手经头前划弧至左胸前。

4、5. 同 2、3，方向相反。

6. 同 2。

### （五）手挥琵琶

右脚跟进半步，上体后坐，稍左回转，左脚前移，脚跟着地；右臂稍回收，左手向前上挑掌，两臂屈肘合抱（图 13-4）。

**图 13-2　白鹤亮翅动作**　　　　(a)　　　　(b)　　**图 13-3　左右搂膝拗步动作**　　**图 13-4　手挥琵琶动作**

### （六）左右倒卷肱

1. 上体稍右转，右手翻转向上随转体经腹前向右后上方划弧平举，肘微屈；左手翻转向上，眼先向右后方看，再转看左手（图 13-5a）。

2. 右手经耳侧向前推出，左臂屈肘后撤，向下划弧至左胯旁；同时左脚向后撤步，重心移至左腿，右脚转正，眼看右手（图 13-5b）。

3. 上体稍左转，左手随转体向后上方划弧平举，肘微屈，掌心向上，右掌心亦向上，眼先向左后方看，再转看右手。

4. 左手经耳侧向前推出，右臂屈肘后撤，向下划弧经右胯旁；同时右脚向后撤步至左脚内侧旁（图 13-5c）。

5. 上体稍右转，右手随转体向后上方划弧平举，肘微屈，掌心向上，左掌心亦向上，眼先看右后方，再转看左手；同时右脚向右后撤步，重心移至右腿，左脚转正。

6、7、8、9. 重复 2、3、4、5 一遍。

图 13-5　左右倒卷肱动作

### （七）左揽雀尾

1. 上体右转，右手向侧后上方划弧，左手在体前下落，两手成右抱球，左脚收回点地（图 13-6a）。

2. 上体左转，左脚向左前方迈出成左弓步，两手前后分开，左臂向体前掤出，右手向下划弧落于右胯旁（图 13-6b）。

3. 上体稍左转，左手前伸，掌心向下，右臂外旋，向前上划弧至左前臂下，掌心向上；上体右转后坐，两手同时向右下后方划弧后捋，右手摆至身体侧后方，左臂平屈于右胸前，眼看右手（图 13-6c）。

4. 上体稍左转，右臂屈肘折回，右手搭于左手腕内侧，上体继续左转，重心前移成左弓步，右手推送左前臂向前挤出（图 13-6d）。

5. 左手翻转向下，右手经左腕前伸，掌心转向下，两手分开与肩同宽；上体后坐，左脚尖翘起，两臂屈收后引至腹前；重心前移成左弓步，两手沿弧线向前上按出（图 13-6e）。

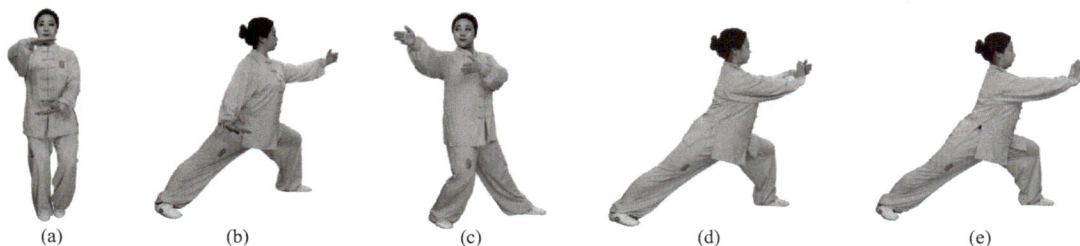

图 13-6　左揽雀尾动作

### （八）右揽雀尾

1. 上体后坐并右转，左脚尖内扣，右手划弧右摆，两手平举于身体两侧，头随右手移转；

重心左移，左腿屈膝，右脚收回点地，两手呈左抱球。

2、3、4、5.同"左揽雀尾"2、3、4、5，方向相反。

### （九）单鞭

1.上体后坐，左腿屈膝，右脚尖内扣，左手随上体左转划弧至身体左侧，掌心向外，右手向下经腹前划弧至左肘前，掌心转向上（图13-7a）。

(a)　　　　(b)　　　　(c)

图13-7　单鞭动作

2.上体右转，重心右移，左脚收回点地，同时右手向左上方划弧至身体右前方变勾，左手向下向上划弧至右肩前，掌心转向内，眼看勾手（图13-7b）。

3.上体稍左转，左脚向左前方迈成左弓步，重心移至左腿时，左手经面前翻掌向前推出（图13-7c）。

### （十）云手

1.重心移至右腿，上体右转，左脚尖内扣，左手向下经腹前划弧至右肩前，掌心向内，右勾手变掌（图13-8a）。

(a)　　　　(b)　　　　(c)

图13-8　云手动作

2.上体左转，重心左移，左手经脸前向左划弧，掌心转向外，右手向下经腹前划弧至左肩前，掌心转向内；同时右脚收回，成小开立步，视线随左手运转（图13-8b）。

3.重心右移，上体右转，左脚左横开一步，右手经头前向右划弧，掌心由内转向外，左手向下向右划弧至右肩前，掌心转向内，视线随右手运转（图13-8c）。

4、5、6.同2、3、2。

### （十一）单鞭

1.重心右移，上体右转，左脚跟提起，右手向左上划弧，经头前至右前方变勾手，左手向下向右上划弧至右肩前，掌心转向内，眼看勾手。

2.同九式"单鞭"3。

(a)　　　　　(b)

图 13-9　高探马动作

### （十二）高探马

右脚跟进半步，上体稍右转，右勾手松开，两手翻掌向上，肘关节微屈（图 13-9a）；上体稍左转，右手经右耳侧向前推出，左臂屈收至左腰侧，掌心向上，同时左脚稍前移点地（图 13-9b）。

### （十三）右蹬脚

1. 上体稍左转，左脚左斜前方迈出，脚跟着地，右手稍后收，左手前伸至右手腕，两手交叉（图 13-10a）。

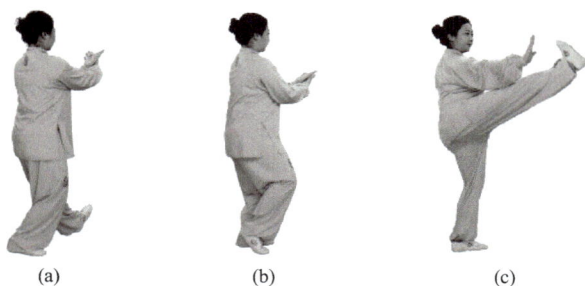

(a)　　　　(b)　　　　(c)

图 13-10　右蹬脚动作

2. 上体稍右转，右脚收回点地，两手向两侧划弧分开，眼看右手；两手向腹前划弧交叉于胸前，右手在外（图 13-10b）。

3. 两臂左右划弧分开平举，同时右腿屈膝上提，脚跟向右前上方蹬出，脚尖上勾，右腿与右臂上下相对，眼看右手（图 13-10c）。

(a)　　　　　(b)

图 13-11　双峰贯耳动作

### （十四）双峰贯耳

1. 右小腿屈膝回收，左手向体前划弧，两手翻掌向上，并同时向下划弧落于右膝两侧（图 13-11a）。

2. 右脚向右前方落成右弓步，两手下落握拳经腰侧向前上划弧至头前，两臂微屈，两拳相对（图 13-11b）。

### （十五）转身左蹬脚

1. 重心后移，左腿屈坐，上体左转，右脚尖内扣，两拳变掌，左手向左划弧，两手平举于身体两侧，眼看左手（图 13-12a）。

2. 重心右移，右腿屈膝，左脚收回点地，两手向下划弧交叉于胸前，左手在外（图 13-12b）。

3. 同"右蹬脚"3，方向相反（图 13-12c）。

### （十六）左下势独立

1. 左腿屈膝收回点地，上体稍右转，右臂稍内合，右手变勾，左手向右上划弧至右肩前，掌心斜向后，眼看勾手（图 13-13a）。

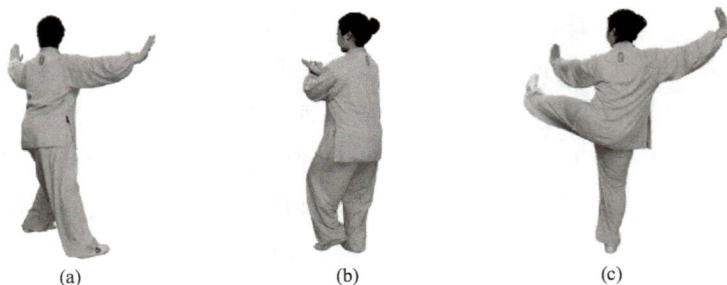

**图 13-12    转身左蹬脚动作**

2.上体稍左转，右腿屈膝下蹲，左腿向左侧伸出；左手经右肋沿左腿内侧向前穿出，掌心向外，眼看左手（图 13-13b）。

3.重心前移成左弓步，左手前穿并向上挑起，右勾手内旋，置于身后（图 13-13c）。

**图 13-13    左下势独立动作**

**图 13-14    右下势独立动作**

4.重心前移，右腿屈膝提起，右勾手变掌下落，向体前挑起，掌心向左，屈臂立于右腿上方，左手落于左胯旁（图 13-13d）。

### （十七）右下势独立

1.右脚落于左脚内侧，身体左转，左脚扭转，左手向身体左侧上举变勾，高与肩平，右手划弧摆至左肩前，眼看勾手（图 13-14a）。

2、3、4.同"左下势独立"2、3、4，方向相反（图 13-14b）。

### （十八）左右穿梭

1.身体稍左转，左脚向前落步，脚尖外撇，两腿屈膝，右脚收回点地，两手左抱球（图 13-15a）。

**图 13-15    左右穿梭动作**

2. 上体右转，右脚右前方上步成右弓步，右手向右斜上方划弧，经面前翻转架于右额前上方，左手下落至左腰间向体前推出（图 13-15b）。

3. 重心后移，右脚尖外撇，上体右转，重心右移，左脚收回点地，两手右抱球。

4. 同 2，方向相反（图 13-15c）。

### （十九）海底针

1. 右脚跟进半步，重心后移，右腿屈坐，同时身体稍右转，右手下落向后上提至右耳侧，掌心向左，指尖向前，左手向右划弧落于腹前。

2. 上体左转向前俯身，左脚稍前移点地，右手向前下方斜插，左手搂膝至左大腿外侧，眼看右手（图 13-16）。

图 13-16　海底针动作　　图 13-17　闪通臂动作

### （二十）闪通臂

1. 上体稍右转，恢复直立，左脚收至右脚内侧，右手提至胸前，左手屈臂上摆，指尖贴近右腕内侧。

2. 左脚向前上步成左弓步，左手推至体前，右手架于右额斜上方，掌心斜向上（图 13-17）。

### （二十一）转身搬拦捶

1. 重心后移，右腿屈坐，上体右转，左脚尖内扣，右手随转体摆至体右侧，左手摆至头左侧；重心左移，左腿屈坐，右腿伸直抬起收至左脚内侧，右手握拳向下经腹前划弧至左肋旁，拳心向下，左手举至额前，掌心斜向上。

2. 上体右转，右脚弧形向前迈出，脚跟着地，同时右拳经胸前向前翻转搬压，拳心向上，左手经右前臂外侧下落至左胯旁（图 13-18a）。

3. 重心前移，左脚向前上一步，脚跟着地，上体继续右转，同时右拳向右划弧收至右腰间，左臂外旋向体前划弧拦出（图 13-18b）。

4. 重心前移成左弓步，右拳拳眼向上，向前打出，左手微收，掌指附于右前臂内侧（图 13-18c）。

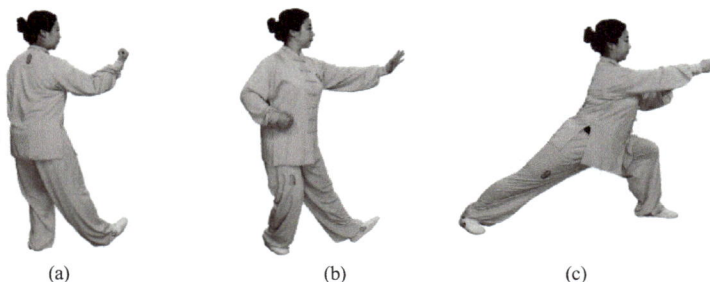

(a)　　　　(b)　　　　(c)

图 13-18　转身搬拦捶动作

### （二十二）如封似闭

1. 左手从右前臂下向前穿出，右拳变掌，两掌翻转向上分开；重心后移，左脚尖翘起，两臂屈肘回收，掌心斜相对（图 13-19a）。

2. 重心前移成左弓步，两手在胸前向内翻转，向下经腹前弧线向前上推按（图 13-19b）。

### （二十三）十字手

1.重心移至右腿，屈膝后坐，左脚尖内扣，上体右转，右手向右平摆画弧，脚尖外撇成侧弓步，两臂侧平举，右眼看右手（图13-20a）。

2.重心左移，右脚尖内扣，左腿屈膝侧弓，两手划弧下落经腹前交叉，上举成十字手于胸前；右脚收回半步，两腿微屈（图13-20b）。

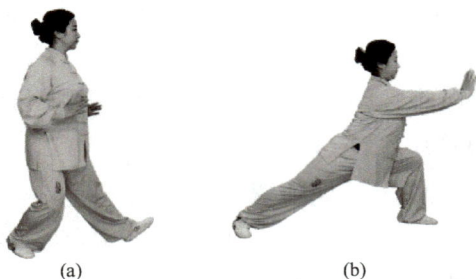

(a)　　　　　　　　(b)

图13-19　如封似闭动作

(a)　　　　　　　　(b)

图13-20　十字手动作

### （二十四）收势

两腿缓慢伸直，两手翻掌向下分开，两臂下落于身体两侧，左脚收回，目视前方。

## 二、易筋经

易筋经是以自身形体活动、呼吸吐纳、心理调节相结合为主要运动形式的民族传统体育项目。健身气功·易筋经继承了传统易筋经的精要，动作舒展连绵、伸筋拔骨、刚柔相济、动静相兼、呼吸自然，通过脊柱的旋转屈伸带动四肢内脏运动，在松静自然、形神合一中达到内练脏腑，改变筋骨的目的，是防治疾病、促进康复、延年益寿的养生功法。

### 动作说明

**预备势**

两脚并步站立，两手自然垂于体侧，目视前方。

### （一）韦陀献杵第一势

左脚开半步与肩宽，两臂前摆至前平举，掌心相对；两臂屈肘回收，两掌合于胸前，指尖向斜前上方（图13-21）。

### （二）韦驮献杵第二势

两肘上抬，手指相对，掌臂与肩平（图13-22a）；两掌前伸，指尖向前，随后两臂分开至侧平举，坐腕立掌（图13-22b）。

图13-21　韦陀献杵
第一势动作

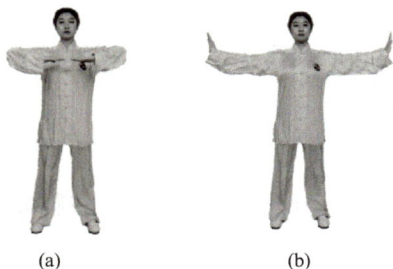

(a)　　　　　　　　(b)

图13-22　韦陀献杵第二势动作

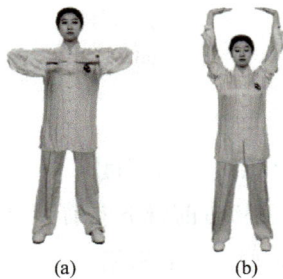

(a)　　　　　　　　(b)

图13-23　韦陀献杵第三势动作

### （三）韦驮献杵第三势

松腕，两臂前平举收至胸前平屈，掌心向下（图13-23a）；两掌内旋翻掌至耳垂下，提踵，两掌上托至头顶（图13-23b）。

### （四）摘星换斗势

**1. 左摘星换斗势**

（1）两脚跟徐缓落地，两手握拳落至侧上举；两拳变掌，身体左转，屈膝，右臂经体前下摆至左髋外侧，右掌张开，左臂经体侧下摆至体后，左手背贴命门，眼看右掌（图13-24a）。

（2）直膝，身体转正，右手经体前上摆至头顶右上方，肘微屈，掌心向下，眼看掌心（图13-24b）；两臂向体侧自然伸展（图13-24c）。

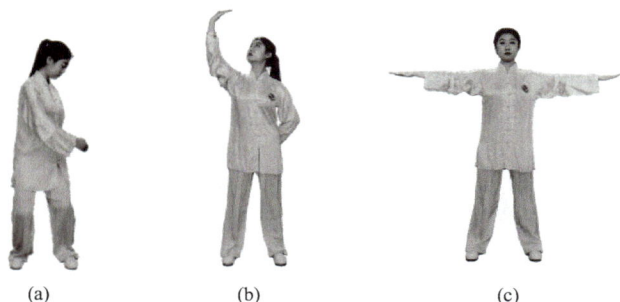

| (a) | (b) | (c) |

**图13-24　左摘星换斗势动作**

**2. 右摘星换斗势**

同左势动作，方向相反。

### （五）倒拽九牛尾势

**1. 右倒拽九牛尾势**

（1）左脚左侧后方撤步，右脚跟内转，右腿屈膝成右弓步，同时左手内旋向前下划弧后伸，小指到拇指依次握拳，右手向前上方划弧至肩平时，小指到拇指依次握拳，眼看右拳（图13-25a）。

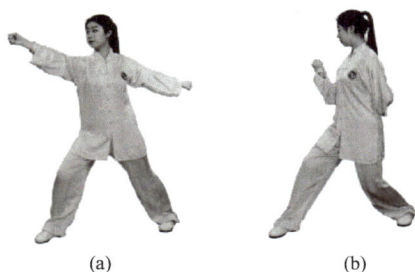

| (a) | (b) |

**图13-25　右倒拽九牛尾势动作**

（2）重心后移，左膝微屈，腰稍右转，右臂外旋，左臂内旋，屈肘内收（图13-25b）；重心前移成弓步，腰稍左转，两臂前后伸展；左脚收回，右脚尖转正成开立步，两臂自然垂于体侧。

**2. 左倒拽九牛尾势**

同右势动作，方向相反。

### （六）出爪亮翅势

收右脚成开立步，右臂外旋，左臂内旋，摆至侧平举，掌心向前（图13-26a）；两掌向体前环抱，随后两臂内收，两手变柳叶掌立于云门穴前（图13-26b）；展肩扩胸，松肩，两臂前伸成荷叶掌，瞪眼（图13-26c）；松腕屈肘，收臂变柳叶掌，立于云门穴。

### （七）九鬼拔马刀势

**1. 右九鬼拔马刀势**

（1）躯干右转，右手外旋，掌心向上，左手内旋，掌心向下（图13-27a）；右手由胸前内收经右腋下后伸，左手由胸前伸至前上方（图 13-27b）；躯干稍左转，右手经体侧向前上摆至头上方后屈肘，从后向左绕头半周，掌心掩耳，左手经体侧下摆至左后，手背贴于脊柱；头右转，眼随右手动，定式后看左后方（图 13-27c）。

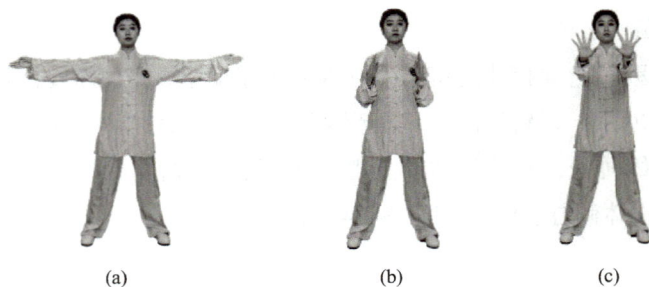

(a)      (b)      (c)

**图 13-26　出爪亮翅势动作**

(a)    (b)    (c)    (d)    (e)

**图 13-27　右九鬼拔马刀势动作**

（2）身体右转、展臂扩胸，眼看右上方（图 13-27d）；屈膝，上体左转，右臂内收，含胸，左手沿脊柱上推，眼看右脚跟（图 13-27e）；直膝，身体转正，右手经头顶下摆至侧平举，左手向上摆至侧平举。

**2. 左九鬼拔马刀势**

同右势动作，方向相反。

### （八）三盘落地势

1. 左脚开步与肩宽，屈膝下蹲，两掌逐渐用力下按至环跳穴高，指尖向外，口吐"嗨"音（图 13-28a）；翻掌向上，肘微屈，上托至侧平举，起身直立（图 13-28b）。

2. 重复做 3 遍，第 1 遍微蹲，第 2 遍半蹲，第 3 遍全蹲（图 13-28c）。

(a)      (b)      (c)

**图 13-28　三盘落地势动作**

### （九）青龙探爪势

**1. 左青龙探爪势**

（1）左脚收回半步，两手握固收至腰间；右拳变掌，右臂伸直，经下向右侧伸展，掌心向上（图 13-29a）；右臂屈肘、屈腕，右掌变龙爪，经下颌向身体左侧水平伸出，眼随手动，躯干左转（图 13-29b）。

（2）右爪变掌，身体左前屈，向下按掌至左脚外侧（图 13-29c）；躯干转至右前屈，带动右手经左脚前划弧至右脚外侧，手臂外旋，掌心向前，握固（图 13-29d）。

（3）上体抬起直立，右拳收至腰间。

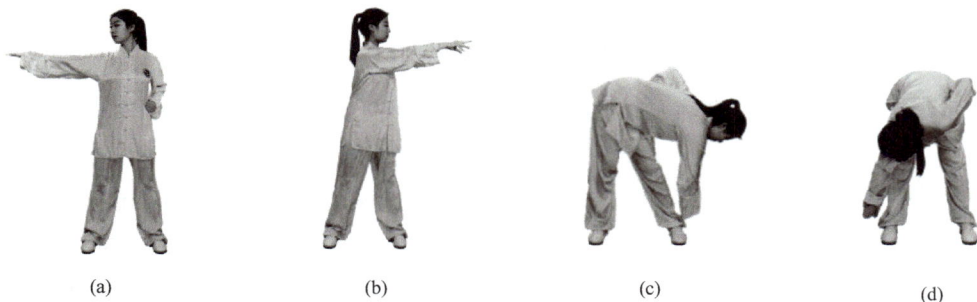

图 13-29　左青龙探爪势动作

**2. 右青龙探爪势**

同左势动作，方向相反。

### （十）卧虎扑食势

**1. 左卧虎扑食势**

（1）右脚尖内扣，左脚收回点地，身体左转，两手握固于腰间（图 13-30a）；左脚向前迈成左弓步，两拳提至肩部，内旋变虎爪，向前扑按（图 13-30b）。

（2）躯干由腰到胸逐节屈伸，重心前后移动，两手向下、后、上、前绕环一周；上体下俯，两爪下按，后腿屈膝，前脚跟略抬起，塌腰、挺胸、抬头、瞪目，眼看前上方（图 13-30c）。

（3）起身，双手握固收至腰间，重心后移，左脚尖内扣，身体右转，右脚收回成丁步。

图 13-30　左卧虎扑食势动作

**2. 右卧虎扑食势**

同左势动作，方向相反。

### （十一）打躬势

1. 起身，重心后移，身体转正，右脚尖内扣，左脚收回成开立步；两手随身体左转外旋，掌心向前外展至侧平举；两臂屈肘，两掌掩耳，食指弹拨中指 7 次（图 13-31a）。

2. 身体前俯，头、颈椎、胸椎、腰椎、骶椎从上向下逐节前屈，两腿伸直（图 13-31b）；骶椎、腰椎、胸椎、颈椎、头从下向上依次伸直后直立，两掌掩耳（图 13-31c）。

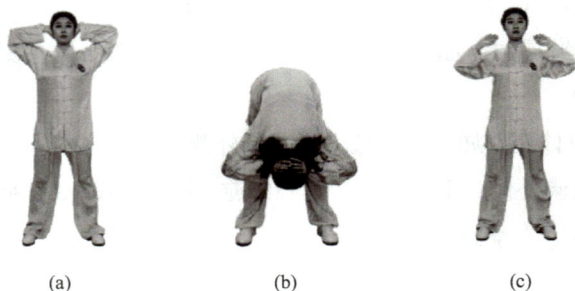

(a)　　　　　　(b)　　　　　　(c)

**图 13-31　打躬势动作**

3. 重复 2 动作 3 遍，逐渐加大前屈幅度，第 1 遍小于 90°，第 2 遍约 90°，第 3 遍大于 90°。

(a)　　　　　　(b)

**图 13-32　掉尾势动作**

### 收势

两手松开，两臂外旋（图 13-33）；上体缓慢直立，两臂外展成侧平举后上举，掌心向下按至腹部；两臂自然垂于体侧，左脚收回，并步站立，目视前方。

## 三、八段锦

八段锦是我国古代的导引术。八段锦的名称最早出现在南宋洪迈所著《夷坚志》，北宋时期已广泛流传于世。八段锦由八个动作组成，每一动作对应着相应的脏腑，既相互独立又相互联系，其中上下拉伸、前俯后仰、左右摇摆等动作配合呼吸吐纳和精神调节，可以改善心肺、脾胃、肾等脏腑及肢体运动功能。长期练习，可以提高机体抵抗力、增强体质，有效达到未病先防、既病防变、瘥后防复的效果。

### （十二）掉尾势

起身直立，两手拔耳；手臂前伸，十指交叉相握，掌心向内（图 13-32a）；屈肘，翻掌前伸，掌心向外，随后转掌心向下内收至胸前；身体前屈、塌腰、抬头，两手交叉下按。

1. 头向左后转，臀向左前扭动，眼看尾闾（图 13-32b）；两手交叉不动，放松还原至体前屈。

2. 同 1，方向相反。

3. 重复 1、2 动作 3 遍。

**图 13-33　收势动作**

## 动作说明

### 预备势

两脚并步站立，两臂自然垂于体侧，目视前方；左脚开步与肩宽，两臂内旋向两侧摆起，掌心向后；两膝微屈，两臂外旋向前合抱于腹前，与脐同高，掌心向内。

### （一）两手托天理三焦

两臂外旋下落至腹前，十指交叉，掌心向上（图 13-34a）；两腿徐缓伸直，两掌上托至胸

(a) (b)

**图 13-34　两手托天理三焦动作**

前内旋向上托起，抬头；两掌上托至头上方，头回正，目视前方（图 13-34b）；两手分掌从体侧下落，同时两腿微屈膝，两掌捧于腹前。

一上一下为 1 次，共做 6 次。

### （二）左右开弓似射雕

1.左开步站立，两腿自然伸直，同时两掌向上交叉于胸前，左掌在外（图 13-35a）；两腿屈膝成马步，右掌变爪拉至右肩前，左掌成八字掌向左侧推出与肩高，坐腕，掌心向左，目视左掌方向（图 13-35b）。

(a) (b) (c)

**图 13-35　左右开弓似射雕动作**

2.重心右移，两手变掌，右手向上、向右画弧，目视右掌（图 13-35c）；左脚收回，并步站立，两掌由体侧下落捧于腹前。

3.右势动作同左势动作，方向相反。

一左一右为 1 次，做 3 次后，右脚收回成开立步，两掌下落捧于腹前。

### （三）调理脾胃须单举

1.两腿徐缓伸直，左掌上托，左臂外旋经面前上穿，并内旋上举至头左上方，肘微屈，掌心向上，指尖向右；同时右掌稍上托后，臂内旋下按至右髋旁（图 13-36a）。

2.重心徐缓下降，两膝微屈，左臂屈肘外旋，左掌经面前下落于腹前，掌心向上，右臂外旋，右掌向上捧于腹前，掌心向上。

3.右势动作同左势动作，方向相反（图 13-36b）。

一左一右为 1 次，做 3 次后，两膝微屈，两掌下按于两髋旁。

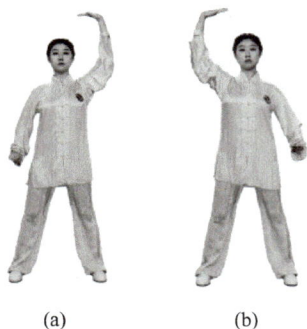

(a) (b)

**图 13-36　调理脾胃须单举动作**

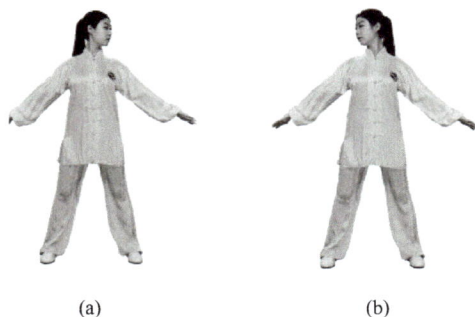

(a) (b)

**图 13-37　五劳七伤往后瞧动作**

### （四）五劳七伤往后瞧

两腿徐缓伸直，两臂向两侧伸直打开，掌心向后；两臂充分外旋，掌心向外，头向左后转，目视左斜后方（图13-37a）；两膝微屈，两臂内旋按于髋旁，头回正。

右势动作同左势动作，方向相反（图13-37b）。

一左一右为1次，共做3次后，两腿微屈，两掌捧于腹前。

### （五）摇头摆尾去心火

1. 右开步站立，两膝自然伸直，两掌上托至胸高时臂内旋，后继续上托至头上方，肘微屈；两腿半蹲成马步，两臂从两侧下落，两掌扶于膝关节上方（图13-38a）。

**图13-38　摇头摆尾去心火动作**

2. 重心稍起，上体右倾，俯身，目视右脚（图13-38b）；重心左移，上体由右向前、左旋转，目视右脚跟（图13-38c）。重心右移成马步，头向后摇，上体立起，下颏微收。

3. 右势动作同左势动作，方向相反。

一左一右为1次，共做3次后，右脚收回开步站立，两掌向外经两侧上举，掌心相对；两膝微屈，两掌下按至腹前。

### （六）两手攀足固肾腰

1. 两腿伸直站立，两臂向前上举起，掌心向前（图13-39a）；两臂外旋至掌心相对，屈肘下按于胸前；两臂外旋，掌心向上，两掌掌指顺腋下后插（图13-39b）。

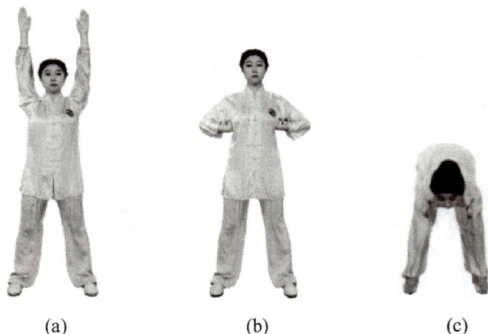

**图13-39　两手攀足固肾腰动作**

2. 两掌心向内沿脊柱两侧向下摩运至臀部，上体前俯，两掌继续沿腿后向下摩运，经脚两侧置于脚面（图13-39c）；两掌前伸，手臂带动上体起立，两臂伸直上举，掌心向前。

3. 一上一下为1次，共做6次后，两膝微屈，两掌向前下按至腹前，指尖向前。

### （七）攒拳怒目增气力

1.重心右移，左脚开步成马步，两掌握固收于腰侧，拳眼朝上（图 13-40a）；左拳缓慢用力向前冲出，瞪目（图 13-40b）。

图 13-40　攒拳怒目增气力动作

图 13-41　背后七颠百病消动作

2.左臂内旋，左拳变掌，虎口向下，左臂外旋，肘微屈，同时左掌向左缠绕，掌心向上后握固；屈肘，左拳收回至腰侧，拳眼朝上。

3.右势动作同左势动作，方向相反。

一左一右为 1 次，共做 3 次后，左脚收回并步站立，两拳变掌，垂于体侧。

### （八）背后七颠百病消

两脚跟提起，头上顶，略停顿（图 13-41）；两脚跟下落一半，略停顿；两脚跟下落轻震地面。

一起一落为 1 次，共做 7 次。

### 收势

两臂内旋，向两侧摆起，与髋同高；两臂屈肘，两掌叠于腹部，男左手（女右手）在内；两臂自然落于体侧，目视前方。

## 四、导引养生功十二法

导引养生功十二法是一套经络导引术，它是在易、医养生理论的指导下创编而成，是通过意识的运用、呼吸的控制和形体的调整，使生命优化的经络锻炼方法。十二法的每一法均和谐对称，有前有后，有左有右，有上有下，有高有低，每一个动作均呈大小不等的圆形，节节贯穿，上下相随。它以腰脊为轴枢，通过旋转屈伸带动任督二脉，从而调节十二经脉气血，同时配合怡悦心神的口诀，意形结合，达到内安五脏、协调阴阳、强身健体的效果。

### 动作说明

### 预备势

两脚并步站立，周身放松；两手叠于丹田，左手在里；口诀默念完毕，两手垂于体侧，目视前方。

### （一）乾元启运

1.左脚开步，两臂内旋上摆至侧平举，掌心向后，眼看左掌（图 13-42a）；两臂外旋前摆，头转正；两腿屈膝下蹲，两掌按至腹前（图 13-42b）。

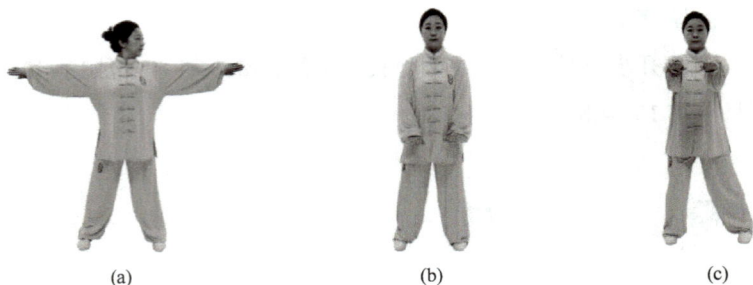

图 13-42　乾元启运动作

2. 两腿伸直，两臂内旋上摆至侧平举，掌心向后，眼看右掌；右腿半蹲，左腿伸直，两臂外旋前摆（图 13-42c）；收左脚，两腿伸直，两掌下按至腹前，两臂垂于体侧，并步站立。

3、4. 同 1、2，方向相反。

### （二）双鱼悬阁

1. 身体左转，两腿伸直，两臂侧摆，掌心向后；身体右转，左脚跟提起成左丁步，左掌外旋收于右小腹前，右掌内收落于左腕之上（图 13-43a）。

2. 身体左转，左脚上步成弓步，两手弧形前摆至身体左前方，左臂伸直（图 13-43b）；重心后移，身体右转，左脚尖翘起，左臂内旋，右臂外旋，右掌与左掌叠于胸前，左掌心向外（图 13-43c）。

图 13-43　双鱼悬阁动作

3. 左脚收回，两腿伸直，两掌横向对摩，左掌内旋下按于左胯旁，掌指向右，右掌内旋上撑于头的右前上方，眼向左看（图 13-43d）；左手不动，右掌向右前方稍下按，两手落掌成并步站立。

4、5、6. 同 1、2、3，方向相反。

### （三）老骥伏枥

1. 左脚开步，两臂外旋前摆至肩平，掌心向上；两掌握拳，屈肘收于胸前（图 13-44a）；两拳变掌内旋向前上方伸出，掌心向前；两腿下蹲成马步，两掌变勾从体侧向身后勾挂，眼向左看（图 13-44b）。

2. 两勾手变掌内旋于腹前掌背相靠（图 13-44c）；两腿伸直，两掌由腕掌骨及第一、二、三指骨依次卷屈，弹甲变掌分开置于体侧（图 13-44d）；左脚收回，两掌下落成并步站立。

3、4. 同 1、2，方向相反。最后 1 拍，两手握拳收于腰侧。

(a)　　　　　　(b)　　　　　　(c)　　　　　　(d)

**图 13-44　老骥伏枥动作**

### （四）纪昌贯虱

1. 左脚开步，两拳变掌坐腕前推（图 13-45a）；身体左转，左腿下蹲，右腿伸直，两手握拳随身体左转平移至身后，右肘屈于左胸前，眼看左拳；继续微左转，左臂伸直，左拳侧伸，右拳拉至右胸前，眼看左拳（图 13-45b）。

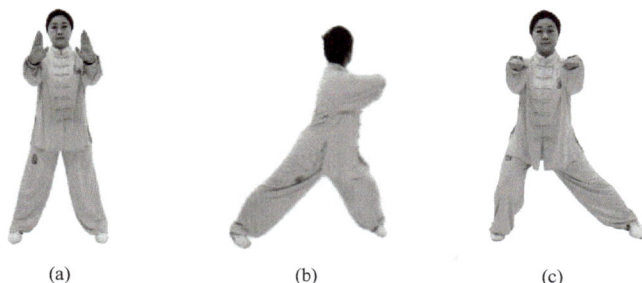

(a)　　　　　　(b)　　　　　　(c)

**图 13-45　纪昌贯虱动作**

2. 身体右转，右脚跟内旋脚尖向前，重心右移，右腿弯曲，两拳变掌内旋平移至身前（图 13-45c）；左脚收回，两腿伸直，两掌下落握拳收于腰侧。

3、4. 同 1、2，方向相反。

### （五）躬身掸靴

1. 身体左转，左拳变掌内旋后伸上举，左掌随左臂外旋和身体右转摆至右前上方，眼看左掌（图 13-46a）；左掌落于右肩前，屈肘翘指（图 13-46b）。

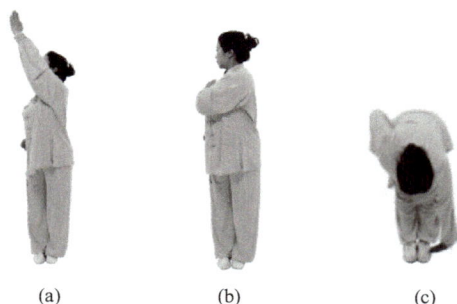

(a)　　　　　　(b)　　　　　　(c)

**图 13-46　躬身掸靴动作**

2. 上体右侧俯身，左掌随左臂外旋沿右腿摩运下行；身体向左转正，左掌内旋经脚面摩运至左脚外踝处（图 13-46c）。

3. 左掌随左臂外旋握拳，随上体稍起提至左膝处，稍抬头；上体直起，左拳收于腰侧，拳心向上。

NOTE

4、5、6.同1、2、3，方向相反。

## （六）犀牛望月

1.重心右移，左脚开步，两拳变掌内旋下按后撑；重心左移，左腿弯曲，右腿伸直，两臂继续内旋，两掌由坐腕向两侧偏后弧形摆起（图13-47a）。

(a)         (b)         (c)

**图13-47 犀牛望月动作**

2.右脚跟外蹬，上体左转，右腿伸直，左腿弯曲，两掌从两侧上摆至头的前侧上方，眼看左后上方（图13-47b）。

3.身体右转正，右腿半蹲，左腿伸直，两掌下落随两臂外旋弧形摆至胸前，掌心向上（图13-47c）；左脚收回，两腿伸直，两掌内旋下落垂于体侧，握拳收于腰侧。

4、5、6.同1、2、3，方向相反。最后1拍，两掌垂于体侧成并步站立，目视前方。

## （七）芙蓉出水

1.左脚跟提起，两掌背相靠于腹前，指尖向下；左脚左开步，两掌由腕掌骨及第一、二、三指骨依次卷曲，弹甲变掌分开达于体侧（图13-48a）。

(a)        (b)        (c)        (d)

**图13-48 芙蓉出水动作**

2.重心左移，身体左转，左掌内旋屈肘握拳下落，右掌内旋握拳平摆至身体左前方，眼看右拳（图13-48b）；右脚向左脚后方插步下蹲，左拳落于左胯旁，右拳随身体右转屈收于右胸前，翘腕拳心向前，眼向左看（图13-48c）。

3.两拳变掌，右臂下沉，左臂上伸，两掌根相靠上托至胸前；右脚开步，两腿徐缓伸直，两掌上托，眼看双掌（图13-48d）；收左脚，两掌下落垂于体侧。

4、5、6.同1、2、3，方向相反。

## （八）金鸡报晓

1.两腿伸直，脚跟提起，两掌变勾向两侧摆起，眼看左勾手（图13-49a）；脚跟落地，两腿下蹲，两勾手变掌弧形下按于体侧，掌指向外。

(a)　　　　　　　　　　(b)　　　　　　　　　　(c)

图 13-49　金鸡报晓动作

2. 右腿伸直，左腿屈膝后伸，脚底朝上，同时两掌随两臂内旋向里划弧至腹前变勾，直臂向上提至头的前侧上方，身体成反弓形（图 13-49b）；左脚下落，两腿半蹲，两勾手变掌下按于胯旁（图 13-49c）。

3、4. 同 1、2，方向相反。最后 1 拍，两腿徐缓伸直，两掌垂于体侧成并步站立，目视前方。

### （九）平沙落雁

1. 两掌向两侧弧形摆至肩平，两臂伸直，眼看右掌；左脚向右后方插步，两掌随两臂屈肘下沉弧形回收与肩平，眼看右掌（图 13-50a）。

(a)　　　　　　　　　　(b)　　　　　　　　　　(c)

图 13-50　平沙落雁动作

2. 两腿下蹲成盘根步，两掌坐腕弧形侧推，眼看右掌（图 13-50b）；两腿微起，两掌向两侧伸出，掌心向下，随后两掌随两臂屈肘下沉回收与肩平，眼看右掌。

3. 两腿下蹲成盘根步，两掌坐腕弧形侧推，眼看右掌；两腿微起，左脚跟仍提起，同时两手侧伸摆至肩平，掌心向下，眼看右掌（图 13-50c）。

4. 收左脚，两掌垂于体侧成并步站立。

5. 左、右交换做动作。

### （十）云端白鹤

1. 两腿伸直，脚趾上跷，两合谷随两臂内旋沿体侧向上摩运至大包穴附近，两掌随两臂外旋使掌指向后（图 13-51a）。

2. 两腿微屈，两掌背挤压大包穴，随后靠叠于胸前，屈肘，指尖向里；两腿继续下蹲，两掌叠腕、卷指向左右分摆，掌心向前（图 13-51b）。

图 13-51　云端白鹤动作

3. 两脚跟提起，两掌随两臂内旋摆至头前上方，抖腕亮掌（图 13-51c）；松腹松肛，脚跟落地，两掌从两侧落于体侧。

4、5、6. 同 1、2、3。

### （十一）凤凰来仪

1. 两腿伸直，身体左转，两掌随两臂先内旋、后外旋由两侧前摆至肩平，掌心向上（图 13-52a）。

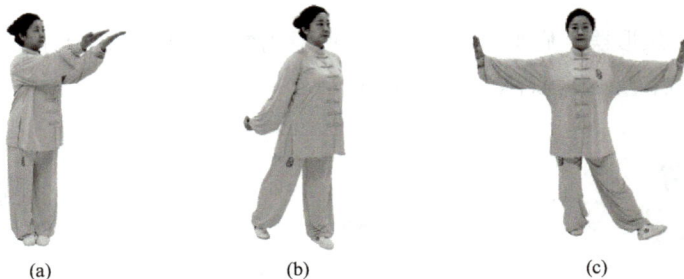

图 13-52　凤凰来仪动作

2. 右腿半蹲，左脚向左前方上步成虚步；重心左移，右脚跟提起，两腿伸直，两掌随两臂内旋变勾向身后勾挂（图 13-52b）。

3. 重心后移，前脚尖跷起，身体转正，两勾手变掌经腰侧交叉于胸前，两掌随两臂内旋经面前向两侧分开（图 13-52c）；收左脚，两掌落于体侧。

4、5、6. 同 1、2、3，方向相反。

### （十二）气息归元

1. 两掌随两臂先内旋后外旋摆至体侧，掌心向前。

2. 两腿下蹲，两掌内收回抱于小腹前；两腿伸直，两掌先内旋后外旋摆至体侧，掌心向前。

3. 同 2。

4. 两腿伸直，两掌内收回抱叠于关元，男左手（女右手）在内。

### 收势

1. 两掌摆至体侧，掌心向前，两掌内收叠于关元，男左手（女右手）在内，眼轻闭。

2. 做"赤龙（舌）搅海"，左右各 3 次，分 3 口咽下；两掌垂于体侧，徐缓收功。

# 第十四章　老年人健康运动

近年来，我国人口老龄化趋势严峻、进程加快，使得当前人口老龄化问题突出。为应对这一挑战，需要实施积极的国家战略，发展养老事业和产业，科学规划经济社会发展以适应人口老龄化。党的二十大报告中提出，"实施积极应对人口老龄化国家战略，发展养老事业和养老产业"，对发展养老服务、完善养老保障体系做出部署，为我国积极有效应对人口老龄化指明了方向。中国正经历人口增长放缓、劳动年龄人口减少和老龄人口比例上升的转变，给经济增长和社会保障系统带来压力。应对人口老龄化的策略包括构建多元养老服务体系，发展"银发市场"，实施老年医疗保险制度，完善相关政策法律体系，并鼓励老年健康运动以提高老年人生活质量，形成应对人口老龄化的综合策略，保障经济社会的持续健康发展。

## 第一节　老年生理与病理特点

衰老是生命活动的必然过程，根据中华医学会老年医学分会暂定现阶段我国老年人年龄分期划分标准，45～59岁为老年前期，60岁进入老年期。《素问·阴阳应象大论》指出"年四十，而阴气自半也，起居衰矣"，可知老年人在经历老年前期后，已经处于肾精渐亏的状态，进而脏腑功能渐衰，气血渐弱，阴阳自和能力不断下降。老年人在生理功能和病理表现有着不同于其他年龄阶段的特点。

### 一、生理特点

人的衰老是生物体内自发的必然过程，是一个逐渐积累的长期过程。现代医学认为，人体多项生理功能，如呼吸能力、肌肉张力、心血管功能等从出生后不断上升并于成年早期到达顶峰，而后随年龄的增长逐步下降。尽管不同个体的生理功能衰减速度不同，但总体衰减趋势一致。因此，老年人的生理功能相较于年轻人普遍减弱，体现在人体结构成分的衰老变化、代谢速率下降、平衡失调、各系统的功能减退、内环境各生化指标变化、感觉器官和周围神经功能下降等。老年人生理功能的下降，使其对外界应激的适应性下降，增加其患各类疾病和死亡的风险。

中医学认为，老年人由于精气不足，五脏俱虚，脏腑功能衰退，只能维持低水平的"阴阳平衡"，从而出现形羸气弱、反应迟钝、背偻腰倭、食少运迟、四肢懈惰、动作迟缓、心悸健忘、动则喘息、耳聋目花、肢冷发白、孤僻固执等诸多"老象"，这些"老象"既是老年的生理表现又是产生各种老年病的病理基础。

**1. 阴阳渐虚，阴阳失衡**

肾阴、肾阳为一身阴阳之本，明代医学家张介宾在《类经附翼·求正录》中指出"天之大宝，只此一丸红日；人之大宝，只此一息真阳"，肾气命门之火渐衰，导致阴阳气血渐弱，阴阳自和的能力和水平不断下降，逐步形成维持低水平"阴阳平衡"的状态。孙思邈在《千金翼方·养老大例》中说："人年五十以上，阳气日衰，损与日至……"由于阴阳之间存在互根互用、此消彼长，其在渐虚的过程中，不可能完全以平衡的方式"此消彼亦消"，而会出现阴阳失衡，易出现阳虚导致身体畏寒、手脚冰凉，或阴虚导致身热、口干舌燥、夜寐不安等症状。

**2. 脏腑渐衰，气血不足**

中医理论中，肾是人体"先天之本"，肾精是一身精气之根，其盛衰对机体各脏腑功能的正常发挥有着重要影响。肾精随年龄渐亏，则脏腑功能渐弱，故以五脏为核心的脏腑功能亏虚形成了人体衰老的根源。如《灵枢·天年》所述："五十岁，肝气始衰，肝叶始薄，胆汁始减，目始不明；六十岁，心气始衰，苦忧悲，血气懈惰，故好卧；七十岁，脾气虚，皮肤枯；八十岁，肺气衰，魄离，故言善误；九十岁，肾气焦，四脏经脉空虚；百岁，五脏皆虚，神气皆去，形骸独居而终矣。"五脏化生和贮藏气血、津液、精气等精微物质，加之脾胃为人体气血生化之源，其功能逐渐下降，形成老年人体气血不足的生理特点，故有"老者之气血衰"（《灵枢·营卫生会》）。再如朱丹溪在《格致余论》中所载的"人至六七十以后，精血俱耗"，常表现为面色苍白、身体疲乏无力、呼吸短促、言语低弱等症状，此外，体力活动时易心慌气短，活动后恢复时间延长。因肾主骨生髓，肾精充足则筋骨健壮，年龄愈增，肾精愈亏，筋骨则逐渐衰弱。

**3. 正气虚衰，易感外邪**

正气是人体生理功能活动的总称，包括对机体内外环境的适应能力、对病邪的抗御能力和病后的康复能力。正气的功能基础是五脏功能正常和气血充盛、通畅，因老年人脏腑功能下降，气血亏虚，正气也随之虚衰，尤以阳气不足较为突出，因而易感阴邪，如感受外邪常以寒、湿等阴邪为多。此外，老年人正气亏虚，形体虚羸，使得正常的气候变化也可能因超出机体调节能力而成为致病因素，即微邪即感，且老年人脏腑虚衰，气血不足，年龄越大，正气越虚，易出现感邪深重之患。

**4. 易伤情志，孤寂易郁**

老年人由于精气亏虚，阴阳失衡，出现精亏神衰，脏腑功能下降，影响机体对气机的调节能力，加之渐渐远离社会，年暮志衰，力不从心之事增多，进一步则易郁。此外，精亏则神无所生，则形为所伤，表现出神志衰退的征象，出现情志问题也较年轻时不易调整，容易出现情志不遂，影响脏腑功能，从而影响精神状态，或出现精神不振，或性情不定，或情志抑郁等，还可表现出记忆力减退。

**5. 气机不畅，易生积滞**

老年人肝虚而疏泄不利，气机升发不足；肺虚而宣降失司，气机肃降不足；脾胃弱而气机升降斡旋失和，且气血生化功能下降，同时也存在"气道涩"（《灵枢·营卫生会》），脉道不畅，影响气机，易生积滞，生痰生瘀，而反过来又进一步阻碍气机通畅运行，形成恶性循环，甚至经年久滞而成癥瘕积聚之证。

## 二、病理特点

### （一）老年人病理特点（现代医学）

**1. 慢性非传染性疾病患病率高**

老年人由于身体功能下降和免疫力减弱，是各种慢性非传染性疾病的高危人群。影响老年人的主要慢性病包括心血管疾病、恶性肿瘤、慢性呼吸道疾病、肌肉和骨骼病变等，常表现为功能丧失，广泛的老年病综合征如脆弱、感觉受损、自理能力受损、平衡及步态受损等。

**2. 老年共病现象普遍**

2008 年，世界卫生组织将共病定义为共存于同一患者体内的 2 种或 2 种以上的慢性病。《中国老年疾病临床多中心报告》通过分析 2008 ～ 2017 年多个临床中心老年住院患者的临床资料发现，老年住院共病的比例高达 91.4%，其中，缺血性心脏病合并高血压居于首位，而恶性肿瘤合并高血压近年增长速度较快。老年共病在临床上表现为机体脆弱性增加、共病间相互影响、各系统负担加重等特点，直接影响老年患者生活质量，增加医疗资源消耗，同时造成死亡率上升。

**3. 易发生意外伤害**

由于老年人适应环境、应急反应的能力下降，使其成为意外伤害的高发人群。老年人因跌倒而死亡或受重伤的风险最高，且年龄越大，风险越高。在发生致命跌伤的意外事件中，65 岁以上老年人所占比例最大。

**4. 失能问题严重**

失能指因年迈虚弱、残疾、疾病、智障等而失去日常生活自理能力。失能者需要完全依赖他人照护，近年来失能老人数量逐渐增多。老年人的失能和半失能状态不仅严重损害老年人身心健康，也给其家庭、社会带来沉重负担。研究表明，引起老年人失能和半失能的主要原因包括脑血管疾病、高龄导致的身体衰弱、跌倒等意外伤害、阿尔茨海默病、骨关节疾病、帕金森病等。

### （二）老年人病理特点（中医学）

老年人阴阳渐虚、脏腑渐衰、正气虚弱，身体机能不断下降，总体上呈现出"虚"象，此为老年病根本病理特点。正虚抗邪无力，易出现正虚邪实，且易传变；正虚推动无力，易出现血瘀、痰凝；正虚修复无力，阴阳自和能力下降，则病程迁延，恢复缓慢，甚至阴阳衰竭。

**1. 虚实兼杂，易于传变**

（1）正虚为本，邪实为标　老年人肾精亏损、阴阳虚衰，脏腑功能减退，防御外邪、适应环境和调节阴阳的能力逐渐低下，既易形成虚实兼杂病势，也易于传变。如脏腑功能减退、气血不足、营卫不利，易致六淫侵袭而罹患外感疾病。阳气不能温煦推动，血脉凝涩运迟而致血脉瘀阻见诸瘀血证候。脏腑虚弱，肾虚水泛，脾肺不能运化宣布水液而致水液代谢失调，虚于此而淫于彼，故既可见津不濡润之燥热症，又可见水湿郁积之痰浊病变。阴精不足，木失滋涵，肝阳扶摇于上则多昏眩等下虚上实证；筋失濡养，虚风内动，则多搐搦震颤症。由于脾胃运化失调致饮食停滞。由于气阴不足，气虚则推动乏力，津少则"无水行舟"，致便结难行等。以上外感风邪、瘀阻、痰浊、上盛、食滞、便结等"实邪""实证"反过来又可作为致病因素使人体原已不足之精更加耗失，正气愈虚。虚实相因，促使病情更加恶化。然此种"虚实相因"是以精气不足为前提，即以虚为本，以实为标，虚实夹杂。所以本虚标实乃老年病的基本病理特征。

（2）因虚易传，起病隐匿　老年人多有宿疾，易遭受外邪侵袭而发病或诱发宿疾加重，且易传变而引起多脏腑发病致数病相兼。如外感风邪可很快传变为咳喘、心悸，甚至痰蒙心窍之危重病症。又由于老年人正气虚无以与邪抗争，往往发病时症状不典型，临床上常需要借助现代仪器检查。

**2. 气机不畅，多瘀多痰**

（1）正虚推动无力　老年人精气亏虚，或脾虚生化乏源，或久病耗伤气血，正气不足，推动无力，气机运行不畅，易生积滞。

（2）脉道涩而不畅　老年人形体衰老，不仅脏腑功能逐步下降，经脉运行也随年龄增长而不断减弱，渐而不畅。如《灵枢·营卫生会》中有："老者之气血衰……气道涩……"《灵枢·天年》亦有"血气虚，脉不通"。

（3）邪实阻滞气机　老年人由于正气虚弱，体内容易积聚如痰浊、湿邪、瘀血等"实邪"，这些实邪既是由于正虚而产生的病理产物，又能阻滞气机而引起新的病变。治疗时需针对实邪和正虚同时进行调理，清除实邪的同时扶助正气，以恢复气机的畅通。

**3. 病程迁延，阴阳易竭**

（1）病程迁延　老年人阴阳渐虚、脏腑渐衰、正气虚弱，其阴阳自和的能力逐步减弱，抗病能力和修复能力下降，加之运化气血能力也随之下降，影响机体对药物的吸收、分布、转化和排泄等过程，且容易产生药物反应，从而使治疗效果差，故病后使机体恢复健康状态的阴阳平衡过程会更长，呈现出病程迁延，恢复缓慢。

（2）阴阳易竭　老年人的阴阳已是"残阴残阳"，易损难复，受邪易竭，如《医门补要》云："人至老年，未有气血不亏者。一染外感，则邪热蒸迫，使阳益衰而阴益涸。"加之多有旧疾，已为虚体，再因虚易传，导致老年人一旦发病，更易出现"亡阴""亡阳"之候。

# 第二节　老年综合评估

## 一、老年综合评估的概念及特点

老年综合评估（comprehensive geriatric assessment，CGA）是专门针对老年患者的多层面、多学科的评估干预过程或模式。作为老年医学的核心技术，其采用多维度、多学科的方法评估老年人的躯体情况、功能状态、心理健康和社会环境状况等，并据此制订治疗计划以维持和改善老年人健康及功能状态，最大限度提高老年人的生活质量。CGA 不仅关注老年人现存的问题，更能筛查潜在的临床问题。通过 CGA 不仅有助于早期发现疾病风险，防患于未然，提高生活质量；更有利于提升老年人的自我管理效能，提高老年患者对于慢性病及慢性病共病管理的依从性。

## 二、CGA 的内容及一般步骤

### 1.CGA 的内容

CGA 的内容主要包含躯体情况、功能状态、心理状态、社会支持、生活环境 5 个方面。具体评估内容通常包括日常生活能力评估、视听力、口腔评估、肌少症评估、平衡与步态评估、跌倒评估、尿失禁评估、疼痛评估、营养评估、衰弱评估、精神及心理状态评估；睡眠障碍评估；慢性病共病评估；多重用药评估；压力性损伤评估；社会支持评估；居家环境评估。尽管根据评估对象及所处环境的不同，可选择不同的评估测量工具，但通过整套 CGA 评估能对老年人的整体状况产生客观全面的分析结果，为今后老年人的疾病治疗方向及健康恢复提供了强有力的方向指导与支持。CGA 目前在医院病房、门诊、急诊及针对老年疾病的各专科都有开展，并从医院延伸到了社区和家庭，使更多老年人获益。

### 2.CGA 的一般步骤

首先，通过问卷或简单问题的方式初步筛查（如听力，视力，睡眠情况，有无跌倒，有无记忆力下降，日常生活能力有无异常如吃、穿、如厕等）；其次，通过病史、查体、量表进行针对性评估，如全面疾病评估、多重用药管理、躯体功能评估、认知和心理评估、老年综合征；最后，汇总问题并处理相关问题，必要时协调各专科共同处理问题。

## 三、CGA 的应用优势

由于 CGA 技术可以科学全面评估、干预老年人的衰弱情况，适当延缓老年衰弱的发生。国内研究者在部分住院老年衰弱患者中使用 CGA 技术后，发现合理应用 CGA 技术可以有效缩短老年衰弱患者的住院天数，缩减因此而产生的住院费用，改善老年衰弱患者情绪认知情况；同时根据评估结果所提供的个性化诊疗方案也能普遍提升患者的自我管理意识，减少不良事件的发生；对于围术期的衰弱患者可以有效改善其衰弱状态，有助于提升术后康复的质量。目前也有研究者着力于将 CGA 技术与互联网结合以达到缩短评估时间、提高评估效率的目的。

## 四、CGA 的局限性

虽然研究显示 CGA 技术有诸多优势，但国内研究普遍存在样本量较小、干预时间较短等问题，因此研究产生的诸多结果准确性欠佳，仍须进一步验证。CGA 技术由于需要投入大量的人力、精力与时间，在实际操作中存在诸多不便，因此国内基本在住院患者中展开，对于门诊及社区人群开展的研究较少。国际研究者通过 CGA 对肿瘤患者及社区衰弱人群展开的研究，由于研究对象基数较大、时间跨越较长等原因，管理上存在诸多困难，失访人群较多。因此，对该类人群的研究只能局限于横向比较，无法排除肿瘤性质及治疗方案等原因对研究的干扰，其结果需要更多纵向研究加以证实。

# 第三节　老年健康运动调养原则

老年人是社会中的重要群体，其健康和生活质量对整个社会都有着重要的影响。然而，随着年龄增长，老年人身体机能逐渐下降，身体各系统功能逐渐退化，慢性疾病的风险也随之

NOTE

增加。随着时代的发展和教育研究的逐步深入，人们发现良好的运动调养原则对老年人在强身健体方面起到促进作用。老年人需要通过科学的运动锻炼来维持身体健康和良好的精神状态。适宜的老年健康运动不仅能增强老年人的心肺功能和肌肉力量，还可以提高免疫力，预防或延缓老年疾病的发生。同时，老年人在运动时也需要注意安全，牢记老年健康调养原则，避免运动损伤和加重疾病。

## 一、适宜运动类型原则

从健康体适能的角度，可供老年人选择的运动方式主要包括三大类：有氧运动、抗阻运动、牵伸运动。老年人在运动过程中可兼顾不同运动方式，综合地提高体适能。

### 1. 有氧运动

有氧运动指人体在氧气充分供应的情况下进行的体育锻炼，是老年人进行健康运动的主要方式。有氧运动的特点是强度低、有节奏、持续时间较长，主要包括快步走、慢跑、游泳、骑自行车、跳广场舞、太极拳、传统健身功法等。老年人进行有氧运动可以改善其心肺功能，消耗体内多余热量，预防骨质疏松，调节心理和精神状态，促进健康。

### 2. 抗阻运动

抗阻运动指肌肉在克服外来阻力时进行的主动运动。对老年人而言，随着年龄的增长，肌肉出现自然衰减，严重者会出现肌少症等情况。由于我国老年人群往往忽视肌肉力量训练的作用，且不知如何正确进行抗阻训练，因此对肌肉衰减的干预十分不足。研究表明，只要方法正确，老年人可以从抗阻训练中获益。相对比较适合老年人使用的抗阻训练方法有弹力带的抗阻练习，借助日常工具如沙包、水瓶等轻器械的负重运动等，上述器械和工具价格低廉且便于携带，使用方法简单，安全性高，是值得在老年人中推广的抗阻训练工具。

### 3. 牵伸运动

牵伸运动指移动身体部位至某一位置，从而扩大关节活动范围的运动。随着老年人生理机能的下降，平衡功能和柔韧性也随之下降，从而导致日常活动能力下降，易于发生损伤。通过适当的牵伸训练，可以增加老年人身体柔韧性，有助于预防骨骼肌肉损伤，减轻肌肉伤痛，增强韧带的平衡性和稳定性并降低跌倒的发生风险，保持及改善关节活动度，提高老年人生活质量。

## 二、循序渐进原则

科学严谨的老年人健康运动调养方法应该遵循其活动的生理规律，并结合个体的健康状况、体力、心肺功能状况，以身体运动目的为指导，以保证安全为前提，确定运动频率、强度、持续时间。在选择合适的运动项目后，应从较低强度开始，以缓慢进度逐渐增加运动量，最大程度降低心脏事件的发生，以及运动性疲劳和运动损伤的发生。在不同阶段，训练者的身体、心理状态也会有所不同，因此要根据训练者的具体情况做出适度调整，将运动设置在安全界限和有效界限之间。

## 三、自我监督原则

老年人参加健康运动时需加强医务监督，通过自我监督的方式观察、记录自身脉率、血压及健康状况，防止过度疲劳，避免运动损伤，从而实现在保证安全的前提下达到最佳运动效果。在运动过程中，可用运动即刻脉率变化和恢复时间来控制运动量，老年人的适宜运动量可用"心率=170–年龄"进行测算，即运动后即刻脉率达到110次/分左右为适宜，运动后5～10分钟内脉率恢复到安静时水平较为合适，如在运动中出现脉搏过快或过慢、脉搏跳动不规则时应停止锻炼，及时去医院检查。在训练中可适当引导老年人默数节拍，避免因憋气而导致血压上升，造成心肺系统的负荷，如遇感冒、发烧等身体疾病或身体过度疲劳时应暂停锻炼，及时进行休息与疗养。

## 四、个性化原则

老年人在进行有规律的运动锻炼前应进行一次全面的身体检查，通过检查知悉自身健康状况和各脏器的功能水平。为其制订运动处方时，要考虑老年运动者的年龄、性别、体力特点、健康状况、运动基础、物理和社会环境及运动习惯与兴趣爱好，选择合适的运动项目，注重个体差异，制订合理的锻炼计划。活动时要注意适当安排休息，运动前后要认真做好准备活动和放松运动。

# 参考文献

1. 张志勇，刘忠民 . 健康运动学［M］. 北京：人民卫生出版社，2020.

2. 郭丽君，钱芝网 . 健康运动学［M］. 北京：科学出版社，2020.

3. 潘华山，王艳 . 运动医学［M］. 北京：中国中医药出版社，2023.

4. 王国祥，王琳 . 运动损伤与康复［M］. 北京：高等教育出版社，2021.

5. 吴志坤，邵玉萍 . 传统体育［M］. 北京：中国中医药出版社，2021.

6. 许亮文，关向东 . 健康服务与管理技能［M］. 北京：人民卫生出版社，2020.

7. 王陇德 . 健康管理师国家职业资格二级［M］. 北京：人民卫生出版社，2013.

8. 布朗蒂娜·卡莱－热尔曼，安德烈·拉莫特 . 运动解剖学［M］.2 版 . 北京：北京科学技术出版社，2017.

9. 汪华侨 . 功能解剖学［M］.3 版 . 北京：人民卫生出版社，2018.

10. 戴红 . 人体运动学［M］.3 版 . 北京：人民卫生出版社，2018.

11. 邓树勋，王健，乔德才 . 运动生理学［M］.3 版 . 北京：高等教育出版社，2015.

12. 运动生物力学编写组 . 运动生物力学［M］. 北京：北京体育大学出版社，2015.

13. 钱竞光，宋雅伟 . 运动康复生物力学［M］. 北京：人民体育出版社，2015.

14. 陈琦，麦全安 . 体质健康评价与运动处方［M］. 北京：高等教育出版社，2015.

15. 中国营养学会 . 中国居民膳食指南（2022）［M］. 北京：人民卫生出版社，2022.

16. 季浏，殷恒婵，颜军 . 体育心理学［M］.3 版 . 北京：高等教育出版社，2016.

17. 张力为，毛志雄，王进 . 运动与锻炼心理学研究手册［M］. 上海：华东师范大学出版社，2020.

18. 李楠，李刚 . 中医骨伤科学基础［M］. 北京：中国中医药出版社，2021.

19. 尹军，袁守龙 . 身体运动功能训练［M］. 北京：人民体育出版社，2017.

20. 岳寿伟 . 肌肉骨骼康复学［M］.3 版 . 北京：人民卫生出版社，2018.

21. 燕铁斌 . 物理治疗学［M］.3 版 . 北京：人民卫生出版社，2021.

22. 王广兰 . 运动损伤防护与急救［M］. 武汉：华中科技大学出版社，2018.

23. 郭振向，周开详，陈岩，等 . 基于功能性磁共振成像技术的运动疲劳"中枢控制器模型"理论在体研究［J］. 体育科学，2022，42（8）：47-54.

24. Ronald J，Maughan R J，Burke L M 著，吴昊译 . 运动营养［M］. 北京：北京体育大学出版社，2016.

25. JonathanK. Ehrman 著，刘洵译 . 慢性疾病运动康复［M］.3 版 . 北京：人民军医出版社，2015.

26. G. Gregory Haff，Charles Dumke 著，赵芮译 . 运动生理学实验及体能测试指导手册［M］.2 版 . 北京：人民邮电出版社，2021.

27. Gray Cook 著，周维金，丁宇，钟毓贤主译 . 动作：功能性动作系统：筛查、评估与纠正策略［M］. 北京：北京科学技术出版社，2021.

28. Michael Boyle 著，张丹玥，王雄译 . 体育运动中的功能训练［M］.2 版 . 北京：人民邮电出版社，2017.